# DAN

## AN ELEMENTARY GRAMMAR
## AND READER

# DANISH

## An Elementary Grammar and Reader

BY

### ELIAS BREDSDORFF, M.A.

*Reader in Scandinavian Studies in the
University of Cambridge*

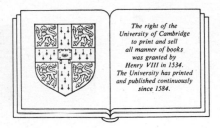

The right of the
University of Cambridge
to print and sell
all manner of books
was granted by
Henry VIII in 1534.
The University has printed
and published continuously
since 1584.

## CAMBRIDGE UNIVERSITY PRESS

CAMBRIDGE

NEW YORK  NEW ROCHELLE

MELBOURNE  SYDNEY

Published by the Press Syndicate of the University of Cambridge
The Pitt Building, Trumpington Street, Cambridge CB2 1RP
40 West 20th Street, New York NY10011-4211, USA
10 Stamford Road, Oakleigh, Victoria 3166, Australia

ISBN 0 521 09821 1

First edition 1956
Second, revised, impression 1958
Reprinted 1965, 1970, 1973, 1977, 1979, 1983, 1988, 1991

Printed in Great Britain at the University Press, Cambridge

# PREFACE TO THE FIRST EDITION

The majority of Danish grammars and readers are at tourist level, and they are unsatisfactory for the serious student of Danish. During my nine years as a University Lecturer in Danish in this country I have felt increasingly the need of a satisfactory Introduction to Danish.

This book, therefore, has been written to fill that gap. It is largely based on my own experience in teaching Danish to British students, and most of its contents have been 'tried out' on my students in London and Cambridge, the majority of whom had had no previous knowledge of the Danish language.

The book has been divided into six parts: a general introduction to the written and the spoken language; a chapter on Danish phonetics; a grammar, including exercises; a chapter of general information; a chapter consisting of altogether twenty-five Danish texts, of which twenty are prose and five are poems; and a final chapter of twenty English texts for translation into Danish. The prose extracts are arranged according to their relative difficulty, but it has been my purpose at the same time to choose texts which are interesting and valuable in themselves. Experience has taught me how irritating it is, for the students as well as for the teacher, to have boring and stupid texts, or texts which might be suitable for children but have little interest or appeal to adult readers. Of the twenty English texts for Danish composition, the first ten are relatively easy, with Danish translation of the most difficult words and phrases; the last ten have been borrowed from previous examination papers (University of London and University of Cambridge), arranged according to the relative difficulty of each paper, and I am grateful for having received permission to include these papers in my book.

As most Danish words carry the stress on the first syllable, indication of stress—['] in front of the stressed syllable—is normally only given if some other syllable than the first carries the main stress.

The Danish texts in this book have been carefully annotated, but words which may be easily looked up in a dictionary are not normally given. As any serious student of Danish must necessarily possess a Danish-English as well as an English-Danish dictionary,[1] I have considered it a waste of time and space to compile a special vocabulary of all the words included in this book.

In conclusion I should like to quote what Otto Jespersen writes about the teaching and learning of foreign languages in his excellent book entitled *Sprogundervisning* (1935):

'The students must become interested in the subject; they must be made to realize that it is very much in their own interest to continue the work. They must feel that by learning a foreign language they are given a key, and that there are plenty of treasures to which this key gives them access. They must be brought to see that the literature to which they have got access contains many works that appeal also to them. And in so far as it is possible, the learning of a foreign language should make them interested

---

[1] The best Danish-English dictionary available is *Dansk-Engelsk Ordbog*, 2 vols., edited by H. Vinterberg and C. A. Bodelsen (Gyldendal, 1954–6). A concise Danish-Danish dictionary is also recommended: *Nudansk Ordbog*, 2 vols. (Politikens Forlag, 1953).

in the country and people of that language, so that they themselves may wish to extend their knowledge of it....

'We do not learn our mother-tongue for the sole purpose of being able to read its classic authors, but we do not learn it either for the sole purpose of being able to give a message to the shoemaker or to understand the laundry-bill. Similarly, when we learn a foreign language, we should not exclusively fly up towards the summits, but neither should we content ourselves with crawling at the bottom of the valleys: between both spheres there is a multitude of shades, regions which may be of great value to us if we want to have direct contact with other nations.'

A final word of thanks is due to Mr J. D. O'Connor, Department of Phonetics, University College, London, for valuable assistance with the phonetic section, to Mr B. Kjærulff Nielsen, Copenhagen, for a number of valuable suggestions, and to Mr W. Glyn Jones, Cambridge, for carefully going through the proofs.

ELIAS BREDSDORFF

CAMBRIDGE
*11 February 1956*

# PREFACE TO THE
# REVISED IMPRESSION

In preparing this second impression I have consulted several colleagues who have used the book for some time, and I am grateful to them and to my own students for having suggested various minor improvements. At the same time some misprints and errors in the first edition have been removed.

To avoid any misunderstanding I want to make it quite clear that I recommend that beginners, having finished Part I and Part II, should go on to the first sections of Parts III, IV and V simultaneously, and to Part VI as soon as possible. It is essential that beginners should start reading Danish Texts (Part V) at a very early stage.

ELIAS BREDSDORFF

CAMBRIDGE
*20 May 1958*

NOTE: A gramophone record of text No. XVI (H. C. Andersen, *Hvad Fatter gør, det er altid det rigtige*) and text No. XVII (Johannes V. Jensen, '*Hvad Fatter gør, der er altid det rigtige*') is now available; the two stories are read by the Danish actor Poul Reumert. (HMV, KBLP 20.)

# CONTENTS

# CONTENTS

x

# CONTENTS

# PART I

# AN INTRODUCTION TO DANISH

## 1. THE DANISH ALPHABET

The Danish alphabet consists of the following 29 letters:

| | | | | | | | | |
|---|---|---|---|---|---|---|---|---|
| A | a | [aː?] | L | l | [æl] | W | w | [dɔbəl veː?] |
| B | b | [beː?] | M | m | [æm] | X | x | [æks] |
| C | c | [seː?] | N | n | [æn] | Y | y | [yː?] |
| D | d | [deː?] | O | o | [oː?] | Z | z | [sæt] |
| E | e | [eː?] | P | p | [peː?] | Æ | æ | [æː?] |
| F | f | [æf] | Q | q | [kuː?] | Ø | ø | [øː?] |
| G | g | [geː?] | R | r | [är] | Å | å | |
| H | h | [håː?] | S | s | [æs] | | or | [åː?] |
| I | i | [iː?] | T | t | [teː?] | Aa | aa | |
| J | j | [iɔð] | U | u | [uː?] | | | |
| K | k | [kåː?] | V | v | [veː?] | | | |

(For the significance of the phonetic symbols
in square brackets, see pp. 18–25.)

In some modern dictionaries the letter 'Å' may come
before the letter 'A'.

According to a Danish Spelling Reform of 1948 the
letter 'Å' has now entirely replaced the letter 'Aa', i.e. 'Å'
is used in schools and in all official documents, where
formerly 'Aa' was used. Also most books printed after
1948 use *å* instead of *aa*. Many people still use the letter *aa*,
however, and also some of the Danish newspapers, and
there is still some uncertainty about Danish proper names:

thus *Århus* alternates with *Aarhus*, *Ågård* with *Aagaard*, and *Håkon* with *Haakon*. In this book *Å* and *å* have been used consistently.

## 2. THE WRITTEN LANGUAGE

It is fairly easy for a British or American student to acquire a reading knowledge of Danish.

Three things are essential for that purpose: an elementary knowledge of the structure and grammar of the Danish language, a Danish-English dictionary, and a little imagination. But even without the help of the two former assets it is possible to understand many Danish words and sentences, because they have a close resemblance to English. As an illustration and a proof of this, three Danish texts are given below, with a total vocabulary of more than 150 common Danish words, of which only five are given in English translation. Using his imagination any English student should be able to understand and translate 90–100 per cent of the texts, even if they are the first Danish texts he has ever seen.

Translate, preferably without using any dictionary, the following Danish texts[1] into English (without attempting to pronounce the words in Danish):

### TRE DANSKE TEKSTER

#### (1)

Nu vil vi begynde. Vi vil lære dansk. Mange danske ord er i familie med ('med', *with*) engelske ord.

Vi er i et rum i et hus i England. Her er en dør, og

---

[1] A literal English translation of these texts is given at the end of this section.

('og', *and*) der er to vinduer. Vi kan se ud i en park, hvor der er mange børn. Solen skinner; det er en varm dag. Det er mandag den første september. I parken sidder en ung mand på ('på', *on*) en bænk og drømmer. På hans knæ er en åben bog. Et lille barn går i det grønne græs. Det lille barn har en ny spade i hånden; barnet vil grave et dybt hul. I et bed, hvor der er friske røde og hvide roser, går en høne og en tam ravn. En stork flyver over græsset. På græsset står en fed mand med en rød næse; han sælger iskrem. Alle børnene vil have is. Det er en varm eftersommerdag.

(2)

Min onkel er i Danmark. Han har et fotografiapparat. Han fotograferer ofte. Han har fotograferet en gås, en svane, en rød ko, et højt træ, et lille grønt hus, en gruppe skolebørn, en familie i en sejlbåd, en ung dame med et grønt sjal over skuldrene, en præst i en kirke, en kat ædende en mus, en flyvemaskine, en mand ridende på en elefant, et snelandskab, en masse hunde og mange interessante portrætter. Han er absolut en af de bedste amatørfotografer i København.

(3)

*En idiotisk kriminalhistorie*

En rig ældre dàme er myrdet klokken elleve fredag formiddag på et hotel i København. Politiet fandt morderens pibe og hans brune hat på en stol. En af hotellets gæster så en person gå ud af hotellets dør seks minutter over elleve; manden havde en tyk bog under armen. Politiet har nu arresteret over hundrede personer; de havde alle en tyk bog under armen. Politiet kan ikke ('ikke', *not*)

3

finde morderen, for han har solgt den tykke bog, og nu har han en tynd bog under armen.

Disse tekster demonstrerer, at englændere kan lære dansk, hvis ('hvis', *if*) de har lidt fantasi.

Admittedly, the three Danish texts given above are made up of words which have a similarity to equivalent words in English, and most normal texts would contain, in addition, several words and phrases which are less easily guessed, or which simply have to be looked up in a dictionary. But the fact that many of the most common words, both in Danish and in English, have obvious similarities, will be seen from the following list:

absolut, *absolutely*
af, *of*
alene, *alone*
alle, *all*
allerede, *already*
arm, *arm*
bad, *bath*
bag, *back*
bage, *bake*
bar, *bare*
bedst, *best*
begynde, *begin*
binde, *bind*
blå, *blue*
bog, *book*
bred, *broad*
bringe, *bring*
broder, *brother*
brun, *brown*

bryst, *breast*
brød, *bread*
bænk, *bench*
cigaret, *cigarette*
cykel, *bicycle*
dag, *day*
danse, *dance*
datter, *daughter*
dem, *them*
der, *there*
derfor, *therefore*
derinde, *in there*
dobbel, *double*
drikke, *drink*
drøm, *dream*
dyb, *deep*
dø, *die*
dør, *door*
efter, *after*

elleve, *eleven*
engelsk, *English*
enorm, *enormous*
fader, *father*
falde, *fall*
familie, *family*
fin, *fine*
finde, *find*
finger, *finger*
fisk, *fish*
fod, *foot*
for, *for*
fra, *from*
fredag, *Friday*
fri, *free*
frisk, *fresh*
fuld, *full*
fylde, *fill*
føle, *feel*

først, *first*

give, *give*

glad, *glad*

glas, *glass*

god, *good*

græs, *grass*

grøn, *green*

grå, *grey*

gæst, *guest*

gå, *go*

halv, *half*

hat, *hat*

have, *have*

hel, *whole*

her, *here*

hjem, *home*

holde, *hold*

hul, *hole*

hundrede, *hundred*

hus, *house*

hvad, *what*

hvid, *white*

hvor, *where*

høre, *hear*

håbe, *hope*

hånd, *hand*

hår, *hair*

hård, *hard*

i, *in*

igen, *again*

indtil, *until*

jul, *yule*

juli, *July*

juni, *June*

kaffe, *coffee*

kage, *cake*

kalde, *call*

kan, *can*

knæ, *knee*

ko, *cow*

kold, *cold*

komme, *come*

konge, *king*

kop, *cup*

koste, *cost*

lade, *let*

lampe, *lamp*

land, *land*

lang, *long*

leve, *live*

ligge, *lie*

lille, *little*

liv, *life*

løfte, *lift*

løs, *loose*

mand, *man*

mandag, *Monday*

mange, *many*

maskine, *machine*

masse, *mass*

mere, *more*

mild, *mild*

min, mv, *mine*

minut, *minute*

moder, *mother*

morgen, *morning*

mærke, *mark*

møde, *meet*

måne, *moon*

nabo, *neighbour*

nat, *night*

navn, *name*

nemlig, *namely*

ni, *nine*

nord, *north*

nu, *now*

nummer, *number*

ny, *new*

nær, *near*

ofte, *often*

onkel, *uncle*

op, *up*

ord, *word*

os, *us*

over, *over*

ovn, *oven*

papir, *paper*

par, *pair*

pen, *pen*

person, *person*

pibe, *pipe*

politi, *police*

populær, *popular*

presse, *press*

pris, *price*

præcis, *precise*

præst, *priest*
pumpe, *pump*
radio, *radio*
regn, *rain*
rest, *rest*
rig, *rich*
ring, *ring*
rulle, *roll*
rund, *round*
rød, *red*
salt, *salt*
samme, *same*
sand, *sand*
se, *see*
seks, *six*
seksten, *sixteen*
selv, *self*
sende, *send*
sidde, *sit*
sige, *say*
skal, *shall*
skarp, *sharp*
skjorte, *shirt*

sko, *shoe*
smile, *smile*
sommer, *summer*
sommetider, *some-
    times*
sten, *stone*
sukker, *sugar*
sy, *sew*
syd, *south*
synd, *sin*
synge, *sing*
synke, *sink*
syv, *seven*
sælge, *sell*
sætte, *set*
sølv, *silver*
søn, *son*
søndag, *Sunday*
søster, *sister*
tage, *take*
to, *two*
tolv, *twelve*
torsdag, *Thursday*

tre, *three*
træ, *tree*
tusind, *thousand*
tynd, *thin*
tænke, *think*
tørst, *thirst*
ud, *out*
under, *under*
ung, *young*
varm, *warm*
vest, *west*
vi, *we*
vil, *will*
vind, *wind*
vindue, *window*
vinter, *winter*
våd, *wet*
øje, *eye*
øre, *ear*
øst, *east*
åben, *open*
åre, *oar*

These 220 words, to which many more could be added, are taken from among the 1000 words most commonly used in Danish.

The fact that such a great quantity of words are similar in Danish and English is explained by various facts.

In the first place, the old Scandinavian language, Old Norse, had very much in common with Old English. Otto Jespersen, the Danish linguist, writes: 'An enormous

number of words were then [i.e. before the Viking invasion]
identical in the two languages [i.e. Old Norse and Old
English], so that we should now have been utterly unable
to tell which language they had come from, if we had no
English literature before the invasion; nouns such as *man*
(mand), *wife* (viv), *father* (fader), *folk* (folk), *mother* (moder),
*house* (hus), *thing* (ting), *life* (liv), *sorrow* (sorg), *winter*
(vinter), *summer* (sommer), verbs like *will* (vil), *can* (kan),
*meet* (møde), *come* (komme), *bring* (bringe), *hear* (høre),
*see* (se), *think* (tænke), *smile* (smile), *ride* (ride), *stand* (Old
Danish: stande, Mod. Dan.: stå), *sit* (sidde), *spin* (spinde),
adjectives and adverbs like *full* (fuld), *wise* (vis), *well* (vel),
*better* (bedre), *best* (bedst), *mine* (min) and *thine* (din), *over*
(over) and *under* (under), etc. The consequence was that
an Englishman would have no great difficulty in under-
standing a viking, nay we have positive evidence that
Norse people looked upon the English language as one
with their own.'[1]

Secondly, during the Viking period many Scandinavian
words were taken over by the English, and the resemblance
to modern Danish is still obvious in such words as:
*die* (dø), *seat* (sæde), *they* (de), *them* (dem), *their* (deres),
*law* (lov), *thrall* (træl), *window* (vindue), *steak* (steg), *knife*
(kniv), *skin* (skind), *wing* (vinge), *root* (rod), *low* (lav),
*rotten* (rådden), *call* (kalde), *guest* (gæst), *give* (give), *sister*
(søster), *bread* (brød), *egg* (æg). To quote Jespersen again:
'An Englishman cannot *thrive* or be *ill* or *die* without
Scandinavian words; they are to the language what *bread*
and *eggs* are to the daily fare.'[2]

---

[1] Otto Jespersen, *Growth and Structure of the English Language* (6th ed.,
Leipzig, 1930), p. 60.
[2] *Ibid.* p. 74.

Thirdly, Danish and English have borrowed many words from the same foreign sources, especially from French, Latin and Greek, e.g. such words as 'rose', 'mønt' (*mint*), 'pære' (*pear*), 'stræde' (*narrow street*), 'alter' (*altar*), 'munk' (*monk*), 'biskop' (*bishop*), 'sovs' (*sauce*), 'soldat' (*soldier*), 'officer', 'komfort' (*comfort*), 'kulør' (*colour*), 'journalist', 'garage', and 'international'.

Fourthly, many English words have been taken over by the Danes during the last hundred years: words like 'sweater', 'ulster', 'pyjamas', 'sport', 'tennis', 'kricket', 'golf', 'fodbold' (*football*), 'parlament', 'jury', 'strejke' (*strike*), 'lockout', 'interview' and 'film' are used as everyday words in modern Danish.

The Danish language, therefore, is full of words which present little, or no, difficulty to the English reader. A knowledge of Scotch may often be useful, as even more Scandinavian loan-words have survived in Scotch than in English. The Danish word 'barn' is easily guessed from a knowledge of Scottish *bairn*, and similarly such words as 'kirke', 'græde', 'kiste', 'mund' and 'gård' may be guessed from a knowledge of the equivalent words used in Scotland or the north of England: 'kirk' (*church*), 'greten' (*cry*), 'kist' (*chest*), 'mun' (*mouth*) and 'garth' (*yard*). Sometimes a knowledge of the original meaning of an English word may be helpful; the Danish word 'mad' (*food*) is, by origin, the same as *meat*, the original meaning of which was *food*, as may be seen from the context *meat and drink*.

A knowledge of French may sometimes be useful to identify the meaning of Danish words, e.g. 'avis' (*newspaper*), 'butik' (*shop*), 'baggage' (*luggage*), 'kontor' (*office*), 'billet' (*ticket*). But a knowledge of German is even more useful, because innumerable German loan-words have found their way into the Danish language. Anyone familiar with German will immediately recognize the following Danish words: 'adel' (*nobility*), 'herre' (*gentleman*), 'frue' (*wife*), 'krig' (*war*), 'skøn' (*beautiful*), 'arbejde' (*work*), 'magt' (*power*), 'angst' (*fear*), 'farve' (*colour*), 'ærlig' (*honest*), 'svag' (*weak*), 'rejse' (*travel*), 'besøge' (*visit*) and 'be-gejstring' (*enthusiasm*).

Danish makes more use of compound words than most other languages, usually in an unhyphenated form. The meaning of such words is often easily understood if one understands each of the component parts. Such words as 'fotografiapparat' (*camera*), 'liggestol' (*deck chair*), 'aftage' (*take off*), 'sømand' (*sailor*), 'træhus' (*wooden house*), 'middag' (*noon*) and 'eftermiddag' (*afternoon*) are easily guessed, and if one knows the meaning of 'skrive' (*write*), 'bord' (*table*) and 'stol' (*chair*), it is easy to guess the meaning of the compound 'skrivebordsstol'. The elements are joined together, often to the number of three, four, or more, forming words of a length unknown in English. The record was probably beaten by Hans Andersen in his story 'Hyrdinden og Skorstensfejeren' (*The Shepherdess and the Chimney-sweep*), in which, as a joke, he coined the compound: 'Gedebukkebensoverogundergeneralkrigs-kommandersergent' (literally, *Billy-goat-legs-over-and-under-general-war-commander-sergeant*). Although the meaning of many Danish compounds is obvious when the elements are known, students must be careful with the comparatively few words of this kind that have a specific meaning. Though the two elements 'land' (*land*) and 'mand' (*man*) are easily recognized, it is not so easy to guess that the word 'landmand' means *farmer*, whereas the word 'landsmand' means *fellow countryman*.

9

The student of Danish is particularly warned against a wrong interpretation of the following Danish words, because their apparent similarity to English words of a different meaning may lead the reader astray:

| | |
|---|---|
| 'aktuel' means *topical* | BUT: *actual* is called 'virkelig' |
| 'altså' means *consequently* | BUT: *also* is called 'også' |
| 'anger' means *remorse* | BUT: *anger* is called 'vrede' |
| 'blanket' means *form* | BUT: *blanket* is called 'tæppe' |
| 'fotograf' means *photographer* | BUT: *photograph* is called 'fotografi' |
| 'genial' means *ingenious* | BUT: *genial* is called 'jovial' |
| 'kilde' means *tickle* | BUT: *kill* is called 'dræbe' or 'slå ihjel' |
| 'kind' means *cheek* | BUT: *chin* is called 'hage' |
| 'mappe' means *dispatch case* | BUT: *map* is called 'kort' |
| 'sky' means *cloud* | BUT: *sky* is called 'himmel' |
| 'smal' means *narrow* | BUT: *small* is called 'lille' |
| 'stol' means *chair* | BUT: *stool* is called 'taburet' |
| 'storm' means *gale, tempest* | BUT: *storm* is called 'uvejr' |
| 'sø' means *lake* | BUT: *sea* is called 'hav' |
| 'så' means *then* | BUT: *so* is called 'derfor' |
| 'time' means *hour* | BUT: *time* is called 'tid' |
| 'tælle' means *count* | BUT: *tell* is called 'fortælle' |
| 'ugle' means *owl* | BUT: *eagle* is called 'ørn' |

The following English words are used in Danish with a meaning different from the English one:

> 'speaker' means *radio announcer*
> 'sixpence' means *cloth cap*
> 'smoking' means *dinner jacket*
> 'happy end' means *happy ending*

Notice also the expressions 'engelsk bøf' for *beefsteak* and 'engelsk sovs' for *Worcestershire sauce*

## A LITERAL TRANSLATION OF THE DANISH TEXTS (pp. 2–4)

### THREE DANISH TEXTS

#### (1)

Now will we begin. We will learn Danish. Many Danish words are in family with (i.e. are related to) English words.

We are in a room in a house in England. Here is a door, and there are two windows. We can see out in (i.e. into) a park, where there are many children (cf. Scotch 'bairn'). The sun (cf. Latin and French and the English word *solstice*) shines; it is a warm day. It is Monday the first (of) September. In the park sits a young man on a bench and dreams. On his knees is an open book. A little child goes (i.e. is walking) in the green grass. The little child has a new spade in the hand (i.e. in his hand); the child will (i.e. wants to) dig (cf. the English noun *grave*) a deep hole. In a bed (i.e. flower-bed), where there are fresh red and white roses, go a hen and a tame raven. A stork flies over the grass. On the grass stands a fat man with a red nose; he sells ice-cream. All the children will have (i.e. want) ices. It is a warm after-summer-day (i.e. late summer day).

#### (2)

My uncle is in Denmark. He has a photograph-apparatus (i.e. a camera). He photographs often. He has photographed a goose, a swan, a red cow, a high tree, a little green house, a group (of) school-children, a family in a sailing boat, a young lady (cf. French and German and the English title *Dame*) with a green shawl over the (i.e. her) shoulders, a clergyman (cf. English *priest*) in a church (cf. Scotch 'kirk'), a cat eating a mouse, a flying-machine (i.e. an aeroplane), a man riding on an elephant, a snow-landscape, a mass (i.e. a lot of) dogs (cf. English *hound*) and many interesting portraits. He is absolutely (i.e. definitely) one of the best amateur photographers in Copenhagen.

(3)

*An Idiotic Crime Story*

A rich elderly lady is (i.e. was) murdered (at) eleven o'clock (on) Friday morning (literally: forenoon) on (i.e. in) a hotel in Copenhagen. The police found the murderer's pipe and his brown hat on a chair (cf. English *stool*). One of the hotel's guests (i.e. of the guests in the hotel) saw a person go(ing) out of the hotel's door (i.e. the door of the hotel) (at) six minutes over (i.e. past) eleven; the man had a thick book under the arm (i.e. his arm). The police have now arrested over (a) hundred persons; they had all a thick book (i.e. thick books) under the arm (i.e. their arms). The police cannot find the murderer, for he has sold the thick book, and now has he a thin book under the arm (i.e. his arm).

These texts demonstrate that Englishmen can learn Danish, if they have a little imagination (cf. English *fantasy*).

## 3. THE SPOKEN LANGUAGE

Spoken Danish differs almost as much from written Danish as spoken English differs from written English. To acquire a good knowledge of the spoken Danish language it is essential to hear some good Danish and, if possible, to have the assistance of a competent Dane or someone equally capable of reproducing the correct Danish sounds. But in Danish, as in other languages, there are various dialects, and it is naturally preferable to learn what corresponds to the 'Queen's English', i.e. standard Danish—'Rigsdansk' —with no trace of any dialect.

Danish has the reputation of being a difficult language to learn, and the Danes themselves often tend to exaggerate the difficulties which their language, admittedly, presents.

Many Englishmen, who have been to Denmark or met Danes in Britain, have been asked, as a joke, to pronounce the following Danish words, 'rødgrød med fløde' (a kind of fruit jelly with cream), and normally they have failed miserably. This is just as obvious as it would be for a Dane to fail, if he was asked to pronounce a word like 'Thistlethwaite' in English. The uninitiated English person is baffled by the ø's, which he does not know, and he cannot know that the r's, the d's and the e's have a significance which is unknown in English. If he had been told: (i) that the ø represents a sound which, although it does not occur in English, is known by many students, because it is similar to the vowel sound in French 'bleu' or German 'Öl'; (ii) that the four d's represent a sound which, in English, is spelt with the letters th (as in 'other'); (iii) that the Danish r is a guttural, not a front tongue consonant; and (iv) that the e in 'fløde' represents the same sound as the vowel sound in an unstressed 'the'—then all the apparent difficulties would have disappeared, and the words could easily be reproduced by most English people.

One of the essential things for the student of Danish to realize is that in a foreign language like Danish (and this applies to most foreign languages) the individual letters, and their combinations, have often a significance entirely different from what he is accustomed to in English. If the Danes used a completely different letter for r, for instance, English students of Danish might be less tempted to pronounce Danish r's as if they had the significance of English r's.

Similarly, the student of Danish must, at an early stage, acquire some of the essential general rules concerning

Danish pronunciation, the most important of which are stated below.

(i) All Danish vowels are clear monophthongs. Consequently in Danish a single vowel can *never* be pronounced as a gliding diphthong, as the vowels *a, i, o, u* and *y* often are in English.

(ii) A single, unstressed *-e* at the end of a word is only silent in Danish after an *r*, never, as in English, in words like 'rose' (*rose*), 'komme' (*come*) and 'leve' (*live*). The three Danish words mentioned here are consequently disyllabic words.

(iii) The Danish rules concerning silent letters differ entirely from the English rules. The letter *k*, for instance, is not silent in front of *n*, as in English, and the letter *l* is never silent in front of *k*, as it is sometimes in English. Consequently, in the Danish words 'kniv' (*knife*) and 'folk' all the letters are pronounced. On the other hand, the letter *d* is usually silent after *l, n* and *r*; thus the *d* is mute in such words as 'kold' (*cold*), 'land' (*land*) and 'hård' (*hard*).

(iv) Danish vowels are generally long in front of a single consonant and short when followed by two or more consonants.

(v) The consonants *k, p* and *t* are frequently pronounced as *g, b* and *d*, except in an initial position.

(vi) The following English sounds never occur in Danish:

| | |
|---|---|
| [ʌ] as in *up* | [w] as in *way* |
| [ə:] as in *bird* | [z] as in *zeal* |
| [θ] as in *thin* | [ʒ] as in *measure* |

(The phonetic symbols are those used by Daniel Jones in *An English Pronouncing Dictionary*, 8th ed., London, 1947.)

## THE GLOTTAL STOP

One of the most characteristic features of Danish pronunciation is the use of the glottal stop, or 'stød', as it is called in Danish. It may be likened to the sound commonly used in place of *t* in the dialects of London, parts of Scotland and elsewhere, in such words as 'wa*t*er', 'bu*tt*er', 'li*tt*le', etc., that is to say, the sound heard when the vocal cords, having been brought tightly together, are then rapidly separated, giving rise to a small explosive sound as the air from the lungs rushes out. It must, however, be understood that in Danish the glottal stop—for which the phonetic symbol [ʔ] is used henceforth—is not a substitute for any other sound but a sound in its own right. Furthermore there is no indication of its presence in the ordinary spelling of Danish words; so for English students there are two main difficulties in regard to this sound:

(*a*) the difficulty of making it correctly in all the positions in which it may occur;

(*b*) the difficulty of distributing it correctly, i.e. of knowing when to put it in and when to leave it out.

With reference to (*a*) the following points should be noted:

1. The glottal stop occurs *within* a voiced sound, so that the sound in question, say the vowel [e], begins normally, then, with [e] still in mind, the glottal stop is made, and finally, after the glottal stop, a short echo of the sound [e] is again heard.

2. Glottal *stop* is in a way a misnomer, since the Danish sound is not in most cases a complete cessation of sound, as the dialectal use described above is, but rather a constriction of the accompanying sound during its performance by the action of the vocal cords.

3. Therefore, although the use of the sound substituted for *t* in the dialects mentioned above would give a fair approximation of the Danish sound, it would not be entirely satisfactory and should be used only as a starting-point for the acquisition of the exact pronunciation from a competent teacher.

As regards difficulty (*b*), the difficulty of distribution, the following general remarks should be noted:

1. The glottal stop occurs only in stressed syllables (though not in *all* such syllables), and if a normally stressed syllable containing a glottal stop then loses its stress for rhythmical or other reasons, the glottal stop will also be omitted.

2. The glottal stop *never* occurs in a short vowel or a voiceless consonant.

3. The detailed rules for the use of the glottal stop are so complex and subject to so many exceptions that the best procedure is for the student to make a habit of ascertaining for each new word, as he comes across it, whether it contains a glottal stop or not, and of noting this information down.

That the correct distribution of the glottal stop may be essential to meaning and to good pronunciation is demonstrated by the following examples of words differentiated only by its presence or absence:

| *Glottal stop after the vowel (or diphthong)* | *Glottal stop after the consonant* | *No glottal stop* |
|---|---|---|
| gul [guːʔl *yellow* | — | guld [gul *gold* |
| bæst [bæːʔsd *beast* | — | bedst [bæsd *best* |
| ved [veːʔð *know(s)* | — | ved [veð *by, at* |

| | | |
|---|---|---|
| tal [tàːʔl *speak!* | — | tal [tal *number* |
| sejlet [saiʔləð *the sail* | — | sejlet [sailəð *sailed* |
| — | tømmer [tømʔər *timber* | tømmer [tømər *reins* |
| — | ænder [ænʔər *ducks* | ender [ænər *end(s)* |
| — | Møller [mølʔər *(name)* | møller [mølər *miller* |
| mil [mlːʔl *mile* | mild [milʔ *mild* | — |
| hyl [hyːʔl *yell* | hyld [hylʔ *elder* | — |
| hæl [hæːʔl *heel* | held [hælʔ *luck* | — |
| fugl [fuːʔl *bird* | fuld [fulʔ *full* | — |

It is only fair to add, however, that in various Danish dialects the glottal stop does not occur at all, and consequently many Danes do not use the glottal stop. The English student who wishes to acquire a good knowledge of standard Danish, is, however, advised to use the glottal stop right from the beginning. When his ear has been sufficiently trained he will forget all rules and simply imitate the Danish use of it in the right places.

# PART II

# DANISH PHONETICS

## 1. THE SOUND SYSTEM

### VOWELS

#### *Front vowels*

[i]   As in English 'see', 'beat', or 'me'. This sound occurs also *short* with exactly the same quality as when long, which is not normally so in English. (Cf. the Scottish *short* sound in 'bead'.)   Written *i*, *e* (in two words only), *hj* or *j* (in an initial position and in diphthongs), or *g* (in diphthongs only).

Examples: ride [riːðə *ride*; fin [fiːʔn *fine*; vi [vi *we*; hjem [iæmʔ *home*; ja [ia *yes*; vej [vaiʔ *way*; mig [mai *me*. Notice: De [di *you*; de [di *they*.

[y]   An [i] with rounded lips. This sound does not occur in English. As in German 'über' or French 'user'. Both long and short. Written *y*.

Examples: byde [byːðə *bid*; ny [nyːʔ *new*; lyst [lysd *light*.

[e]   Almost as in English 'pin', 'bit', 'it'. This sound occurs also *long* with exactly the same quality as when short, which is not normally so in English. Written *e* or *i*.

Examples: leve [leːvə *live*; tre [treːʔ *three*; lidt [let *a little*; binde [benə *bind*.

[ø]   An [e] with rounded lips. The sound does not occur

in English. As in French 'p*eu*', or German 'h*ö*ren'. Both long and short. Written *ø* or *y*.

Examples: møde [mø:ðə *meet*; køl [kø:ʔl *keel*; øst [øsd *East*; kysse [køsə *kiss*.

[æ] Almost as in English 'g*e*t', 'b*e*st', or 'w*e*t'. Both long and short. Written *æ* or *e*.

Examples: æble [æ:blə *apple*; sæl [sæ:ʔl *seal*; dem [dæm *them*; bedst [bæsd *best*.

Notice: vejr [væ:ʔr *weather*.

[ö] An [æ] with rounded lips. The sound does not occur in English. As in French 'p*eu*r'. Both long and short. Written *ø*.

Examples: høne [hö:nə *hen*; dør [dö:ʔr *door*; søn [sön *son*.

[ä] Somewhat like English 'm*a*n', 'b*a*d', or 'c*a*n'. Occurs only before or after *r*. Short only. Written *æ* or *e*.

Examples: præst [präsd *clergyman, priest*; værre [vär: *worse*; kerne [kärnə *kernel*.

[ɔ̈] An [ä] with rounded lips. The sound does not occur in English. Occurs in Danish only before or after *r*. Short only. Written *ø*.

Examples: drømme [drö̈mə *dream*; tørst [törsd *thirst*; gør [gö̈r *does*.

### The central vowel

[ə] As in English '*a*gain', 'milkm*a*n', or 'danger*ou*s', or unstressed 'th*e*' before a consonant. Short only and always unstressed. Written *e* (or *å*, in one word only).

Examples: huse [hu:sə *houses*; hvide [vi:ðə *white (plur.)*; huset [hu:ʔsəð *the house*.

Notice: også [ɔsə *also*.

## Back vowels

[u]  As in English 'boot', 'do', or 'you'. This sound occurs also *short* with exactly the same quality as when long, which is not normally so in English. Written *u*, or (in diphthongs only) *v* or *f*.

Examples: due [duːə *dove, pigeon*; hus [huːʔs *house*; bus [bus *bus*; sav [sauʔ *saw* (noun); afgå [augåːʔ *go off, leave*.

[o]  Similar to English 'pull', 'could', 'put'. This sound occurs also *long* with exactly the same quality as when short, which is not normally so in English. Written *o* or *u*.

Examples: rose [roːsə *rose*; to [toːʔ *two*; soldat [sol'dåːʔt *soldier*; hul [hol *hole*.

[å]  Similar to English 'water', 'call', or 'saw', but more closed.  Written *å* or *o*.

Examples: håbe [håːbə *hope*; blå [blåːʔ *blue*; bog [båːʔg *book*; otte [åːdə *eight*; stå op [sdå 'ɔp *rise*.

[ɔ]  The quality of this vowel is between the sound in English 'hot' and that in 'hut'. Short only. Written *å*, *o*, or *ø* (in diphthongs only).

Examples: top [tɔp *top*; komme [kɔmə *come*; hånd [hɔnʔ *hand*; høj [hɔiʔ *high*; løg [lɔiʔ *onion*.

[a]  Slightly more open than English 'man', 'bad', or 'can'.  Mostly long. Written *a*.

Examples: gade [gàːðə *street*; vase [vàːsə *vase*; sad [sàːʔð *sat*.

[a]  The so-called 'Continental' *a* sound. The sound of *a* as in 'man' as heard throughout most of the north of England.  Short only. Written *a*, *e* (in diphthongs only), or *i* (in three words only).

Examples: kaffe [kafə *coffee*; mand [manˀ *man*; lang [laŋˀ *long*; kat [kat *cat*; sejle [sailə *sail*; negl [naiˀl *nail*.

Notice: mig [mai *me*; dig [dai *you* (dependent form); sig [sai *himself, herself.*

[a] Like English 'rather', 'bar', or 'marble'. Both long and short, but occurs only before or after *r*. Written *a*.

Examples: rase [rɑːsə *rage*; drak [drɑk *drank*; varm [varˀm *warm.*

## CONSONANTS

### *Plosives*

[b] As in English '*b*ad', 'so*b*', or '*b*ird', but normally unvoiced. Written *b*, *bb*, *p*, or *pp*.

Examples: båd [bàːˀð *boat*; abe [àːbə *ape, monkey*; ebbe [æbə *ebb*; spade [sbàːðə *spade*; gruppe [grubə *group.*

[p] As in English '*p*oor', 's*p*y', or 'ho*p*'. Written *p* or *pp*.

Examples: papir [paˈpiːˀr *paper*; piano [piˈàːno *piano*; episk [eˈˀpisg *epic*; apparat [apaˈrɑːˀd *apparatus.*

[d] As in English '*d*o', '*D*avi*d*', or 'ha*d*', but much less voiced. Written *d*, *dd*, *t*, or *tt*.

Examples: disse [disə *these*; ide [iˈdeːˀ *idea*; bredde [breˀðə *breadth*; stå [sdàːˀ *stand*; hatte [hadə *hats.*

[t] As in English '*t*ime', 'ha*t*', or '*t*ry'. Written *t*, *tt*, or *dt*.

Examples: to [toːˀ *two*; fortælle [fɔrˈtælˀə *tell*; Otto [ɔto]; fedt [fet *fat.*

[g] As in English '*g*ood', '*g*et', or '*g*o', but normally unvoiced. Written *g*, *gg*, *k*, or *kk*.

Examples: gå [gàːˀ *go*; gnave [gnàːve *gnaw*; ægget [æːˀgəð *the egg*; skole [sgoːlə *school*; klokke [klɔgə *clock, bell.*

[k]   As in English 'can', 'key', or 'custom'. Written k
or kk.

Examples: Kina [kiːna China; kunne [kunə could;
akkusativ [aˈkusatiːʔv accusative.

## Nasals

*At the end of words all Danish nasals are generally appreciably
shorter, less prolonged, than in English.*

[m]   As in English 'man', 'summer', or 'him'. Written
m or mm.

Examples: mand [manʔ man; dem [dæm them; hammer
[hamər hammer.

[n]   As in English 'no', 'can', or 'inner'. Written n, nn,
or nd.

Examples: nu [nu now; kunne [kunə could; sand [sanʔ
sand; lande [lanə land (verb).

[ŋ]   As in English 'thing', 'long', or 'singer'. Written ng,
n (in front of [k] or [g]), or nk (in front of t).

Examples: ting [teŋʔ thing; synge [søŋə sing; tænke
[tæŋgə think; Inga [eŋga]; instinkt [enˈsdeŋʔt instinct.

## Fricatives

[v]   As in English 'very', 'ever', or 'live'. Written v,
hv (or w in certain loan-words).

Examples: vi [vi we; pave [pàːvə pope; hvid [viːʔð
white; whisky [vɪsgi whisky.

[f]   As in English 'fine', 'fly', or 'if'. Written f or ff.

Examples: fin [fiːʔn fine; flå [flåːʔ flay; bøffel [bøfəl
buffalo.

[s]   As in English 'sea', 'stand', or 'house'. Written s,
ss, c, ds, z (or x).

Examples: se [se:ˀ *see*; stå [sdå:ˀ *stand*; kysse [køsə *kiss*; cigar [si'gɑ:ˀr *cigar*; palads [pa'las *palace*; benzin [bæn'si:ˀn *petrol*; Xantippe [san'tibə].

[ʃ]    As in English '*sho*e', '*ush*er', or '*bush*'. Written *sj*, *si*, *ti*, *ci*, *ch*, *g*, or *j*.

Examples: sjal [ʃà:ˀl *shawl*; Asien [à:ˀʃən *Asia*; portion [pɔr'ʃo:ˀn *portion*; social [so'ʃà:ˀl *social*; chef [ʃæ:ˀf *chief*; bagage [ba'gà:ʃə *luggage*; journal [ʃur'nà:ˀl *journal*.

[ð]    Similar to English '*this*', '*other*', or '*soothe*'. Written *d*, *dd*, or *t* (when the definite article is added to a neuter noun, and when a verb ends in -*et* in the past participle).

Examples: bade [bà:ðə *bathe*; blod [blo:ˀð *blood*; sidde [seðə *sit*; huset [hu:ˀsəð *the house*; taget [tà:əð *taken*.

[g]    An open voiced sound corresponding to [g]. Similar to Spanish '*luego*'. The exact quality of this sound varies to a certain extent according to the quality of neighbouring sounds. This sound does not occur in English. Written *g*.

Examples: kage [kà:gə *cake*; flag [flà:ˀg *flag*; sælge [sælgə *sell*; hagl [hagˀl *hail*; Børge [börgə] (*name*).

[r]    A back-tongue consonant, formed in very much the same way as the vowel sound in English '*hot*'. The exact quality of this sound varies to a certain extent according to the quality of neighbouring sounds. In an initial position and after an unvoiced consonant it usually has some friction; in a final position and between two vowels there is no friction and the sound is almost vocalic.

Examples: rød [rø:ˀð *red*; grå [grå:ˀ *grey*; arrest [a'räsd *arrest*; far [far *father*; værre [vär: *worse*; værd [væ:ˀr *worth*; bager [bà:gər *baker*; høre [hø:r *hear*.

(It should be noted that an *r* tends to 'swallow' an

unstressed *e* which precedes it or follows it; in the latter case the *r* sound usually becomes long.)

[h]   As in English '*h*ome', '*h*e', or '*h*ave'. Written *h*.
Examples: her [hæːʔr *here*; hus [huːʔs *house*.

## Lateral

[l]   Almost as in English '*l*ong', '*l*eave', or '*l*ie'. This sound never has the value of the English 'dark' *l* in 'bi*ll*', 'fau*l*t', etc., but only that of the 'clear' *l*, as in the examples given above (cf. a Southern Irish pronunciation of *l* in all positions). Written *l*, *ll*, or *ld*.

Examples: leve [leːvə *live*; kul [kol *coal*; alle [alə *all*; falde [falə *fall*; fuld [fulʔ *full*.

### DIPHTHONGS

*The symbols below have exactly the same values as described above.*

[ai]   vej [vaiʔ *way*; meget [maiəð *very, much*; maj [maiʔ *May*; mig [mai *me*; fejg [faiʔ *cowardly*; seksten [saisdən *sixteen*.

[ɔi]   høj [hɔiʔ *high*; nøgen [nɔiən *naked*; soja [sɔia *soya*.

[ui]   huje [huiə *yell*.

[au]   navn [nauʔn *name*; pause [pausə *pause*; afgå [augåːʔ *go off, leave*.

[ɔu]   lov [lɔu *law*; over [ɔuʔər *over*; kobber [kɔuʔər *copper*.

[æu]   nævne [næunə *name, mention*; evne [æunə *faculty*.

[äu]   revne [räunə *split*.

[öu]   søvn [söuʔn *sleep*; støvle [sdöulə *boot*; neutral [nöuˈtrɑːʔl *neutral*.

[ɞu]   vrøvle [vrɞulə *talk nonsense*.

[eu]  Europa [eu'roːpa *Europe*; peber [peuər  *pepper*;
brevkort [breukɔrd *postcard*.

[øu]  døvstum [døusdomʔ  *deaf-and-dumb*.

[iu]  ivrig [iuri *eager*.

[yu]  syv [syuʔ *seven*.

[ia]  ja [ia *yes*; Jan [ian].

[iə]  jeg [iə *I* (in an unstressed position); familie [fa'milʔiə
*family*.

[iä]  hjerte [iärdə *heart*.

[iæ]  fjerde [fiæːr *fourth*.

[io]  jod [ioːʔð *iodine*; jord [ioːʔr *earth*.

[iɔ]  jomfru [iɔmfru *virgin*; jolle [iɔlə *dinghy*.

[iö]  hjørne [iörnə *corner*; Jørgen [iörən].

[iø]  jøde [iøːðə *Jew*.

[iu]  jul [iuːʔl *Christmas, Yuletide*; hjul [iuːʔl *wheel*.

[iy]  jyde [iyːðə *Jute, Jutlander*.

# 2. SPELLING AND SOUND VALUES

## A

This letter is pronounced:

(1) As [à], in long syllables only.
    Examples: gade [gàːðə *street*; vase [vàːsə *vase*.

(2) As [a], in short syllables only, and in diphthongs.
    Examples: kaffe [kafə *coffee*; mand [manʔ *man*; taifun
[tai'fuːʔn *typhoon*; bajer [baiʔər *bottle of beer*; navn [nauʔn
*name*.

(3) As [ɑ], long or short, but only before or after *r*.

Examples: rase [rɑːsə *rage*; drak [drɑk *drank*; varm [vɑrʔm *warm*.

Notice the pronunciation of 'at' [ɔ] *to* (before an infinitive).

## B

This letter is pronounced:

(1) As [b].

Examples: båd [bɔ̀ːʔð *boat*; abe [àːbə *ape, monkey*; ebbe [æbə *ebb*.

(2) As [u] in some few words.

Examples: peber [peuər *pepper*; kobber [kɔuʔər *copper*.

The letter *b* is silent in 'købmand' [kømanʔ *grocer*, and in 'Købmagergade' [kømargàːðə] (a street in Copenhagen).

## C

This letter (which only occurs in words of foreign origin) is pronounced:

(1) As [s].

Examples: cigar [siˈgɑːʔr *cigar*; koncert [kɔnˈsärd *concert*.

(2) As [ʃ] in the combinations *ch* and *ci*.

Examples: chef [ʃæːʔf *chief*; chokolade [ʃogoˈlàːðə *chocolate*; social [soˈʃàːʔl *social*.

## D

This letter is pronounced:

(1) As [d], in an initial position, in front of a stressed vowel, and sometimes when doubled.

Examples: disse [disə *these*; ide [iˈdeːʔ *idea*; bredde [breːʔdə *breadth*.

(2) As [ð], in front of an unstressed vowel and in a final position.

Examples: bade [bàːðə *bathe*; blod [bloːʔð *blood*; sidde [seðə *sit*.

The letter *d* is mostly silent:

(1) Before *t*.

Example: fedt [fet *fat*. (BUT: medtage [mæðtàːʔgə *include*.)

(2) Before *s*.

Example: palads [paˈlas *palace*. (BUT: Guds [guðs *God's*.)

(3) After *n*. *

Examples: sand [sanʔ *sand*; lande [lanə *land* (verb). (BUT: indre [endrə *inner*; mandig ⌊mandi *virile*.)

(4) After *l*.

Examples: falde [falə *fall*; fuld [fulʔ *full*. (BUT: vældig [vældi *powerful*; aldrig [aldri *never*.)

(5) After *r*.

Examples: værd [væːʔr *worth*; fjerde [fiæːr *fourth*. (BUT: værdig [värdi *worthy*.)

(6) In front of *k* in such words as: snedker [sneːʔkər *joiner*; bødker [bøːʔkər *cooper*; etc.

(7) Colloquially in the following words: fader [far *father*; moder [mor *mother*; broder [bror *brother*; klæder [klæːr *clothes*; lade [la *let*; lide [liːʔ *like* (verb); bede [beːʔ *ask*; ved [veːʔ *knows*; ved [ve *at, near, by*; hvad [va *what*; med [mæ *with*; ad [a *along*; God dag! [goˈdàːʔ *How do you do?* (and often in 'god' [goːʔ *good*, and the plural form 'gode' [goːə *good*).

The letter *d* is *always* silent in the following two words: sagde [sàː *said*; lagde [làː *laid*.

# E

This letter is pronounced:

(1) As [e], long or short.

Examples: leve [leːvə *live*; tre [treːʔ *three*; hende [henə *her*.

(2) As [æ], mainly short.

Examples: hvem [væmʔ *who(m)*); dem [dæm *them*; bedst [bæsd *best*.

Notice the long vowel in the following words: vejr [væːʔr *weather*; her [hæːʔr *here*; der [dæːʔr *there*; hver [væːʔr *every*; fjerde [fiæːr *fourth*; sjette [ʃæːdə *sixth*; legeme [læːgəmə *body*.

(3) As [ä], before or after *r*. Short only.

Examples: kerne [kärnə *kernel*; stjerne [sdiärnə *star*; rende [ränə *run*.

(4) As [ə], in unstressed positions only.

Examples: huse [huːsə *houses*; leve [leːvə *live*; huset [huːʔsəð *the house*.

(5) As [a], in many combinations with *ej* and *eg*.

Examples: vej [vaiʔ *way*; sejle [sailə *sail*; negl [naiʔl *fingernail*. (BUT: eg [eːʔg *oak*; neger [neːgər *negro*.)

Notice also 'seksten' [saisdən *sixteen*.

(6) As [i], only in the two personal pronouns 'De' [di *you*, and 'de' [di *they*.

The letter *e* is often silent in a final position after *r*.

Examples: høre [høːr *hear*; nære [næːr *near* (plur.); nærmere [närmər: *nearer*.

# F

This letter is pronounced:

(1) As [f].

Examples: fin [fiːʔn *fine*; flå [flåːʔ *flay*; bøffel [bøfəl *buffalo*.

(2) As [u] in the prefix *af-*.

Examples: afgå [augå:ʔ *go off, leave*; affald [aufalʔ *refuse* (noun).

The letter *f* is silent in the preposition af [a *of*, and the adverb af [à:ʔ *off*.

## G

This letter is pronounced:

(1) As [g].

Examples: gå [gå:ʔ *go, walk*; gnave [gnå:və *gnaw*; ægget [æ:ʔgəð *the egg*; agt [agd *intention*.

(2) As [g].

Examples: kage [kà:gə *cake*; flag [flà:ʔg *flag*; hagl [hagʔl *hail*; sælge [sælgə *sell*; sorg [sɔrʔg *sorrow*.

(3) As [i], in some combinations *eg, øg*, and (three words only) *ig*.

Examples: negl [naiʔl *finger-nail*; løg [lɔiʔ *onion*; mig [mai *me*; dig [dai *you* (dependent form); sig [sai *himself, herself*.

(4) As [ʃ] in certain French loan-words.

Example: bagage [ba'gà:ʃə *luggage*.

The letter *g* is silent in many Danish words.

Examples: tage [tà:ʔ *take* (also the present tense 'tager' [ta:ʔr], the past tense 'tog' [to:ʔ] and the past participle 'taget' [tà:əð]); sige [si:ə *say* (also the present tense 'siger' [si:r] and the past tense 'sagde' [sà:]); spørge [sbör: *ask* (also the present tense 'spørger' [sbö:ʔr], the past tense 'spurgte' [sbordə], the past participle 'spurgt' [sbo:ʔrd], and the noun 'spørgsmål' [sbörsmå:ʔl *question*); solgte [sɔldə *sold* (also the past participle 'solgt' [sɔlʔd]); valgte [valdə *chose* (also the past participle 'valgt' [valʔd]); lagde [là: *laid*; dag [dà:ʔ *day* (also the inflected forms: dagen

29

[dàːˀən *the day*; dage [dàːə *days*, etc.); mandag [manˀda *Monday* (and similarly with the other weekdays); og [ɔ *and*; også [ɔsə *also*; pige [piːə *girl*; ryge [ryːə *smoke*; aldrig [aldri *never* (and similarly with all other words ending in *-ig*); Viborg [vibɔrˀ] (and similarly with many other words ending in *-rg*); fugl [fuːˀl *bird* (and similarly with all other words containing the combination *-ugl-*); uge [uːə *week*; rug [ru *rye*; borgmester [bɔr'mæsdər *mayor*; nogen [noːn *some, any* (sing.); noget [noːəð *something, anything*.

Notice the pronunciation of 'nogle' [noːn *some, any* (plur.).

## H

This letter is pronounced as [h].

Examples: her [hæːˀr *here*; hus [huːˀs *house*.

The letter *h* is silent before *v* and *j*.

Examples: hvad [va *what*; hvem [væmˀ *who(m)*; hjem [iæmˀ *home*; hjælpe [iælbə *help*.

## I

This letter is pronounced:

(1) As [i], long or short.

Examples: ride [riːðə *ride*; fin [fiːˀn *fine*; vi [vi *we*; i [i *in*.

(2) As [e], short only.

Examples: lidt [let *a little*; binde [benə *bind*.

Notice the pronunciation of Niels [nels] and Nielsen [nelsən] (*proper names*).

(3) As [a] in the following three words only: mig [mai *me*; dig [dai *you* (dependent form); sig [sai *himself, herself*.

## J

This letter is pronounced:

(1) As [i].

Examples: ja [ia  *yes*; vej [vai? *way, road*.

(2) As [ʃ], in the combination *sj* and in French loan-words.

Examples: sjal [ʃàːʔl  *shawl*; journal [ʃurˈnàːʔl  *journal*.

The letter *j* is silent in the following two words: vejr [væːʔr  *weather*; fjer [feːʔr  *feather(s)*. (BUT: fjerkræ [fierkræːʔ *poultry*.)

## K

This letter is pronounced:

(1) As [k].

Examples: Kina [kiːna  *China*; kunne [kunə  *could*; akkusativ [aˈkusatiːʔv  *accusative*; klokke [klɔgə  *clock, bell*.

(2) As [g].

(*a*) After *s*. Example: skole [sgoːlə  *school*.

(*b*) Medially before a consonant. Example: faktum [tagtom  *fact*.

(*c*) Before [ə], [ər], and [ən]. Examples: tænke [tæŋgə *think*; teoretiker [teoˈreːʔtigər  *theorist, theoretic*; frakken [fragən  *the coat*.

(3) As [i], in one word only: seksten [saisdən  *sixteen*.

## L

This letter is pronounced as [l].

Examples: leve [leːvə  *live*; kul [kol  *coal*; alle [alə  *all*.

The letter *l* is often silent colloquially in: til [te  *to, till*; skal [sga  *shall*; vil [ve  *will*; skulle [sgu  *should*.

Notice the pronunciation of 'nogle' [noːn  *some, any* (plur.).

31

## M

This letter is pronounced as [m].

Examples: mand [manˀ *man*; dem [dæm *them*; hammer [haˈmər *hammer*.

## N

This letter is pronounced:

(1) As [n].

Examples: nu [nu *now*; kunne [kunə *could*; Knud [knuːˀð *Canute*.

(2) As [ŋ], in front of [g] or [k].

Examples: tænke [tæŋgə *think*; Inga [eŋga]; tank [taŋˀk *tank*.

The letter *n* is silent in the colloquial pronunciation of the word 'kunne' [ku *could*, and frequently also in the present tense 'kan' [ka *can*.

## O

This letter is pronounced:

(1) As [o], long or short.

Examples: rose [roːsə *rose*; to [toːˀ *two*; soldat [solˈdàːˀt *soldier*.

(2) As [ɔ], short only.

Examples: top [tɔp *top*; komme [kɔmə *come*.

(3) As [å], long only.

Examples: bog [båːˀg *book*; otte [åːdə *eight*.

## P

This letter is pronounced:

(1) As [p].

Examples: papir [paˈpiːˀr *paper*; piano [piˈàːno *piano*; episk [eːˀpisg *epic*; apparat [apaˈrɑːˀd *apparatus*.

(2) As [b], in the following instances:

(*a*) After *s*. Examples: spade [sbɑ̀:ðə *spade*; springe [sbreŋə *spring, jump*.

(*b*) Medially before consonant. Example: kapløb [kablø:ʔb *race*.

(*c*) Before [ə], [ər], and [ən]. Examples: lampe [lambə *lamp*; type [tybə *type*; proper [proː ʔbər *clean*; gruppe [grubə *group*; kappen [kabən *the cloak*.

(*d*) Before the ending -ig. Example: hyppig [hybi *frequent*.

## Q

This letter does not occur in any Danish word.

## R

This letter is pronounced as [r].

Examples: rød [røːʔð *red*; grå [grɑ̀:ʔ *grey*; arrest [aˈräsd *arrest*; far [fɑr *father*; bager [bɑ̀:gər *baker*; høre [høːr *hear*; værre [väːr *worse*; lærer [læːr: *teacher*; er [är *is, am, are*.

The letter *r* is silent in the noun 'karl' [kɑ̀:l *farm labourer*. (BUT not in the proper name 'Karl' [kɑrʔl *Charles*.)

## S

This letter is pronounced:

(1) As [s].

Examples: se [seːʔ *see*; stå [sdɑ̀:ʔ *stand*; kysse [køsə *kiss*.

(2) As [ʃ], in the combinations *sj* and *si*.

Examples: sjal [ʃɑ̀:l *shawl*; Asien [ɑ̀:ʔʃən *Asia*.

## T

This letter is pronounced:

(1) As [t], when it occurs initially, in a stressed syllable, in a final position after a vowel, and in a few other cases.

Examples: to [to:ʔ *two*; fortælle [fɔr'tælʔə *tell*; tre [tre:ʔ *three*; Otto [ɔto]; kat [kat *cat*.

(2) As [d], when it occurs in the following positions:

(*a*) After *s*. Examples: stå [sdå:ʔ *stand*; stoppe [sdɔbə *stop*; lyst [lysd] *light*.

(*b*) Medially before [ə]. Examples: vente [vændə *wait*; dette [dedə *this*.

(*c*) Medially before [ən], [ər], [s], and [ʃ]. Examples: natten [nadən *the night*; Peter [pe:ʔdər]; dets [deds *its*; gletcher [glædʃər *glacier*.

(*d*) Before the ending -ig. Example: vittig [vidi *witty*.

(3) As [ð], in the ending -*et*.

Example: huset [hu:ʔsəð *the house*; levet [le:vəð *lived* (past participle); meget [maiəð *very, much*.

(4) As [ʃ] in the ending -*tion*.

Example: nation [na'ʃo:ʔn *nation*.

The letter *t* is always silent in the following words: det [de *it, that*; idet [i'de *as*; altså [alʔsɔ *consequently*. It is also normally silent in the conjunction 'at' [a *that*, and in 'at' [ɔ *to* (before an infinitive).

## U

This letter is pronounced:

(1) As [u], long or short.

Examples: due [du:ə *pigeon, dove*; hus [hu:ʔs *house*; bus [bus *bus*.

(2) As [o], short only.

Examples: hul [hol *hole*; sukker [sogər *sugar*.

(3) As [y], in French loan-words only.

Examples: menu [me'ny *menu*); parfume [par'fy:mə *perfume*.

## V

This letter is pronounced:

(1) As [v].

Examples: vi [vi *we*; pave [på:və *pope*; vrede [vre:ðə *anger, wrath*; svin [svi:ʔn *swine, pig*; ulv [ulʔv *wolf*.

(2) As [u], after short vowels.

Examples: sav [sauʔ *saw* (noun); syv [syuʔ *seven*; sove [sɔuə *sleep* (verb); søvn [söunʔ *sleep* (noun); nævne [næunə *name, mention*.

The following changes should be noted:

| v *pronounced as* [u] | v *pronounced as* [v] |
|---|---|
| hav [hau *sea* | havet [hå:ʔvəð *the sea* |
| lov [lɔu *law* | loven [lå:ʔvən *the law* |
| grev A. [greu 'å:ʔ *Count A.* | greve [gre:və *count* |
| livlig [liuli *lively* | liv [li:ʔv *life* |
| ivrig [iuri *eager* | iver [i:ʔvər *eagerness* |
| brevpapir [breupa'pi:ʔr *writing paper* | brev [bre:ʔv *letter* |
| stivhed [sdiuhe:ʔð *stiffness* | stiv [sdi:ʔv *stiff* |

The letter *v* is silent in the following instances:

(1) Frequently after *l*.

Examples: halv [halʔ *half*; sølv [søl *silver*; tolv [tɔlʔ *twelve*; selv [sælʔ *(one)self, (him)self*, etc.; gulv [gol *floor*. (BUT: elv [ælʔv *river*; selve [sælvə *the very*.)

(2) Always in the word: havde [hå:ðə *had*.

(3) In the colloquial pronunciation of the following words: have [hȧːʔ *have*; give [giːʔ *give* (also the present tense 'giver' [giːʔr], the past tense 'gav' [gȧːʔ], and the past participle 'givet' [giːəð]); blive [bliːə *become* (also the present tense 'bliver' [bliːʔr], the past tense 'blev' [bleːʔ], and the past participle 'blevet' [bleːəð]); hoved [hoːəð or [hoːðə *head*.

## W

This letter (which only occurs in a few words of foreign origin) is pronounced as [v].

Example: whisky [visgi *whisky*.

## X

This letter (which only occurs in a few words of foreign origin) is pronounced:

(1) As [ks].
Example: Pax [paks].

(2) As [s].
Example: Xantippe [san'tibə].

## Y

This letter is pronounced:

(1) As [y], long or short.
Examples: byde [byːðə *bid*; ny [nyːʔ *new*; lyst [lysd *light*.

(2) As [ø], short only.
Examples: kysse [køsə *kiss*; stykke [sdøgə *piece*; tynd [tønʔ *thin*; lyst [løsd *desire* (noun).

(3) As [ö], after *r*.
Examples: ryg [rög *back*; bryst [brösd *breast*.

(4) As [ɔ] in the word 'fyrre' [fɔrə *forty*.

36

## Z

This letter (which only occurs in a few words of foreign origin) is pronounced as [s].

Examples: zebra [se:brɑ *zebra*; benzin [bæn'si:ʔn *petrol*.

## Æ

This letter is pronounced:

(1) As [æ], long or short.

Examples: æble [æ:blə *apple*; hæl [hæ:ʔl *heel*; tænke [tæŋgə *think*.

(2) As [ä], before or after *r*. Short only.

Examples: præst [präsd *clergyman, priest*; værre [vär: *worse*.

## Ø

This letter is pronounced:

(1) As [ø], long or short.

Examples: møde [mø:ðə *meet*; køl [kø:ʔl *keel*; øst [øsd *east*.

(2) As [ö], long or short.

Examples: høne [hö:nə *hen*; dør [dö:ʔr *door*; søn [sön *son*.

(3) As [ṏ], before or after *r*. Short only.

Examples: drømme [drṏmə *dream*; grøn [grṏnʔ *green*; tørst [tṏrsd *thirst*.

(4) As [ɔ], in most combinations *øj* and *øg*.

Examples: høj [hɔiʔ *high*; løg [lɔiʔ *onion(s)*; møg [mɔi *muck, manure*. (BUT notice the pronunciation of the following words: bøg [bø:ʔg *beech*; bøger [bø:ʔgər *books*; høg [hø:ʔg *hawk*; gøg [gø:ʔg *cuckoo*; føg [fø:ʔg *drifted*.)

## Å

This letter is pronounced:

(1) As [å], long only.

Examples: håbe [hå:bə *hope*; blå [blå:ʔ *blue*; så [så:ʔ *saw* (past tense of '*see*').

(2) As [ɔ], short only.

Examples: hånd [hɔnʔ *hand*; blåt [blɔt *blue* (neuter form); så [sɔ *then*.

## 3. SPECIAL PRONUNCIATION

English students are advised to memorize the correct pronunciation of the following words:

af [a *of* (prep.).

Example: en af dem [e:ʔn a 'dæm *one of them*.

af [a:ʔ *off* (adverb).

Example: han faldt af [han falˀd 'à:ʔ *he fell off*.

altså [alˀsɔ *consequently*.

at [ɔ *to* (before an infinitive).

Example: det er let at se [de: 'læt ɔ 'se:ʔ *it is easy to see*.

at [a *that* (conj.).

Example: han siger, at han kommer [han 'si:r a han 'kɔmˀər *he says that he will come*.

| | |
|---|---|
| De [di *you*. | havde [hà:ðə *had*. |
| de [di *they*. | idet [i'de *as*. |
| det [de *it, that*. | karl [kà:ʔl *farm labourer*. |
| dig [dai *you* (dependent form of '*du*'). | købmand [køman? *grocer*. |
| fjer [fe:ʔr *feather(s)*. | lagde [là: *laid*. |
| | mig [mai *me*. |

nogle [noːn *some, any* (plur.).    seksten [saisdən *sixteen.*
også [ɔsə *also.*                sig [sai *himself, herself,* etc.
sagde [sàː *said.*              vejr [væːʔr *weather.*

## 4. STRESS

In most Danish words the stress is on the first syllable
(cf. *Preface*, p. vi). Also in compounds the first syllable
will normally carry the main stress.

Examples: skrivebord ['sgriːvəboːʔr *writing-desk*; skrive-
bordsstol ['sgriːvəborsdoːʔl *chair for a writing-desk.*

The adding of endings to Danish words will not normally
influence the stress.

Examples: leve [leːvə *live*; levende ['leːvənə *living*;
hustru ['husdru *wife*; hustruerne ['husdrurnə] *the wives*;
lang [laŋʔ *long*; længere ['læŋər: *longer.*

Exceptions to this rule are:

(1) Many loan-words, especially of Greek, Latin, and
French origin. Among the most important groups are
those ending in:

-*abel* (e.g. variabel [variˈàːʔbəl *variable*; risikabel [risiˈkàːʔbəl
*risky*).

-*abisk* (e.g. arabisk [aˈraːʔbisg *Arabic*).

-*ade* (e.g. marmelade [marməˈlàːðə *marmalade*; arkade
[arˈkàːðə *arcade*).

-*af* (e.g. biograf [bioˈgraːʔf *cinema*; fotograf [fotoˈgraːʔf
*photographer*).

-*age* (e.g. bandage [banˈdàːʃə *bandage*; ravage [raˈvàːʃə
*ravage*).

-*al* (e.g. original [ɔrigiˈnàːʔl *original*; social [soˈʃàːʔl *social*).

-*an* (e.g. human [huˈmàːʔn *humane*; tyran [tyˈranʔ *tyrant*).

*-ance* (e.g. balance [ba'laŋsə *balance*; fajance [fa'iaŋsə *faience*).

*-ant* (e.g. extravagant [æksdrava'ganʔt *extravagant*; kontant [kɔn'tanʔt *cash*).

*-arisk* (e.g. parlamentarisk [parlamæn'taʔrisg *Parliamentary*; eksemplarisk [æksəm'plaːʔrisg *exemplary*).

*-ark* (e.g. patriark [patri'ark *patriarch*; monark [mo'nark *monarch*).

*-asme* (e.g. sarkasme [sar'kasmə *sarcasm*).

*-ast* (e.g. fantast [fan'tasd *daydreamer*; gymnast [gym'nasd *gymnast*).

*-at* (e.g. soldat [sol'dàːʔt *soldier*; karat [ka'raːʔt *carat*).

*-el* (e.g. model [mo'dælʔ *model*; pastel [pa'sdælʔ *pastel*).

*-ence* (e.g. konkurrence [kɔŋku'raŋsə *competition*).

*-ent* (e.g. konkurrent [kɔŋku'ränʔt *competitor*; klient [kli'ænʔt *client*).

*-er* (e.g. barber [bar'beːʔr *barber*; maner [ma'neːʔr *manner*).

*-ere* (e.g. barbere [bar'beːʔrə *shave*; demonstrere [demɔn-'streːʔrə *demonstrate*).

*-erisk* (e.g. kolerisk [ko'leːʔrisg *choleric*).

*-eser* (e.g. kineser [ki'neːʔsər *Chinese*).

*-esse* (e.g. adresse [a'dräsə *address*; interesse [entə'räsə *interest*).

*-essor* (e.g. professor [pro'fæsər *professor*).

*-et* (e.g. billet [bi'læt *ticket*; toilet [toa'læt *toilet*).

*-i* (e.g. biografi [biogra'fiːʔ *biography*; sympati [sympa'tiːʔ *sympathy*; geografi [geogra'fiːʔ *geography*).

*-ik* (e.g. politik [poli'tik *politics*; matematik [matəma'tik *mathematics*).

*-il* (e.g. servil [sär'viːʔl *servile*).

*-in* (e.g. benzin [bæn'siːʔn *petrol*).

*-ion* (e.g. nation [na'ʃoːʔn *nation*; sensation [sænsa'ʃoːʔn *sensation*).

*-ire* (e.g. satire [sa'tiːrə *satire*).

*-isme* (e.g. socialisme [soʃa'lismə *socialism*).

*-ist* (e.g. socialist [soʃa'lisd *socialist*; pianist [pia'nisd *pianist*).

*-it* (e.g. bandit [ban'dit *bandit*; appetit [abə'tit *appetite*).

*-meter* (e.g. barometer [baro'meːʔdər *barometer*; termometer [tärmo'meːʔdər *thermometer*).

*-ofisk* (e.g. filosofisk [filo'soːʔfisg *philosophical*).

*-ogisk* (e.g. patologisk [pato'loːʔgisg *pathological*).

*-on* (e.g. person [pär'soːʔn *person*; garnison [garni'soːʔn *garrison*).

*-tet* (e.g. universitet [univärsi'teːʔt *university*; identitet [idænti'teːʔt *identity*).

*-ur* (e.g. natur [na'tuːʔr *nature*; litteratur [lidəra'tuːʔr *literature*).

*-ær* (e.g. militær [mili'tæːʔr *military*).

*-ærisk* (e.g. militærisk [mili'tæːʔrisg *military*).

*-ør* (e.g. direktør [direg'tøːʔr *director*; frisør [fri'søːʔr *hairdresser*).

*-øs* (e.g. nervøs [när'vøːʔs *nervous*).

(N.B. The list is not exhaustive.)

(2) All words with the female endings: *-esse*, *-øse* (French *-euse*), or *-inde*.

Examples: baronesse [baro'næsə *baroness*; massøse [ma'søːsə *masseuse*; skuespillerinde [sguːəsbelər'enə *actress*.

(3) All words beginning with the prefixes *be-*, *er-*, *ge-*, and *for-*. (In words, however, where *for-* is not an empty prefix, but has the meaning 'front', 'fore', 'before', etc., it carries the main stress.)

Examples: begynde [be'gønʔə *begin*; erklære [är'klæːʔrə *declare*; gemen [ge'meːʔn *mean*; forstå [fɔr'sdåːʔ *understand*; fortælle [fɔr'tælʔə *tell*. (BUT: i forgårs [i 'fɔrgåːʔrs *the day before yesterday*; fordel [fɔrde:ʔl *advantage*; forben [fɔrbe:ʔn *front leg*.)

(4) Several Danish place-names.

Examples: København [købən'hauʔn *Copenhagen*; Helsingør [hælseŋ'ø:ʔr *Elsinore*; Korsør [kɔr'sø:ʔr]; Hobro [ho'bro:ʔ].

## 5. WEAK FORMS OF WORDS

Many common Danish words have two, or sometimes more, different pronunciations according to whether they occur in a stressed or an unstressed position in the sentence. The same phenomenon may be observed in English also, when such words as 'at', 'for', 'and', among many others, are given their full or *strong* form when stressed or pronounced in isolation, but a *weak* form in such phrases as 'all at sea', 'tea for two', 'you and me', where they are not stressed.

In just the same way the Danish word 'og' (*and*) is pronounced [ɔu] when stressed, but when in an unstressed position has a weak form [ɔ], as for instance in the phrase 'du og jeg' (*you and I*), pronounced [du ɔ 'iai]. Similarly, the word 'kan' (*can*) has a strong form [kanʔ] and a weak form [ka], as in 'vi kan se ham' (*we can see him*), pronounced [vi ka 'se:ʔ ham]. The verb 'er' (*are, is, am*), which in isolation or in a stressed position is pronounced [är], is, in an unstressed position, frequently weakened to the pronunciation [æ] or [ə] or [r], and if the preceding word ends in a vowel sound it may even disappear completely.

Since most of the words which have a weak and a strong form are very common small words which are rarely stressed in the sentence, it follows that, just as in English, the weak form is much more frequently used than the strong form, and therefore that failure to use weak forms when they are required, gives exactly the same bad results as if such words as 'at', 'for', and 'and', were always pronounced strongly in English, whether stressed or not.

The student of Danish should be warned that the pronunciation indicated in dictionaries, etc., is generally the strong form of the word, so that students must be prepared to note for themselves the many weak forms which are to be found in conversational Danish. Notice in this connexion that an untrained Danish speaker will, if asked, generally give the *strong* form of a given word. It is wiser, therefore, to ask about phrases of the type 'du og jeg', quoted above, rather than about isolated words. There are, for instance, two pronunciations of the word 'jeg', a strong one [iai], and a weak form [iə]. If you ask an untrained Danish speaker whether he says [iai] or [iə] he will invariably answer: 'jeg siger jeg' [iə sir 'iai *I say I*, thus unknowingly contradicting himself.

Some of the ways in which the weak form may differ from the strong are as follows:

(1) Change of vowel sound.
Examples:

jeg    strong form [iai]    weak form [iə] Jeg har set
  Hvad sagde jeg? [va så:    ham [iə hɑr 'se:ʔt ham] *I have*
  'iai] *What did I say?*    *seen him*

dem    strong form [dæm]    weak form [dəm] Jeg fik dem
  Dem kender jeg ['dæm    [iə 'feg dəm] *I got them*
  kænər iə] *I know them*

(2) Omission of vowel sound.
Examples:

den    strong form [dænʔ]    weak form [dn] og den anden
  Den er god ['dænʔ æ go:ʔ]    lo [ɔ dn 'an: lo:ʔ] *and the*
  *that is a good one*    *other one laughed*

43

her strong form [hæːʔr] Her bor han [ˈhæːʔr boːʔr han] *He lives here*

weak form [här] Kan du være her [ka du ˈvæːr här] (lit.) *Can you be here?* i.e. *Is there room enough for you here?*

(3) Omission of consonant sound.

Examples:

med strong form [mæð] Vil du med? [ve du ˈmæð] *Are you coming?*

weak form [mæ] med en lille dreng [mæ n ˈlilə dräŋʔ] *with a little boy*

vil strong form [vel] Jeg vil ikke [lə ˈvel egə] *I don't want to*

weak form [ve] Vil De ikke med? [ve di egə ˈmæð] *Aren't you coming?*

skal strong form [sgal] Du skal! [du ˈsgal] *You must!*

weak form [sga] Hvad skal vi gøre? [ˈva sga vi ˈgöːr] *What shall we do?*

er strong form [är] Hun er her ikke [hun ˈär här egə] *She isn't here*

weak form [æ] Er det sandt? [æ de ˈsanʔt] *Is it true?*

(4) Total omission of complete word.

Examples:

Hvad er det? [vaː de *What is that?*

Det er en bil [deː n biːʔl *That is a car.*

The colloquial pronunciation of 'skulle' (*should*) and 'kunne' (*could*) as [sgu] and [ku] are similar cases, but not identical, since the full forms [sgulə] and [kunə] may commonly be heard in unstressed positions, and the use of the two forms is more a matter of individual taste than of stress purely.

Among certain less educated Danes there is the belief that it is more 'refined' *always* to use the strong forms, e.g. [mæð], [vel] and [sgal], and the same people often pronounce the word 'også' (*also*) as [ɔusɔ] instead of [ɔsə], and even pronounce many of the silent letters, e.g. in 'sølv' (*silver*) [sølv] instead of [søl]. Students are warned against imitating such forms.

A pronunciation containing too many weak forms will be much more acceptable in Danish than one using too few, so the rule should be always to use the weak form unless there is an obvious reason for using the strong one, as there is in 'du *og* jeg' [du 'ɔu iai (*you* AND *I*)—(not *you* OR *I*).

# PART III
# GRAMMAR

## 1. NOUNS

### THE ARTICLE

There are two genders in modern Danish: *common gender* (*c*) and *neuter* (*n*).

The *indefinite article*, therefore, has two forms:

| *Common gender* | *Neuter* |
|---|---|
| en [en  *a, an* | et [ed  *a, an* |

Examples:

en mand [en manʔ  *a man*          et barn [ed barʔn  *a child*
en dame [en dàːmə  *a lady*        et hus [ed huːʔs  *a house*

The definite article in Danish, as in other Scandinavian languages, is post-positive, or enclitic, i.e. the article is added (without hyphen) to the noun as a suffix. This, however, applies only when the noun is *not* preceded by an adjective (or an adjectival word). In the singular, the enclitic article is *-en* [-ən] for the common gender and *-et* [-əð] for the neuter. Nouns which end in an unstressed *-e*, however, only add *-n* [-n] for the common gender, and *t* [-ð] for the neuter.

Examples:

manden [manʔən  *the man*          barnet [barʔnəð  *the child*
damen [dàːmən  *the lady*          mærket [märgəð  *the mark* (cf.
                                      'et mærke')

In the plural the enclitic definite article is *-ne* [-nə], added to the plural ending of the noun. Nouns which have no plural ending add *-ene* [-ənə].

Examples:

| *Plural without article* | *Plural with definite article* |
|---|---|
| damer [dà:mər *ladies* | damerne [dà:mərnə *the ladies* |
| huse [hu:sə *houses* | husene [hu:sənə *the houses* |
| mænd [mæn? *men* | mændene [mæn?ənə *the men* |
| børn [börʔn *children* | børnene [börʔnənə *the children* |

When a noun ends in a single consonant, preceded by a short, stressed vowel, the consonant is doubled before the enclitic article:

> en hat [en hat *a hat*; hatten [hadən *the hat*
> en søn [en sön *a son*; sønnen [sönʔən *the son*

Some nouns ending in unstressed *-el*, *-en* or *-er* drop the *-e-* of their ending when the definite article is added. If the *-e-* is preceded by a double consonant, the consonant is simplified when the *-e-* drops out, e.g.:

> en cykel [en sygəl *a bicycle*; cyklen [syglən *the bicycle*
> et tempel [ed tæm?bəl *a temple*; templet [tæm?bləð *the temple*
> et teater [ed te'à:?dər *a theatre*; teatret [te'à:?drəð *the theatre*
> en himmel [en heməl *a sky*; himlen [hemlən *the sky*
> (BUT: en vinter [en ven?dər *a winter*; vinteren [ven?dərən *the winter*
> en sommer [en sɔmər *a summer*; sommeren [sɔmərən *the summer*)

When a noun is preceded by an adjective (or an adjectival word) the enclitic article is *not* used, but one of the

47

following forms of the definite article is put in front of the adjective:

Singular { Common gender: den [dæn].
{ Neuter: det [de].

Plural: de [di].

Examples:

den unge mand [dæn oŋə manʔ *the young man*
det røde hus [de rø:ðə hu:ʔs *the red house*
de unge mænd [di oŋə mænʔ *the young men*
de røde huse [di rø:ðə hu:sə *the red houses*

## THE PLURAL

The plural of nouns is formed in three different ways in Danish:

1st declension: the noun adds -*e*.

2nd declension: the noun adds -*er* (or -*r* if the singular form ends in an unstressed -*e*).

3rd declension: the noun has no plural ending.

Examples:

| *Singular* | | *Plural* | |
|---|---|---|---|
| (1) et hus [ed hu:ʔs | *a house* | huse [hu:sə | *houses* |
| (2) en by [en by:ʔ | *a town* | byer [by:ʔər | *towns* |
| (2) en dame [en dà:mə | *a lady* | damer [dà:mər | *ladies* |
| (3) et flag [ed flà:ʔg | *a flag* | flag [flà:ʔg | *flags* |

The following nouns have vowel mutation in the plural; they are all common gender, except 'barn' which is neuter:

From *a* to *æ* :   From *a* to *ø*:

*father:* fader, far [far]; *daughter:* datter [dadər]; døtre
   fædre [fæðrə]      [dødrə]

*duck:* and [anʔ]; ænder [ænʔər]

*tooth:* tand [tanʔ]; tænder [tænʔər]

*power:* kraft [krɑfd]; kræfter [kræfdər]

*town:* stad [sdað]; stæder [sdæːðər]

*night:* nat [nad]; nætter [nædər]

*man:* mand [manʔ]; mænd [mænʔ]

From *å* to *æ* :

*hand:* hånd [hɔnʔ]; hænder [hænʔər]

*toe:* tå [tɔ̊ːʔ]; tæer [tæːʔər]

*goose:* gås [gɔ̊ːʔs]; gæs [gæs]

*child:* barn [barʔn]; børn [bör ʔn]

From *o* to *ø* :

*brother:* broder, bror [bror]; brødre [bröðrə]

*mother:* moder, mor [mor]; mødre [møðrə]

*book:* bog [bɔ̊ːʔg]; bøger [bøːʔgər]

*peasant:* bonde [bɔ̊nə]; bønder [bønʔər]

*foot:* fod [foːʔð]; fødder [føðʔər]

*root:* rod [roːʔð]; rødder [röðʔər]

*cow:* ko [koːʔ]; køer [køːʔər]

*sow:* so [soːʔ]; søer [søːʔər]

Words which end in the plural in unstressed *-ere* drop the final *-e* when the enclitic article is added, e.g.:

skomagere [sgomɔ̊ːʔgərə *shoemakers*; skomagerne [skomɔ̊ːʔgərnə *the shoemakers*

englændere [æŋˌlænʔərə *Englishmen*; englænderne [æŋˌlænʔərnə *the English*

The word 'menneske' [mænəsgə *man, human being*, drops the plural ending *-r* when the enclitic article is added:

mennesker [mænəsgər *men, human beings*; menneskene [mænəsgənə *mankind*

The word 'øjc' [ɔiə *eye*, has an irregular plural form: et øje [ed ɔiə *an eye*; øjne [ɔinə *eyes*.

When a noun ends in a single consonant, preceded by

a short, stressed vowel, the consonant is doubled before the plural ending, e.g.:

en hat [en hat  *a hat*; hatte [hadə  *hats*
en søn [en sön  *a son*; sønner [sönər  *sons*

Some nouns ending in unstressed *-el*, *-en* or *-er* drop the *-e-* of their ending when the plural ending is added. If the *-e-* is preceded by a double consonant, the consonant is simplified when the *-e-* drops out, e.g.:

en cykel [en sygəl  *a bicycle*; cykler [syglər  *bicycles*
et teater [ed te'à:ʔdər  *a theatre*; teatre ⌊te'à:ʔdrə  *theatres*
en sommer [en sɔmər  *a summer*; somre [sɔmrə  *summers*

The Danish word 'penge' [pæŋə  *money*, is a plural word:

mange penge [maŋə pæŋə  *much money*

Several words which have no plural form in English have both a singular and a plural form in Danish, e.g.:

et møbel [ed mø:ʔbəl  *a piece of furniture*; møbler [mø:ʔblər
*furniture*
et råd [ed rå:ʔð  *a piece of advice*; gode råd [go:ðə rå:ʔð  *good advice*

Several words which have no singular form in English have both a singular and a plural form in Danish, e.g.:

en saks [en sags  *a pair of scissors*; to sakse [to:ʔ sagsə  *two pairs of scissors*

Latin words ending in *-um* follow the second declension but lose the ending *-um* before the plural ending *-er* is added, e.g.:

et musæum [ed mu'sæ:om  *a museum*; musæer [mu'sæ:ər
*museums*

In such words the ending *-um* also drops out in front of the enclitic articles:

musæet [mu'sæ:əð *the museum*; musæerne [mu'sæ:ərnə *the museums*

## Notes on the Use of the Articles

In Danish the definite article is often used with abstract nouns (e.g. 'døden', *death*, 'naturen', *nature*, 'lykken', *happiness*) and with nouns denoting a whole genus (e.g. 'mennesket', *man*, 'kvinden', *woman*).

Examples:

Kunsten er lang, livet er kort [konʔsdən är laɲʔ liːʔvəð är kɔrd *Art is long, life is short*

Mennesket spår, Gud råder [mænəsgəð sbåːʔr guð råːðər *Man proposes, God disposes*

The definite article is also used in many contexts where possessive pronouns would be used in English, e.g.:

Drengen stod med hånden i lommen [dräɲʔən sdoːʔð mæ hɔnʔən i lɔmən *The boy stood with his hand in his pocket*

Han havde bogen under armen [han håːðə båːʔgən onər arʔmən *He had the book under his arm*

Notice also the use of the definite article in the following Danish idioms:

De fleste mennesker tror... [di fleːʔsdə mænəsgər troːʔr *Most people believe...*

Den ene dag efter den anden gik [dæn eːnə dåːʔ æfdər dæn anː gig *One day after the other passed*

Lyset går hurtigere end lyden [lyːʔsəð går hordiʔərə en lyːʔðən *Light travels faster than sound*

Han bor i byen [han boːʔr i byːʔən *He lives in town*

Om natten [ɔm nadən *By night*

Om dagen [ɔm dåːʔən *By day*

Han mistede modet [han mesdəðə moːʔðət  *He lost courage*

Notice the use of the *indefinite article* in the following examples:

Til en pris af [tel en priːʔs a  *At the price of*
Til en værdi af [tel en värˈdiːʔ a  *To the value of*
En del af slottet [en deːʔl a slɔdəð  *Part of the castle*
En masse mennesker [en masə mænəsgər  *Plenty of people*
En dag blev det uvejr [en dàːʔ ble de uvæːʔr  *One day a storm came on*

Notice the *omission of article* in the following examples:

Solen står op i øst [soːʔlən sdår ˈɔb i øsd  *The sun rises in the east*
Han er soldat [han är solˈdàːʔt  *He is a soldier*
Jeg er englænder [iə är æŋlænʔər  *I am an Englishman*
Som dreng... [sɔm dräŋʔ  *As a boy...*
Det er synd [de är sønʔ  *It is a pity*
Hun spiller klaver [hun sbelər klaˈveːʔr  *She plays the piano*
Jeg har hovedpine [iə har hoːðpiːnə  *I have a headache*
Han bor på 'Carlton' [han boːʔr på karltɔn  *He is staying at the 'Carlton'*

It is particularly important to remember that no article is used in front of a predicate signifying a person's nation, occupation, religion, etc. (e.g. 'Han er dansker, journalist, katolik, student, o.s.v.', *He is a Dane, a journalist, a Roman Catholic, an undergraduate, etc.*).

## Case

Modern Danish—like English—has only two cases of the noun: the *common form* (identical for the nominative, accusative and dative) and the *genitive*.

The genitive ending is always -*s* (without an apostrophe), both in the singular and the plural, e.g.

Hr. Jensens hus [här iænsəns huːʔs  *Mr Jensen's house*
Mandens hat [manʔəns hat  *The man's hat*
Mændenes hatte [mænʔənəs hadə  *The men's hats*
where the preposition 'of' would be used in English, e.g.:

In Danish the genitive form is used frequently in cases where the preposition 'of' would b eused in English, e.g.:

Husets vinduer [huːʔsəds venduːʔər  *The windows of the house*
Klokkens lyd [klɔgəns lyːʔð  *The sound of the bell*

In some stock phrases a genitive form is preserved after the prepositions 'til' and 'i', which used to govern the genitive in Old Danish, e.g.:

til søs [te søs  *at sea*
til bunds [te bonʔs  *to the bottom*
i fredags [i freːʔdas  *last Friday*
i morges [i mɔrəs  *this morning.* (BUT: i morgen [i mɔrn  *to-morrow.*)
i forgårs [i fɔrgåːʔrs  *the day before yesterday.* (BUT: i går [i gåːʔr  *yesterday.*)

## EXERCISE 1

### VOCABULARY

(For the nouns the figures given in brackets denote 1st, 2nd and 3rd declensions.)

*Common gender nouns:* mand[1] (3) [manʔ  *man*; dame (2) [dàːmə  *lady*; næse (2) [næːsə  *nose*; mund (1) [monʔ  *mouth*; dreng (1) [dräŋʔ  *boy*; pige (2) [piːə  *girl*; skole (2) [sgoːlə  *school*; dag (1) [dàːʔ  *day*; uge (2) [uːə  *week*; måned (2)

---
[1] Vowel mutation from *a* to *æ* in the plural.

[mɑ̀ːnəð *month*; by (2) [byːʔ *town, city*; dansker (1) [dansgər *Dane*; englænder (1) [æŋˌlænʔər *Englishman*; kat (1) [kat *cat*; hund (1) [hunʔ *dog*; ven (2) [væn *friend*; cykel (2) [sygəl *bicycle*; vinter (1) [venʔdər *winter*; sommer (1) [sɔmər *summer*; stol (1) [sdoːʔl *chair*; saks (1) [sags *pair of scissors.*

*Neuter nouns:* barn¹ (3) [bɑrʔn *child*; menneske (2) [mænəsgə *human being*; øje (irregular) [ɔiə *eye*; øre (2) [øːr *ear*; år (3) [åːʔr *year*; dyr (3) [dyːʔr *animal*; møbel (2) [møːʔbəl *piece of furniture*; bord (1) [boːʔr *table*; hus (1) [huːʔs *house.*

*Plural noun:* penge [pæŋə *money.*

*Verbs:* er [är *am, are, is*; har [hɑrʔ *has, have.*

*Other words:* og [ɔ *and*; ikke [egə *not*; i [i *in*; på [på *on*; mange [maŋə *many.*

## A

*Translate into Danish:*

1. A man, a lady and a child.
2. The man, the lady and the child.
3. Men, ladies and children.
4. The men, the ladies and the children.
5. A human being has a nose, a mouth, eyes and ears.
6. The boy and the girl are at (Danish: in) school.
7. The boys and the girls are at (Danish: in) school.
8. Boys and girls are not men and ladies.
9. A day, a week, a month, a year.
10. The day, the week, the month, the year.
11. Days, weeks, months, years.
12. The days, the weeks, the months, the years.
13. The school is in the town.
14. The schools are in the towns.
15. Boys will be (Danish: are) boys.
16. A Dane and an Englishman.
17. The Dane and the Englishman.

¹ Vowel mutation from *a* to *ø* in the plural.

18. Danes and Englishmen.
19. The Danes and the English.
20. The boy has a cat and a dog.
21. The cat and the dog are friends.
22. Cats and dogs are not friends.
23. The cats and the dogs.
24. The girl has a bicycle.
25. The bicycle is in the school.
26. The winter and the summer.
27. The man has much money.
28. Cats and dogs are animals.
29. A chair is a piece of furniture.
30. Chairs and tables are furniture.
31. The furniture is in the house.
32. The scissors are on the table.

## B

### VOCABULARY

*Adjectives:* unge [oɲə *young*; gamle [gamlə *old*; store [sdoːrə *great, large, big*; lange [laŋə *long*; korte [kɔrdə *short*; nye [nyːə *new*; lille [lilə *little, small*.

*Translate into Danish:*

1. The young man. 2. The big child. 3. The young men. 4. The big children. 5. The old year. 6. The new month. 7. The long winter and the short summer. 8. The new bicycle. 9. The little girl. 10. The young girls.

## C

*Translate into Danish:*

1. The girl's dog. 2. The young girl's dog. 3. The girls' dogs. 4. The old lady's money. 5. The ladies' money. 6. The days of the week. 7. The months of the year. 8. The young ladies of the town.

## 2. ADJECTIVES

There are two declensions of the adjective in Danish:

    1. *The indefinite declension.*
    2. *The definite declension.*

1. The *indefinite declension* is used:

(*a*) When the adjective is preceded by the indefinite article ('en' or 'et') or stands in isolation before a noun.

(*b*) When the adjective is used predicatively.

There are three forms of the adjective in the indefinite declension:

| Singular | | Plural |
|---|---|---|
| *Common gender* | *Neuter* | *Both genders* |
| Uninflected form | Form ending in -*t* | Form ending in -*e* |
| stor [sdo:ˀr *big* | stort [sdo:ˀrt *big* | store [sdo:rə *big* |
| god [go:ˀð *good* | godt [gɔt *good* | gode [go:ðə *good* |

en stor by [en sdo:ˀr by:ˀ *a big town*
et stort hus [ed sdo:ˀrt hu:ˀs *a big house*
store byer [sdo:rə by:ˀər *big towns*
store huse [sdo:rə hu:sə *big houses*
det er godt vejr [de är gɔt væ:ˀr *it is fine weather*
vejret er godt [væ:ˀrəð är gɔt *the weather is fine*
huset er stort [hu:ˀsəd är sdo:ˀrt *the house is big*
byerne er store [by:ˀərnə är sdo:rə *the towns are big*
dejligt vejr idag [dailit væ:ˀr iˈdà:ˀ *lovely weather today*

Adjectives which end in unstressed -*e* or -*s* have no inflexion:

en moderne by [en moˈdärnə by:ˀ *a modern town*
en stakkels mand [en sdagəls manˀ *a poor man*
et moderne hus [ed moˈdärnə hu:ˀs *a modern house*

56

et stakkels barn [ed sdagəls barʔn  *a poor child*
moderne huse [mo'därnə huːsə  *modern houses*
stakkels børn [sdagəls bɔrʔn  *poor children*

Adjectives which end in *-sk* or *-t* do not add the ending *-t* in the neuter. The same thing applies to *some* adjectives ending in *-d*:
et dansk hus [ed danʔsg huːʔs  *a Danish house*
et interessant brev [ed entrə'sanʔt breːʔv  *an interesting letter*
et glad smil [ed glað smiːʔl  *a happy smile*

Most adjectives which end in a vowel in the uninflected form do not add the ending *-e* in the plural; the plural of 'ny' (*new*) may be *either* 'ny' [nyːʔ] *or* 'nye' [nyːə]:
to nye (*or:* ny) huse [toːʔ nyːə (nyːʔ) huːsə  *two new houses*
en blå skjorte [en blåːʔ sgiordə  *a blue shirt*
blå skjorter [blåːʔ sgiordər  *blue shirts*

Adjectives ending in unstressed *-el*, *-en*, or *-er*, drop the *-e-* before the ending *-e*. If the *-e-* is preceded by a double consonant, the consonant is simplified:
en gammel mand [en gaməl manʔ  *an old man*; gamle mænd
  [gamlə mænʔ  *old men*
en nøgen dreng [en nɔiən dräŋ  *a naked boy*; nøgne drenge
  [nɔinə dräŋe  *naked boys*
en bitter mandel [en bedər manʔəl  *a bitter almond*; bitre
  mandler [bedrə manʔlər  *bitter almonds*

Adjectives ending in unstressed *-et* change the final *-t* into *-d-* when the ending *-e* is added:
et anbefalet brev [ed anbefåːʔləð breːʔv  *a registered letter*
anbefalede breve [anbefåːʔləðə breːvə  *registered letters*

When an adjective ends in a single consonant, preceded by a short, stressed vowel, the consonant is doubled before the ending *-e*:

en smuk dame [en smok dàːmə  *a beautiful lady*; smukke damer [smogə dàːmər  *beautiful ladies*

et grønt træ [ed grɔnˀt træːˀ  *a green tree*; grønne træer [grɔ̈nə træːˀər  *green trees*

The adjective 'lille' *little, small*, has an irregular plural form: 'små':

en lille dreng [en lilə dräŋˀ  *a little boy*
et lille barn [ed lilə barˀn  *a little child*
små drenge [småːˀ dräŋə  *little boys*
små børn [småːˀ börˀn  *little children*

2. The *definite declension* is used:

(*a*) When the adjective is preceded by the definite article (or some other determinant, such as a demonstrative or possessive pronoun, or a noun in the genitive).

(*b*) In address.

In the definite declension the adjective ends in -*e*, in both genders, singular and plural:

den store by [dæn sdoːrə byːˀ  *the big town*
mit store hus [mit sdoːrə huːˀs  *my big house*
det gode vejr [de goːðə væˀr  *the fine weather*
hans brune hat [hans bruːnə hat  *his brown hat*
Kære ven [kæːrə væn  *Dear friend*
de store byer [di sdoːrə byːˀər  *the big towns, etc.*

All the rules given above concerning the plural forms of adjectives ending (i) in -*e* or -*s*; (ii) in a vowel; (iii) in unstressed -*el*, -*en*, or -*er*; or (iv) in a single consonant, preceded by a short, stressed vowel, apply to the adjectives in the definite declension throughout. Also in this declension 'lille' has the plural form 'små':

det stakkels barn [de sdagəls barˀn  *the poor child*

de blå skjorter [di blå:? skiordər *the blue shirts*

Det ny Teater [de ny:? te'à:?dər *The New Theatre*

det nye hus [de ny:ə hu:?s *the new house*

den gamle mand [dæn gamlə man? *the old man*

den nøgne dreng [dæn nɔinə drän? *the naked boy*

det bitre smil [de bedrə smi:?l *the bitter smile*

det anbefalede brev [de anbefà:?ləðə bre:?v *the registered letter*

den smukke dame [dæn smogə dà:mə *the beautiful lady*

den lille dreng [dæn lilə drän? *the little boy*

de små drenge [di små:? dränə *the little boys*

The adjective 'egen' [aiən *own*, is entirely irregular. In front of a common gender noun it is *always* 'egen' and in front of a neuter noun *always* 'eget' [aiəð], even when one would expect the definite declension. The plural form is always 'egne' [ainə].

min egen hat [min aiən hat *my own hat*

hans eget hus [hans aiəð hu:?s *his own house*

mandens egne børn [man?əns ainə bör?n *the man's own children*

In Danish, adjectives are often used substantively, without any supporting word:

Giv mig bogen—ikke den røde, den grønne [gi mai bå:?gən
—egə dæn rø:ðə, dæn grönə *Give me the book—not the red one, the green one*

den blinde [dæn blenə *the blind man*

de blinde [di blenə *the blind*

han gør det rigtige [han gör de regdiə *he does the right thing*

## Comparison of Adjectives

The comparative is formed by adding *-ere* to the positive (i.e. the uninflected form of the adjective). The superlative is formed by adding *-est* to the positive:

| Positive | Comparative | Superlative |
|----------|-------------|-------------|
| høj [hɔiʔ *high* | højere [hɔiərə *higher* | højest [hɔiəsd *highest* |
| varm [varʔm *warm* | varmere [varmərə *warmer* | varmest [varməsd *warmest* |

Adjectives ending in unstressed *-el*, *-en*, or *-er*, drop the *-e-* in the comparative and superlative. If the *-e-* is preceded by a double consonant, the consonant is simplified:

ædel [æ:ʔðəl *noble*; ædlere [æðʔlərə *nobler*; ædlest [æðʔləsd *noblest*

doven [dɔuən *lazy*; dovnere [dɔunərə *lazier*; dovnest [dɔunəsd *laziest*

sikker [segər *sure*; sikrere [segrərə *surer*; sikrest [segrəsd *surest*

When an adjective ends in a single consonant, preceded by a short, stressed vowel, the consonant is doubled in front of the endings *-ere* or *-est*:

smuk [smok *beautiful*; smukkere [smogərə *more beautiful*; smukkest [smogəsd *most beautiful*

grøn [grȫnʔ *green*; grønnere [grȫnərə *greener*; grønnest [grȫnəsd *greenest*

Adjectives ending in *-ig*, *-lig*, or *-som*, form the superlative by adding *-st*:

fattig [fadi *poor*; fattigere [fadiərə *poorer*; fattigst [fadisd *poorest*

morsom [morsɔmʔ *funny*; morsommere [morsɔmʔərə *funnier*; morsomst [morsɔmʔsd *funniest*

Some adjectives—especially present participles and adjectives of more than one syllable, ending in *-sk* or *-et*— form the comparative and superlative by means of 'mere' [me:rə *more*, and 'mest' [me:ʔsd *most*, in front of the positive:

Han er mere talende end. . . [han är me:rə tȧ:lənə en *He is more talkative than. . .*

Det er mest praktisk [de är me:ʔsd pragtisg *It is the most practical thing to do*

Comparison showing a diminution in degree is expressed by the words 'mindre' [mendrə *less*, and 'mindst' [menʔsd *least*:

Her er mindre varmt [här är mendre vɑrʔmd *Here is less warm*

The comparative is usually followed by 'end' [en *than*:

Jens er højere end Pctcr [iæns är hɔiərə en pe:ʔdər *Jens is taller than Peter*

The superlative is declined like adjectives in the positive when preceded by the definite article:

Dct højeste træ er smukkest [de hɔiʔəsdə træ:ʔ är smogəsd *The highest tree is the most beautiful*

When a comparison is made between two things, without the use of the word 'end' (*than*), the superlative is used to describe the higher degree:

Den højeste af de to sønner [dæn hɔiʔəsdə a di to:ʔ sönər *The taller of the two sons*

Hvem er smukkest, Gerda eller Anna? [væmʔ är smogəsd gärda ælər ana *Who is more beautiful, Gerda or Anna?*

Some adjectives have an irregular comparison in Danish. The most important ones are listed below:

stor [sdo:ʔr *big*　　større [sdörə　　størst [sdörsd
　　　　　　　　　　　*bigger*　　　　　　*biggest*

| | | |
|---|---|---|
| lille [lilə *little, small* | mindre [mendrə *less, smaller* | mindst [menʔsd *least, smallest* |
| god [goːʔð *good* | bedre [bæðrə *better* | bedst [bæsd *best* |
| ond [onʔ *evil, bad* | værre [väːr *worse* | værst [värsd *worst* |
| meget [maiəð *much* | mere [meːrə *more* | mest [meːʔsd *most* |
| lidt [let *a little* | mindre [mendrə *less* | mindst [menʔsd *least* |
| mange [maŋə *many* | flere [fleːrə *more* | flest [fleːʔsd *most* |
| få [fåːʔ *few* | færre [färə *fewer* | færrest [färəsd *fewest* |
| gammel [gaməl *old* | ældre [ældrə *older* | ældst [ælʔsd *oldest* |
| ung [oŋʔ *young* | yngre [øŋrə *younger* | yngst [øŋʔsd *youngest* |
| lang [laŋʔ *long* | længere [læŋərə *longer* | længst [læŋʔsd *longest* |
| nær [næːʔr *near* | nærmere [närmərə *nearer* | nærmest [närməsd *nearest* |

In Danish the comparative is sometimes used to indicate a fairly high degree of something (cf. the use of Latin comparatives in English: a *major* event; a *minor* misunderstanding, etc.):

en ældre dame [en ældrə dàːmə *an elderly lady*

en yngre mand [en øŋrə manʔ *a youngish man*

en større begivenhed [en sdörə be'giːʔvənheːʔð *a major event*

en bedre middag [en bæðrə meda *a very good dinner*

The following adjectives have no positive form, but appear only in the comparative and the superlative:

| Comparative | Superlative |
|---|---|
| ydre [yðrə *outer* | yderst [yːʔðərsd *outermost* |
| indre [endrə *inner* | inderst [enʔərsd *innermost* |
| nedre [neðrə *lower* | nederst [neːʔðərsd *lowest* |
| øvre [øurə *near the top* | øverst [øːʔvərsd *the top one* |

(Cf. the adverbs 'ud', 'ind', 'ned', 'over'.)

Three adjectives only occur in the superlative:

bagest [bàːʔgəsd ⎫
bagerst [bàːʔgərsd ⎭ *hindmost*. (Cf. the adverb 'bag'.)

forrest [fɔrʔəsd *foremost, at the front*. (Cf. the adverb 'foran'.)

underst [onʔərsd *the bottom one*. (Cf. the adverb 'under'.)

## EXERCISE 2

### VOCABULARY

*Common gender nouns:* bog[1] (2) [bàːʔg *book*; nat[2] (2) [nat *night*; ven (2) [væn *friend*; takt [tagt *tact*.

*Neuter nouns:* billede (2) [beləðə *picture*; blad (1) [blað *leaf*; teater (1) [te'àːʔdər *theatre*.

*Proper names:* Peter [peːʔdər]; Erik [eːrik]; Kirsten [kirsdən]; Gertrud [gärtruð]; Birgitte [bir'gidə]; Jørgen [jörn]; Niels [nels]; Karen [kɑrən]; Inger [eŋər]; Frederik [fräðrik]; Christian [kresdian]; Alfred [alʔfreð]; Roskilde [rɔskilə]; København [købən'hauʔn *Copenhagen*; Helsingør [hælseŋ'øːʔr *Elsinore*.

*Adjectives (in the positive, uninflected form)*: pæn [pæːʔn *nice*; rund [ronʔ *round*; ung [oŋʔ *young*; gammel [gaməl *old*; lille [lilə *little, small*; god [goːʔð *good*; ny [nyːʔ *new*; træt [trät *tired*; hvid [viːʔð *white*; skaldet [sgaləð *baldheaded*; grå [gråːʔ *grey*; kær [kæːʔr *dear*; egen [aiən *own*; vissen

[1] Vowel mutation from *o* to *ø*.
[2] Vowel mutation from *a* to *æ*.

63

[vesən *withered*; stakkels [sdagəls *poor (in the pitying sense)*;
varm [vɑrʔm *warm*; grøn [grȫnʔ *green*; doven [dɔuən *lazy*;
smuk [smok *beautiful*; stor [sdoːʔr *big, large, great*

Other words: Ja [ia *Yes*; Nej [naiʔ *No*; min [miːʔn *my,
mine*.

## A

*In the following sentences supply appropriate adjectives:*

1. Den — bog.
2. En — pige.
3. Huset er —.
4. Det — menneske.
5. Barnet er —.
6. Børnene er —.
7. En — mand og en — dame.
8. Den — nat og den — dag.
9. Et — bord og en — stol.
10. — piger og — drenge.

## B

*In the following sentences supply the missing articles and adjectives:*

1. Bog- er —.
2. Bord- er —.
3. Dreng- er —.
4. Pige- er —.
5. Drenge- er —.
6. Piger- er —.
7. Børn- er —.
8. Borde- og stole- er —.
9. Møbler- er —.
10. Dage- er —, og nætter- er —.

## C

*Substitute the singular for the plural in the following sentences:*

1. De små drenge leger i haverne.
2. De gamle damer bor i smukke huse.
3. Grå katte og hvide hunde.
4. De skaldede mænd har nye hatte.
5. Stakkels børn!

## D

*Substitute the plural for the singular in the following sentences:*

1. Manden og damen er ung.
2. Pigen er lille, men drengen er stor.
3. Den gamle bog har et løst blad.
4. Natten er kort, og dagen er lang.
5. Det lille hus er grønt og hvidt.

## E

*In the following sentences supply the comparative or the superlative, as required, of the adjectives given in brackets:*

1. (pæn) Dit hus er — end mit.
2. (stor) Jørgen er — end Peter, men Niels er den —.
3. (kort) Natten er — end dagen.
4. (lang) Dagen er — end natten.
5. (lille) Drengen er — end pigen, men det lille barn er —.
6. (gammel) Hvem er —, Hans eller Jens? Jens er — end Hans.
7. (ung) Er damen — end manden? Ja, damen er den —.
8. (mange) Jeg har — bøger end du.
9. (god) Dine bøger er — end mine.
10. (få) Kirsten har — billeder end Birgitte.
11. (nær) Han kommer — og —.
12. (meget) Der er — regn i England end i Danmark.
13. (ond) Det er den — dreng, jeg kender.
14. (lidt) Englænderne drikker — kaffe end te.
15. (smuk) Inger er — end Karen. Inger er den —.

## F

*Translate into Danish:*

1. A nice picture.
2. The nice picture.
3. The picture is nice.
4. Nice pictures.
5. The nice pictures.
6. The pictures are nice.

Imitating the above pattern, give the six corresponding forms in Danish of the following:

7. A round table....
8. A young man....
9. An old lady....
10. A little boy....
11. A good person (i.e. 'human being')....
12. A new book....
13. A tired child....
14. A white house....
15. A baldheaded man....
16. A grey house....

## G

*Translate into Danish:*

1. Dear Peter. . . .
2. The man's own chair.
3. The lady's own table.
4. The boys' own bicycles.
5. The Englishman's new house.
6. The withered leaves.
7. Poor children!
8. Erik has the bicycle—not the old one, the new one.
9. The young (people) are in the theatre.
10. The little children have small chairs.

## H

*Translate into Danish:*

1. The day is warmer than the night.
2. The green house is nicer than the white one.
3. Kirsten is younger than Gertrud.
4. Birgitte is the youngest.
5. Is Jørgen lazier than Niels?
6. No, Niels is the lazier.
7. Is Karen more beautiful than Inger?
8. Yes, Karen is the more beautiful.
9. The old man is more baldheaded than the young man.
10. Frederik is smaller than Christian.
11. Alfred is my best friend.
12. The old man has more pictures than the young one.
13. Little girls have more tact than little boys.
14. John has more money than Peter.
15. Peter has less money than John.
16. Roskilde is nearer to (*ved*) Copenhagen than Elsinore.
17. A month is longer than a week.
18. The worst winter for (*i*) many years.
19. An elderly lady is younger than an old lady.
20. A youngish man is older than a young man.
21. Dogs are bigger than cats.
22. The grey cat is smaller than the white dog.

# 3. ADVERBS

Danish adverbs fall into three groups:

(*a*) original adverbs,

(*b*) compound adverbs,

(*c*) adverbs derived from adjectives.

Among the original adverbs the following examples should be mentioned:

| | |
|---|---|
| nu [nu *now* | der [dæːʔr *there* |
| hvor [voːʔr *where* | ikke [egə *not* |
| her [hæːʔr *here* | så [sɔ *then* |
| kun [kɔn *only* | næsten [næsdən *almost* |
| ofte [ɔfdə *often* | når [nåːʔr *when* |
| tit [tit *often* | nej [naiʔ *no* |

In Danish, there are two affirmative adverbs, each meaning *yes*: 'ja' [ia] and 'jo' [ioːʔ]. The latter is used as an affirmative reply to a question containing a negation:

Kommer han? Ja [kɔmʔər han? ia *Is he coming? Yes.*

Kommer han ikke? Jo [kɔmʔər han egə? ioːʔ *Is he not coming? Yes.*

Notice the special use of the two adverbs 'ikke' [egə] and 'vel' [væl], which can be used respectively to transform a positive and a negative statement into a question:

Han kommer, ikke? [han kɔmʔər, egə? *He is coming, isn't he?*

Han kommer ikke, vel? [han kɔmʔər egə, væl? *He is not coming, is he?*

The following Danish adverbs of place have two forms, a short form which indicates movement from one place to another, and a long form which indicates rest or movement inside the area in question:

| | |
|---|---|
| ud [uːˀð  *out* | ude [uːðə] |
| ind [enˀ  *into* | inde [enə  *in* |
| op [ɔp  *up* | oppe [ɔbə] |
| ned [neːˀð  *down* | nede [neːðə] |
| hjem [iæmˀ  *home* | hjemme [iæmə  *at home* |
| hen [hæn  *over* | henne [hænə] |
| bort [bɔrd  *away* | borte [bɔrdə] |
| over [ɔuˀər  *over* | ovre [ɔurə] |
| om [ɔmˀ  *over* | omme [ɔmə] |

Examples:

Han gik ud i haven [han gik uːˀð i håːvən  *He went out into the garden*

Han er ude i haven [han är uːˀðə i håːvən  *He is in the garden*

Han går ude i haven [han gåːˀr uːðə i håːvən  *He is walking in the garden*

Han gik over til naboen [han gik ɔuˀər te nåːboːˀən  *He went over to his neighbour*

Han er ovre hos naboen [han är ɔurə hos nåːboːˀən  *He is at the neighbour's house*

These adverbs are used frequently in Danish, and in many cases they should not be translated into English.

The Danish adverb 'jo' [io], meaning *of course*, or *you know*, is generally used to indicate that the information is known to the person to whom it is given:

Han kommer jo idag [han kɔmˀər io i'dåːˀ  *He is coming today, you know*

The adverb 'da' [da] usually suggests conviction; it is used in much the same way as 'ikke' and 'vel' (see above).

Han kan da ikke gøre det? [han 'kanˀ da egə göːr de  *Surely he cannot do that?*

Han kommer da i morgen? [han 'kɔmʔər da i 'mɔrn *He will come tomorrow, don't you think so?*

Such adverbs as 'da' and 'jo' are frequent in Danish, particularly in colloquial and familiar speech. In many cases such words should not be translated.

Among the compound adverbs the following examples should be mentioned:

måske [må'skeːʔ *maybe*    sommetider [sɔmətiːðər *sometimes*
altid [alʔtið *always*    undertiden [onər'tiːʔðən *at times*
efterhånden [æfdər-    endnu [e'nu or [enu *yet, still*
'hɔnʔən *gradually*    forleden [fɔr'leːʔðən *the other day*
fornylig [fɔr'nyːli *recently*

There are particularly many compounds beginning with 'hvor-', 'her-', or 'der-':

hvorhen [vɔr'hæn *where (to), whither*; hvorfra [vɔr'frɑːʔ *where from, whence*; hvornår [vɔr'nåːʔr *when*; hvorfor [vɔr'fɔr *why*; hvormed [vɔr'mæð *with what, wherewith*; hvoraf [vɔr'ɑːʔ *whereof, of which, etc.*

herhen [härhæn *here, hither*; hermed [härmæð *herewith, with this*; herfra [härfrɑːʔ *herefrom, hence, etc.*

dertil [därtel *there(to)*; derpå [därpåːʔ *thereupon, then, etc.*

Adverbs are derived from adjectives in three different ways:

  (i)  by adding *-t* to the adjective,
  (ii)  by adding *-vis* to the adjective,
  (iii)  by using the adjective unaltered as an adverb.

Examples of (i):

en lang tur [en laŋʔ tuːʔr *a long walk*
Han gik langt [han gik laŋʔt *He went far*
en god taler [en goːʔð tɑːlər *a good speaker*

Han taler godt [han tɑːʔlər gɔt *He speaks well*

en høj stemme [en hɔiʔ sdæmə *a loud voice*

Hun læser højt [hun læːsər 'hɔiʔt *She reads aloud*

en naturlig stemme [en naˈtuːʔrli sdæmə *a natural voice*

Hun taler naturligt [hun tɑːʔlər naˈtuːʔrlit *She speaks in a natural way*

Notice that the adverb *well* is in Danish: godt [gɔt].

Examples of (ii):

naturligvis [naˈtuːʔrliˈviːʔs *naturally, of course*

sandsynligvis [sanˈsynʔliˈviːʔs *possibly, quite likely*

heldigvis [heldiviːʔs *fortunately, luckily*

muligvis [muːliviːʔs *possibly*

Examples of (iii):

let [læt *easily*      henrivende [hænˈriːʔvənə *charmingly*

glad [glað *happily*

Adverbs derived from adjectives which do not add -*t* in the neuter, in the indefinite declension, belong to this last-mentioned group.

Adverbs derived from adjectives ending in -*ig* or -*lig* add -*t* when modifying a verb, but take no ending when modifying an adjective:

Hun synger dejligt [hun søŋʔər dailit *She sings wonderfully*

Her er dejlig varmt [här är daili varʔmd *It is wonderfully warm here*

Two different adverbs are derived from the adjective 'lang' [laŋʔ *long*; 'langt' [laŋʔd *far* (distance) and 'længe' [læŋə *long* (time):

Han var langt borte [han var laŋʔd bɔrdə *He was far away*

Han har været her længe [han har væːrəð här læŋə *He has been here a long time*

The adverb corresponding to 'lille' [lilə *little*, is 'lidt' [let *a little*.

Jeg er lidt træt [iə är let trät *I am a little tired*

## Comparison of Adverbs

Derived adverbs are compared like adjectives:

højt [hɔiʔt *loudly*; højere [hɔiərə *more loudly*; højest [hɔiʔəsd *most loudly*

let [læt *easily*; lettere [lædərə *more easily*; lettest [lædəsd *most easily*

Adverbs derived from adjectives with an irregular comparison have the same comparison as the adjectives from which they are derived:

Det er bedre gjort [de är bæðrə gioːʔrd *It is better done*
Jeg er mindre træt [iə är mendrə trät *I am less tired*

Some original adverbs may also take the endings -*ere* and -*est*:

ofte [ɔfdə *often*; oftere [ɔfdərə *more often*; oftest [ɔfdəsd *most often*

The adverb 'gerne' [gärnə] meaning *gladly, willingly,* but often better translated by some other means, has an irregular comparison:

gerne [gärnə]; hellere [hælərə]; helst [hælʔsd]

Jeg vil gerne komme [iə ve gärnə kɔmə *I would like to come*
Jeg vil hellere læse bogen [iə ve hælərə læːsə båːʔgən *I'd rather read the book*
Han vil helst se filmen [han ve hælʔsd seːʔ filʔmən *He would preferably see the film*

## EXERCISE 3

*Nouns:* (*a*) Common gender: mark (2), *field*; fugl (1), *bird*; sol (1), *sun*; himmel (1), *sky*; have (2), *garden*; park (2), *park*; nabo (2), *neighbour*.

(*b*) Neuter gender: træ (2), *tree*; vand (1), *water*; land (1), *land, country*.

*Verbs:* bor, *lives*; flyver, *flies*; taler, *speaks*; kommer, *comes*; leger, *plays*.

*Adverbs:* her, *here*; ud(e), *out*; sent, *late*; hjem(me), *home, at home*; idag, *today*; meget, *very* or *much*; længe, *long*; langt, *far*; $\left.\begin{array}{l}\text{ofte}\\\text{tit}\end{array}\right\}$ *often*; lidt, *a little*; højt, *loudly*; snart, *soon*; nu, *now*; hvor, *where*; hvornår, *when*; hvorfor, *why*; hvorfra, *from where, whence*; aldrig, *never*; imorgen, *tomorrow*.

*Other words:* hvem, *who*; hvad, *what*; han, *he*; hun, *she*; vred, *angry*; til, *to*.

### A

*Translate into Danish:*

1. Does he live here? Yes.
2. Does he not live here? Yes.
3. He lives here, doesn't he?
4. He does not live here, does he?
5. She has gone (*er gået*) out.
6. She is out.
7. He came (*kom*) home late.
8. He is not at home today.
9. He went (*gik*) over to Mr Olsen's house.
10. He is over in (*på*) the field.
11. The bird flies up into the tree.
12. The bird is up in the tree.
13. He is very young, you know.

14. The beautiful lady is beautifully dressed (*klædt*).
15. She has lived (*har boet*) here very long.
16. The boy lives far away (*borte*).
17. She is often very angry.
18. Bodil speaks a little more loudly than Lotte.
19. The leaves are green now.
20. He would like to come here often.
21. He would rather come soon.
22. He would prefer to come now.
23. Who saw (*så*) the old man?
24. What is he called? (N.B. 'is called' *hedder*.)
25. Where does he live?
26. When did he see the young lady? (N.B. 'did see' *så*.)
27. Why is he not here?
28. Where did he go? (N.B. 'did go' *gik...hen*.)

## B

*In the following sentences supply 'vel' or 'ikke', as required:*

1. Her er meget varmt, —?
2. Han er ikke gammel, — ?
3. Han har aldrig været (*been*) her, —?
4. Det er ikke din bog, —?
5. Det er min bog, —?

## C

*In the following sentences supply the appropriate forms of the adverbs:*

1. (*up*) Solen er — på himlen. Han kom — fra vandet.
2. (*out*) Hun er gået — på gaden (*into the street*). Han bor — på landet.
3. (*in*) Damen er — i huset. Drengen er gået ( *has gone*) — i huset.
4. (*home*) Er hr. Jensen —? Nej, han kommer — imorgen.
5. (*down*) Pigen er løbet (*has run*) — i haven. Pigen leger — i haven.
6. (*over*) Åge gik — i parken. Hunden er — i naboens have.

# 4. NUMERALS

| Cardinals | Ordinals |
|---|---|
| 1 een [eːˀn], eet [et] | 1ste den *første* [dæn försdə], det *første* [də försdə] |
| 2 to [toːˀ] | 2den den *anden* [dæn anən], det *andet* [de anəð] |
| 3 tre [treːˀ] | 3die den *tredie* [dæn treðiə] |
| 4 fire [fiːr] | 4de den *fjerde* [dæn fiæːr] |
| 5 fem [fæmˀ] | 5te den *femte* [dæn fæmdə] |
| 6 seks [sægs] | 6te den *sjette* [dæn siæːdə] |
| 7 syv [syuˀ] | 7de den syvende [dæn syuˀənə] |
| 8 otte [åːdə] | 8de den ottende [dæn ɔdənə] |
| 9 ni [niːˀ] | 9de den niende [dæn niːˀənə] |
| 10 ti [tiːˀ] | 10de den tiende [dæn tiːˀənə] |
| 11 elleve [ælvə] | 11te den *ellevte* [dæn ælvdə] |
| 12 tolv [tɔlˀ] | 12te den *tolvte* [dæn tɔldə] |
| 13 tretten [trädən] | 13de den trettende [dæn trädənə] |
| 14 fjorten [fiordən] | 14de den fjortende [dæn fiordənə] |
| 15 femten [fæmdən] | 15de den femtende [dæn fæmdənə] |
| 16 seksten [saisdən] | 16de den sekstende [dæn saisdənə] |
| 17 sytten [sødən] | 17de den syttende [dæn sødənə] |
| 18 atten [adən] | 18de den attende [dæn adənə] |
| 19 nitten [nedən] | 19de den nittende [dæn nedənə] |

| | |
|---|---|
| 20 tyve [ty:və] | 20de den tyvende [dæn ty:vənə] |
| 21 en og tyve [e:ʔn ɔ ty:və] | 21de den en og tyvende [dæn e:ʔn ɔ ty:vənə] |
| 22 to og tyve [to:ʔ ɔ ty:və] | 22de den to og tyvende [dæn to:ʔ ɔ ty:vənə] |
| 27 syv og tyve [syuʔ ɔ ty:və] | 27de den syv og tyvende [dæn syuʔ ɔ ty:vənə] |
| 30 tredive [träðvə] | 30te *tredivte* [träðvdə] |
| 35 fem og tredive [fæmʔ ɔ träðvə] | 35te fem og *tredivte* [fæmʔ ɔ träðvdə] |
| 40 fyrre [förə] | 40de fyrretyvende [föräty:vənə] |
| 49 ni og fyrre [ni:ʔ ɔ förə] | 49de ni og fyrretyvende [ni:ʔ ɔ föräty:vənə] |
| 50 halvtreds [hal'træs] | 50de halvtresindstyvende [hal'træsensty:vənə] |
| 53 tre og halvtreds [tre:ʔ ɔ hal'træs] | 53de tre og halvtredsind- styvende [tre:ʔ ɔ hal'træsensty:vənə] |
| 60 tres [træs] | 60de tresindstyvende [træsensty:vənə] |
| 64 fire og tres [fi:r ɔ træs] | 64de fire og tresindstyvende [fi:r ɔ træsensty:vənə] |
| 70 halvfjerds [hal'fiärs] | 70de halvfjerdsindstyvende [hal'fiärsensty:vənə] |
| 78 otte og halvfjerds [å:də ɔ hal'fiärs] | 78de otte og halvfjerdsind- styvende [å:də ɔ hal'fiärsensty:vənə] |
| 80 firs [fi:ʔrs] | 80de firsindstyvende [fiʔrsensty:vənə] |

86 seks og firs [sægs ɔ fiːʔrs]   86de seks og firsindstyvende [sægs ɔ fiːʔrsenstyːvənə]

90 halvfems [halˈfæmʔs]   90de halvfemsindstyvende [halˈfæmʔsenstyːvənə]

99 ni og halvfems [niːʔ ɔ halˈfæmʔs]   99de ni og halvfemsindstyvende [niːʔ ɔ halˈfæmʔsenstyːvənə]

100 hundrede [hunrəðə]   100de *hundrede* [hunrəðə]

127 (eet) hundrede og syv og tyve [et hunrəðə ɔ syuʔ ɔ tyːvə]

213 to hundrede og tretten [toːʔ hunrəðə ɔ trädən]

999 ni hundrede og ni og halvfems [niːʔ hundrədə ɔ niːʔ ɔ halˈfæmʔs]

1000 tusind [tuːʔsən] *or* tusinde [tuːʔsenə] *or* et tusind [et tuːʔsən]

1.000.000 en million [en miliˈoːʔn]

en milliard [en miliˈarʔd], en billiard [en biliˈarʔd], *etc.*

The figure o is called 'nul' [nol].

1902 would in Danish be called:

(*a*) As a figure: eet tusind ni hundrede og to.

(*b*) As a year: nitten hundrede og to.

(*c*) As a telephone number: nitten; nul-to.

Ordinals are regularly formed from cardinals by adding the ending *-ende*, or *-nde* in cases where the cardinal ends in *-e*. The irregular forms are italicized in the list above.

Ordinals are not normally inflected, thus: *den første dag*; *det første hus*; *de første dage*. The only exception is *anden*, which has the neuter form *andet*, whether preceded by a definite or an indefinite article.

      den anden dag [dæn anən dàːʔ  *the second day*

      det andet barn [de anəð barʔn  *the second child*

The names of the Danish numerals from 20 to 90 are a queer mixture of the 10-system and the old 20-system (cf. French *quatre-vingts*, four twenties).

20 *tyve* is by origin the plural of *ti*. The meaning of the singular is still seen in *tredive*, i.e. 'three tens', and *fyrre*, i.e. 'four tens', occasionally pronounced 'fyrretyve' [fɔrəty:və]. Here the ending has in time been confused with the word 'tyve'.

From 50 the real 20-system begins. The numeral 'halvtreds' is an abbreviated form of 'halvtredsindstyve', which literally means 'half third (i.e. $2\frac{1}{2}$) times ("sinde", cf. the adverb "nogensinde" *ever*) twenty'. Similarly 'tres(indstyve)' has the original meaning of 'three times twenty'; 'halvfjerds(indstyve)' means 'half fourth (i.e. $3\frac{1}{2}$) times twenty'; 'firs(indstyve)' means 'four times twenty'; and 'halvfems(indstyve)' means 'half fifth (i.e. $4\frac{1}{2}$) times twenty'.

The short form of the cardinals given in the list above ('fyrre', 'halvtreds', etc.) are generally used, but it is possible (e.g. for special emphasis) to use the long forms ('fyrretyve', 'halvtredsindstyve', etc.). The ordinals are all formed on the basis of the long forms ('fyrretyvende', 'halvtredsindstyvende', etc.).

The only numerals which change according to the gender of the noun they qualify, are the cardinal 'een', for which the form 'eet' is substituted when qualifying a neuter word, and the ordinal 'anden', for which the neuter form is 'andet'.

In 'een' and 'eet' the double vowels are used to distinguish the numeral from the indefinite article, 'en' and 'et'. In cases where the numeral cannot be mistaken for the indefinite article a single *e* is sufficient, e.g. 'en og firs'.

The neuter form 'et' can never be used in numerals like 'en og tyve', 'en og tredive', etc.

There is a special definite form of the numeral 'een' or 'eet': den ene [dæn eːnə]; det ene [de eːnə]:

Den ene mand sagde til den anden [dæn eːnə manʔ såː te dən anː *One man said to the other*

Han drak det ene glas efter det andet [han drɑg de eːnə glas æfdər de anəð *He drank one glass after another.*

For indications of time the preposition 'over' [ɔuʔər] is used for *past*, and 'i' [i] for *to*.

Notice the expressions 'Hvad er klokken?' [va är klɔgən *What is the time?* and 'Klokken er...' [klɔgən är], or 'Den er...' [dæn är *The time is...*, or, *It is....*

| 12 o'clock,<br>etc. | It is twelve (o'clock), etc. | Railway and<br>radio time |
|---|---|---|
| Kl. 12.00 | Klokken er tolv | tolv-nul-nul |
| Kl. 12.05 | Klokken er fem minutter over tolv | tolv-nul-fem |
| Kl. 12.10 | Klokken er ti minutter over tolv | tolv-ti |
| Kl. 12.15 | Klokken er et kvarter (*or:* en kvart) over tolv | tolv-femten |
| Kl. 12.20 | Klokken er tyve minutter over tolv | tolv-tyve |
| Kl. 12.25 | Klokken er fem minutter i halv eet | tolv-fem og tyve |
| Kl. 12.30 | Klokken er halv eet | tolv-tredive |
| Kl. 12.35 | Klokken er fem minutter over halv eet | tolv-fem og tredive |
| Kl. 12.40 | Klokken er tyve minutter i eet | tolv-fyrre |

Kl. 12.45   Klokken er et kvarter        tolv-fem og fyrre
            (*or:* en kvart) i eet
Kl. 12.50   Klokken er ti minutter i      tolv-halvtreds
            eet
Kl. 12.55   Klokken er fem minutter       tolv-fem og
            i eet                         halvtreds
Kl. 13.00   Klokken er eet                tretten-nul-nul

Notice that *half past twelve* is called 'halv eet'. Similarly: 'halv to' means *half past one*; 'halv tre', *half past two*, etc.

Notice also that *twenty-five minutes past one* (*two, etc.*), is usually called 'fem minutter i halv to (tre, etc.)'; similarly *twenty-five minutes to two* (etc.) is called 'fem minutter over halv to' (etc.).

Notice the pronunciation of 'et kvarter' [ed kvɑr'te:ʔr *a quarter of an hour.*

$2 + 2 = 4$ $\begin{cases} \text{to og to er fire [to:ʔ ɔ to:ʔ är fi:r]} \\ \text{to plus to lig fire [to:ʔ plus to:ʔ li:ʔ fi:r]} \end{cases}$

$5 \div 3 = 2$ $\begin{cases} \text{tre fra fem er to [tre:ʔ fra fæmʔ är to:ʔ]} \\ \text{fem minus tre lig to [fæmʔ mi:nus tre:ʔ li:ʔ to:ʔ]} \end{cases}$

$6 \times 7 = 42$   seks gange syv er to og fyrre [sægs gaŋə syuʔ är
            to:ʔ ɔ förə]

$15 : 5 = 3$ $\begin{cases} \text{fem i femten er tre [fæmʔ i fæmdən är tre:ʔ]} \\ \text{femten divideret med fem lig tre [fæmdən} \\ \text{divi'de:ʔrəð mæ fæmʔ li:ʔ tre:ʔ]} \end{cases}$

N.B. In Danish the minus sign is [ ÷ ], and the division sign is [ : ].

*Fractions*

½ en halv [en halʔ]
1½ halvanden [hal'anən]
2½ halvtredie [hal'treðiə], *or*, to en halv [to:ʔ en halʔ]
¼ en kvart [en kvard], *or*, en fjerdedel [en fiæ:rəde:ʔl]

All other fractions are formed by adding -*del*(*e*) to the ordinal.

en trediedel [en treðiəde:ʔl  *a third*
tre ottendedele [tre:ʔ ɔdənəde:lə  *three-eighths*
en fyrretyvendedel [en förəty:vənəde:ʔl  *one-fortieth*

Notice that in Danish 'komma' [kɔma] is used in place of *point* in decimals:

0,5 [nol kɔma fæmʔ]
1,75 [e:ʔn kɔma fæmʔ ɔ hal'fiärs] *or* [e:ʔn kɔma syuʔ fæmʔ]
et dusin [ed du'si:ʔn  *a dozen*
en snes [en sne:ʔs  *a score* (often used as an approximation):

　　et halvt dusin knapper—6 *buttons*
　　en halv snes mennesker—*ten people or so*

## EXERCISE 4

### A

*Read aloud the following figures:*

　1　4　5　7　10　13　14　17　20　29　30　38　40　47　50
56　60　65　70　74　80　83　90　91　100　109　216　322
444　537　660　799　877　901　1000　3472　5555　6835
8765　10.184　16.003　326.638　1.000.000.

### B

*Read aloud the following years:*

1066　1616　1864　1900　1957.

### C

*Read aloud in Danish the following dates:*

den 15de i 11te 1921 (usually written: 15. 11. 1921); 7. 9. 1937; 23. 2. 1941; 30. 8. 1950.

### D

*Read aloud the following telephone numbers in Danish:*

234　1818　2307　2037　3600　10.957.

E

*Read aloud:*

$5+1=6$  $4+7=11$  $9 \div 6=3$  $23 \div 8=15$  $3 \times 6=18$  (*or:* $3 \cdot 6=18$)  $5 \times 11=55$  (*or:* $5 \cdot 11=55$)  $9:3=3$  $28:7=4$  $\frac{1}{2}$  $\frac{1}{4}$  $1\frac{1}{2}$  $\frac{2}{3}$  $\frac{3}{4}$  $\frac{7}{8}$  0,01.

F

*Give the following times in Danish:*

2 o'clock  2.30  5.30  6.35  8.25  1.15  9.50  4.45  7.28  11.31  11.56  8.30.

## 5. PRONOUNS

The Danish *personal pronouns* are as follows:

### Singular

| | Nominative | Dependent form |
|---|---|---|
| 1st P. | jeg [iai or [iə  *I* | mig [mai  *me* |
| 2nd P. | du [du ⎱ *you*<br>De [di ⎰ | dig [dai ⎱ *you*<br>Dem [dæm ⎰ |
| 3rd P. | han [han  *he*<br>hun [hun  *she*<br>dcn [dæn? ⎱ *it*<br>det [de ⎰ | ham [ham  *him*<br>hende [henə  *her*<br>dcn [dæn? ⎱ *it*<br>det [de ⎰ |

### Plural

| | Nominative | Dependent form |
|---|---|---|
| 1st P. | vi [vi  *we* | os [ɔs  *us* |
| 2nd P. | I [i ⎱ *you*<br>De [di ⎰ | jer [iär ⎱ *you*<br>Dem [dæm ⎰ |
| 3rd P. | de [di  *they* | dem [dæm  *them* |

The nominative forms are used when the personal pronouns are the subjects of a clause, otherwise the dependent forms are used—as in English, but with the deviation from

81

English usage that 'det er' (*it is*) is *always* followed in Danish by the dependent form:

Det er mig [de är mai  *It is I*; Det er hende [de är henə
  *It is she*

There are two personal pronouns in the 2nd person: 'du' (plur. 'I') and 'De' (plur. 'De'). They correspond to the usage of French '*tu*' and '*vous*', or German '*du*' and '*Sie*', i.e. 'du' is used when addressing friends, relatives, and children. Otherwise 'De' is used. The use of 'du' corresponds roughly to that of Christian names in English, but its usage varies considerably. 'Du' is used more generally in the country districts (especially in Jutland), and in certain social groups (e.g. among manual workers, university students, etc.). For a foreigner it is safest to use 'De' until the 'du' form has been suggested. Notice the expression:

Skal vi være (drikke) dus? [sga vi væːr (dregə) dus? *Let us be on '* du *' terms* (*sometimes initiated by a ceremony of drinking*)

In the 3rd person singular the pronouns 'han' and 'hun' are normally used only about human beings, not, as in English, about cats, dogs, or other animals, nor about ships or countries.

The pronouns 'den' and 'det' are used about words of the common gender and the neuter respectively:

Hvor er bogen?  Her er den [voːʔr är båːʔgən? hæːʔr är dæn
  *Where is the book?  Here it is*
Hvor er huset?  Her er det [voːʔr är huːʔsəð? hæːʔr är de
  *Where is the house?  Here it is*

The neuter form 'det' is sometimes used about persons or objects in the common gender, or in the plural, before the noun has been introduced:

Det er min kone [de är min koːnə *She is my wife*
Det er min bil [de är min biːʔl *It is my car*
Det er mine børn [de är miːnə bɔrʔn *They are my children*

Notice that the following personal pronouns are always
spelt with capital letters: 'De' and 'Dem' (2nd person,
singular and plural)—to distinguish from 'de' and 'dem'
(3rd person plural), and 'I' (the plural form of 'du')—
to distinguish it from the preposition 'i' *in*.

Har De set dem? [har di seːʔt dæm *Have you seen them?*
Har de set Dem? [har di seːʔt dæm *Have they seen you?*

The Danish *possessive pronouns*, or *possessive adjectives*, are
as follows:

|  | *Singular* | *Plural* |
|---|---|---|
| 1st P. | min [miːʔn *my, mine* | vores [vɔrəs *our(s)* |
| 2nd P. | din [diːʔn / Deres [därəs } *your(s)* | jeres [iärəs / Deres [därəs } *your(s)* |
| 3rd P. | hans [hans *his* / hendes [henəs *her(s)* / dens [dænʔs / dets [deds } *its* / sin [siːʔn *his, her or its (own)* | deres [därəs *their(s)* |

The two possessive pronouns 'min' and 'din' are
inflected:

*Singular*

| Common gender | Neuter |
|---|---|
| min bog [miːʔn båːʔg *my book* | mit hus [mid huːʔs *my house* |
| din hat [diːʔn hat *your hat* | dit øje [did ɔiə *your eye* |
| Bogen er min [båːʔgən är miːʔn *The book is mine* | Huset er dit [huːʔsəð är did *The house is yours* |

83

*Plural (both genders)*

mine bøger [miːnə bøːʔgər *my books*
dine øjne [diːnə ɔinə *your eyes*
Bøgerne er mine [bøːʔgərnə är miːnə *The books are mine*

In the first person plural 'vor' [vɔr] may be used as an alternative to 'vores', and in that case the neuter form is 'vort' [vɔrd] and the plural 'vore' [vɔrə]. 'Vor', 'vort' and 'vore' are still used frequently in the written language, but hardly ever in the spoken language. The foreigner is advised to use the form 'vores' consistently.

The old forms 'jer', 'jert', and 'jere', have been entirely superseded by 'jeres', and an old form 'eders' is quite obsolete.

It should be remembered that 'din' corresponds to 'du', 'jeres' to 'I', and 'Deres' to 'De'.

It is particularly important to realize the use of the possessive (reflexive) pronoun 'sin', which is inflected in a similar way as 'min' and 'din', the neuter form being 'sit' [sid] and the plural form (both genders) 'sine' [siːnə]. It refers back to the subject of the clause in which it appears, if that subject is the third person singular:

Han tog sin hat [han toːʔg sin hat *He took his hat*
Hun mødte sin far [hun mødə sin far *She met her father*
Træet har mistet sine blade [træːʔəð har mesdəð siːnə blàːðə *The tree has lost its leaves*
Byen har fået sit teater [byːʔən har fàːəð sid teˈàːʔdər *The town has got its (own) theatre*].

BUT:

De tog deres hatte [di toːʔg därəs hadə *They took their hats*
Han mødte hendes far [han mødə henəs far *He met her father*

84

Træerne har mistet deres blade [træːˀərnə hɑr mesdəð därəs blɑːðə *The trees have lost their leaves*

Jeg har set byen og dens teater [iə hɑr seːˀt byːˀneˀ ɔ dæns teˈɑːˀdər *I have seen the town and its theatre*

Han skriver bøger, og hans bøger er gode [han sgrivər bøːˀgər ɔ hans bøːˀgər är goːðə *He writes books, and his books are good*

Notice that 'sin', 'sit', and 'sine' are also used in sentences like the following:

Jeg hørte ham læse sine (egne) digte [iə hørdə ham læːsə siːnə (ainə) degdə *I heard him read his (own) poems*

Although the subject of this sentence is 'jeg' (*I*), 'sine' refers back to the *logical subject*, i.e. 'ham' (*him*), of the infinitive 'læse' (*read*).

The *reflexive pronouns* in the 1st and 2nd persons (singular and plural) are identical with the dependent forms of the personal pronouns:

Jeg morede mig [iə moːrəðə mai *I enjoyed myself*

Morede du dig? [moːrəðə du dai? *Did you enjoy yourself?*

Vi barberede os [vi bɑrˈbeːˀrəðə ɔs *We shaved*

Kedede I jer? [keːðəðə i iär? *Were you bored?*

Har De barberet Dem? [hɑr di bɑrˈbəːˀrəð dæm? *Have you shaved?*

The reflexive pronoun in the 3rd person (singular and plural) is 'sig' [sai *oneself, himself, herself, itself, themselves*:

Han morede sig [han moːrəðə sai *He enjoyed himself*

Hun kedede sig [hun keːðəðə sai *She was bored*

Træet spejlede sig i vandet [træːˀəð sbailəðə sai i vanˀəð *The tree was reflected in the water*

Drengene vaskede sig [dräŋənə vasgəðə sai *The boys washed themselves*

Man må beskytte sig [man må be'sgødə sai *One must protect oneself*

The *reciprocal pronoun* is 'hinanden' [hin'anən *each other*, or, now almost obsolete, 'hverandre' [vär'andrə *each other*:

De elsker hinanden [di ælsgər hin'anən *They love each other*

The *demonstrative pronouns* in Danish are:

| Common gender | Neuter | Plural |
|---|---|---|
| den [dænʔ] | det [de] | de [di] |
| denne [dænə] | dette [dedə] | disse [disə] |

The adverbs 'her' [hæːʔr *here*, and 'der' [dæːʔr *there*, are often added to the demonstrative pronouns to give emphasis or to indicate distinction:

Hun bor i denne her by [hun boːʔr i dænə hæːʔr byːʔ *She lives in this town*

Er det her din hat, eller er det den der? [är de hæːʔr diːʔn hat, ælər är de dænʔ dæːʔr *Is this your hat, or is it that one?*

When a noun is qualified by an adjectival clause which is an integral part of the sentence, the noun is preceded by the demonstrative pronoun 'den' ('det', 'de') instead of having the enclitic article added to it:

Den mand, der ejer huset, er rejst [dænʔ manʔ där aiʔər huːʔsəð är raiʔsd *The man who owns the house has gone away*

The two most common *relative pronouns* are 'som' [sɔm *who, whom, which*, and 'der' [där *who, which*. They are used indiscriminately when they are the subject of the clause in which they appear:

Den pige, $\begin{Bmatrix} \text{som} \\ \text{der} \end{Bmatrix}$ går der, hedder Inger [dænʔ piːə $\begin{Bmatrix} \text{sɔm} \\ \text{där} \end{Bmatrix}$ gåːʔr dæːʔr heðər enər *The girl who is walking there is called Inger*

Han har en bog, $\begin{Bmatrix} \text{der} \\ \text{som} \end{Bmatrix}$ er på dansk [han har? en bå:?g

$\begin{Bmatrix} \text{där} \\ \text{sɔm} \end{Bmatrix}$ är på dan?sg *He has a book which is in Danish*

Otherwise, only 'som' may be used:

Den pige, som du så igår, hedder Inger [dæn? pi:ə sɔm du så:? i'gå:?r heðər eŋər *The girl whom you saw yesterday is called Inger*

Den by, som jeg bor i [dæn? by:? sɔm iə bo:?r i:? *The town in which I live*

The relative pronoun 'der' can never be preceded by the words 'og' or 'men':

Haven, der er stor, og som har mange frugttræer... [hå:vən där är sdo:?r ɔ sɔm har maŋə frogdtræ:?ər... *The garden, which is big, and which has many fruit trees...*

As in English, the relative pronoun is frequently omitted in clauses where it is not the subject:

Den mand, jeg mødte på gaden... [dæn? man? iə mødə på gå:ðən *The man I met in the street.*

Notice that a preposition can never precede 'som'; it must always appear at the end of a clause introduced by 'som':

Det hus, som jeg bor i [de hu:?s sɔm iə bo:?r i:? *The house in which I live*

Other relative pronouns are 'hvem' [væm? *whom* and 'hvilken' [velgən *which* (neuter, sing.: 'hvilket' [velgəð]; plur., both genders: hvilke [velgə]). They are used less frequently than 'som' and 'der' in colloquial Danish. 'Hvem' can only be used about persons, and never as a subject; and normally 'som' is preferred to 'hvem'.

'Hvilken' ('hvilket', 'hvilke') may also be used adjectivally and it may be preceded by a preposition:

Det hus, i hvilket han bor [de hu:ʔs i velgəð han bo:ʔr *The house in which he lives*
But this sentence would be more colloquial:
Det hus, han bor i [de hu:ʔs han bo:ʔr i *The house he lives in*

The relative pronoun 'hvis' [ves] corresponds to English *whose*, or *of which*. There is no other relative pronoun with a genitive meaning in Danish:

Den pige, hvis billede jeg så [dænʔ pi:ə ves beləðə iə så:ʔ *The girl whose picture I saw*
Træet, hvis blade er faldet af [træ:əð ves blå:ðə är faləð å:ʔ *The tree, the leaves of which have fallen off*

The relative pronoun 'hvad' [va *what, which* (as a subject always extended to 'hvad der' [va där]), is used when referring to a whole sentence. In addition, 'hvad' is always used after 'alt' [alʔd *all*:

Han løj, hvad han ikke burde have gjort [han lɔiʔ va han egə bordə ha gio:ʔrd *He lied, which he ought not to have done*
Alt hvad han gjorde, var forkert [alʔd va han gio:rə var fɔr'ke:ʔrd *All that he did was wrong*
Alt hvad der siges. . . [alʔd va där si:əs *All that is said*. . .

The *interrogative pronouns* are as follows:

hvem [væmʔ $\begin{cases} who \\ whom \end{cases}$  hvad [va *what*  hvis [ves *whose*
Examples:

Hvem bor der? [væmʔ bo:ʔr dæ:ʔr *Who lives there?*
Hvem elsker hun? [væmʔ ælsgər hun *Whom does she love?*
Hvad er det? [va är de *What is that?*
Hvis bog er det? [ves bå:ʔg är de *Whose book is that?*

In colloquial speech the following forms are frequently used:

*Singular*

*Common gender*

hvad for en [va fɔr eːʔn]

*Neuter*

hvad for et [va fɔr ed]

*Plural*

hvad for nogle [va fɔr noːn]

Examples:

Hvad for nogle bøger kan du bedst lide? [va fɔr noːn bøːʔgər ka du bæsd liːʔ *Which books do you like best?*

In more formal speech the following interrogative pronouns are used:

*Singular*

*Common gender*

hvilken [velgən]

*Neuter*

hvilket [velgəð]

*Plural*

hvilke [velgə]

Examples:

Hvilken bog vil De have? [velgən bɔːʔg ve di hɑːʔ *Which book do you want?*

Hvilke bøger vil De have? [velgə bøːʔgər ve di hɑːʔ *Which books do you want?*

Notice the forms 'hvem der end' [væmʔ där æn *whoever*, and 'hvad der end' [va där æn *whatever*:

Hvem der end har gjort det, må tage konsekvenserne [væmʔ där æn hɑr gioːʔrd de må tɑːʔ kɔnsəkvænʔsərnə *Whoever has done it must face the consequences*

Hvad der end er sket, er det for sent at ændre det [va där æn är sgeːʔt är de fɔr seːʔnd ɔ ændrə de *Whatever has happened, it is too late to alter it*

The indefinite pronoun 'man' [man *one*, is used only when it is the subject of a sentence; in all other positions 'en' [eːʔn] is used. The genitive form is 'ens' [eːʔns *one's*:

Man skal passe på [man sga pasə påːʔ *One must be careful*

Hvis bolden rammer en, er man ude [ves bɔlʔdən ramər eːʔn är man uːðə *If the ball hits you, you are out*

Man skal tage sin chance [man sga tåːʔ sin ʃaŋsə *One must take one's chance*

Man må ikke løbe, før det er ens tur [man må egə løːbə föːʔr de är eːʔns tuːʔr *One must not run before it is one's turn*

Man siger [man siːər *They (people) say*

The indefinite pronouns 'det' [de *it*, and 'der' [där *there*, are often used to introduce a sentence:

Det er varmt [de är varʔmd *It is warm*

Der er mange mennesker i England [där är maŋə mænəsgər i æŋlanʔ *There are many people in England*

The following indefinite pronouns should also be noticed:

|  | Singular | | Plural |
| --- | --- | --- | --- |
|  | Common gender | Neuter | |
| *such* | sådan [sɔdan] | sådant [sɔdant] | sådanne [sɔdanə] |
| *such a* | sådan en [sɔdan eːʔn] | sådan et [sɔdan ed] | sådan nogle [sɔdan noːn] |
| *what* *what a* | sikken en [segən eːʔn] | sikken et [segən ed] | sikke nogle [segə noːn] |
| *own* | egen [aiən] | eget [aiəð] | egne [ainə] |
| *some(one)* *any (one)* *something* *anything* | nogen [noːn] | noget [noːəð] | nogle [noːn] |

|  | *Singular* | | *Plural* |
|  | *Common gender* | *Neuter* | |
| nobody ⎫<br>nothing ⎬<br>no ⎭ | ingen [eŋən] | intet [endəð] | ingen [eŋən] |
| all ⎫<br>everything ⎬<br>every(body) ⎭ | al [alʔ] | alt [alʔd] | alle [alə] |
| every(body) ⎫<br>each ⎬ | hver [væ:ʔr]<br>enhver<br>[en'væ:ʔr] | hvert [væ:ʔrd]<br>ethvert<br>[ed'væ:ʔrd] | —<br>— |
| many | — | — | mange [maŋə] |
| several | — | — | flere [fle:rə],<br>adskillige<br>[að'sgelʔiə] |
| various | — | — | forskellige<br>[fɔr'sgælʔiə] |

## EXERCISE 5
### A

*Substitute pronouns for the italicized nouns:*

1. *Peter* er i Danmark.
2. *Anna* er i England.
3. *Hatten* er sort.
4. *Faderen* er engelsk.
5. *Moderen* er dansk.
6. *Bordet* er lille.
7. *Drengen* skriver med *pennen*.
8. *Damen* ser på *barnet*.
9. *Børnene* leger med *kattene*.
10. *Jørgen* taler med *Gerda*.

Turn the preceding sentences (*a*) into questions, (*b*) into the negative form.

### B

*In the following sentences supply the Danish dependent forms of the personal pronouns as required in each case:*

1. Jeg tager bogen med (*me*).

2. Hvis du vil skrive til (*me*), vil jeg skrive til (*you*).
3. Hvis De ikke kommer til (*us*), vil vi ikke komme til (*you*).
4. Hun er ude i haven hos (*him*); der så jeg (*her*).
5. Jeg kan ikke finde (*him*).
6. Hvor er huset? Jeg kan ikke finde (*it*).
7. Hvor er bogen? Jeg kan ikke finde (*it*).
8. Hr. Nielsen og hr. Jensen, jeg kan ikke hjælpe (*you*).
9. I må fortælle (*her*), hvor I bor; hun vil besøge (*you*).
10. Kan De se (*them*)? De er på vej herhen til (*you*).
11. Hun er glad for (*him*), og han er glad for (*her*).
12. Kan I sige (*us*), hvor vi kan møde (*you*)?

## C

*In the following sentences supply the possessive pronouns as required
in each case:*

1. Drengen har taget (*his*) bog.
2. Jeg kan ikke finde (*my*) cykel.
3. Det lille hus er (*mine*).
4. (*My*) børn er store nu.
5. Er det (*her*) bog, eller er det (*his*)?
6. Har I solgt (*your*) gamle bil?
7. Han tog (*his*) bøger, og hun tog også (*hers*).
8. Han troede, det var (*his*), men det var (*hers*).
9. Jeg bor i (*my*) hus, og hun bor i (*hers*).
10. Fru Møller taler til (*her*) mand; (*her*) mand siger ikke
meget.
11. Vi sejler ofte i (*our*) båd. Sejler De ofte i (*yours*)?
12. Hunden bor i (*its*) hundehus; (*its*) hundehus er meget
lille.
13. Har du taget (*your*) penge?
14. De to små børn kan ikke finde (*their*) mor.
15. Træet står med (*its*) grønne blade; (*its*) blade er meget
smukke.
16. Du siger, at det bord er (*yours*), men det er (*mine*).
17. Han kan ikke finde (*his*) hat; derfor tog han (*mine*).
18. Hun bad ham tage (*his*) hat og gå (*his*) vej.

19. Kan du sige mig, om det er (*your*) cykel eller (*mine*)?
20. Kan De sige mig, om det er (*your*) penge eller (*mine*)?

## D

*By using the appropriate forms of the reflexive verbs given below,*
*translate the following sentences into Danish:*

at vaske sig—*to wash* (*oneself*).
at barbere sig—*to shave.*
at kede sig—*to be bored.*
at more sig—*to be amused, to enjoy oneself.*
at interessere sig (for)—*to be interested* (*in*).

1. I am bored.
2. He is shaving.
3. She is not enjoying herself.
4. Are you (*sing.*) interested in books?[1]
5. One must wash every day.
6. We are enjoying ourselves.
7. They are bored.
8. He is not interested in the theatre.
9. Are you (*plur.*) bored?[1]
10. The two men are shaving.

## E

*Translate the following sentences into Danish:*

1. Is it this book or that one?
2. This hat is mine, that one is yours.
3. This furniture is ours.
4. The boy and the girl are interested in each other.
5. I live in this house, my father lives in that one.
6. She has a boy, who is five years old.
7. The man who lives in that house is old.
8. The garden in which the children are playing is big.
9. Are those books yours? No, they are mine.
10. The man whom you met (*mødte*) is my brother.
11. The table which you saw (*så*) is ours.
12. I met a lady, whose brother is a teacher.

[1] Use both the intimate and the polite forms.

93

13. She was reading a book, the pages (*blade*) of which were loose (*løse*).
14. All that she says is correct (*rigtigt*).
15. Whatever you do, do it correctly.
16. Who knows her?
17. Whom does she know?
18. What does he say?
19. Which books are you interested in?
20. One must love one's children.
21. Is it you?
22. There is a dog in our garden.
23. Whose bicycle is that?
24. One's own children are always intelligent (*intelligente*).
25. Which of you knows her?

### F

*Translate the following sentences into Danish:*

1. She is such a child.
2. They are such children.
3. They are both young men.
4. What a beautiful house!
5. No one has heard (*hørt*) it.
6. Have they any money? She has none, but he has some.
7. There are several theatres in this town.
8. Mr Olsen has many books in his house, but they are not his own.
9. There are various people I don't know.
10. Each of them lives in his own house.
11. Somebody told (*fortalte*) me her name (*navn*).
12. What kind (*flinke*) people they are!
13. We are all very poor.
14. There are some other books in the other house.
15. Something will turn up (*vise sig*).

## 6. REGULAR VERBS

### ACTIVE VOICE

There are two conjugations of regular verbs in Danish:

#### First Conjugation

| Infinitive | Pres. tense | Past tense |
|---|---|---|
| (at) leve [leːvə] | lever [leːvər] | levede [leːvəðə] |
| (to) live | live(s) | lived |

| Pres. part. | Past part. | Imperative |
|---|---|---|
| levende [leːvənə] | levet [leːvəð] | lev [leːʔv] |
| living | lived | live |

#### Second Conjugation

| Infinitive | Pres. tense | Past tense |
|---|---|---|
| (at) kalde [kalə] | kalder [kalər] | kaldte [kaldə] |
| (to) call | call(s) | called |

| Pres. part. | Past part. | Imperative |
|---|---|---|
| kaldende [kalənə] | kaldt [kalʔd] | kald [kalʔ] |
| calling | called | call |

N.B. Most Danish verbs follow the first conjugation.

#### The Infinitive Mood

The infinitive always ends in -e [-ə], unless the stem of the verb (identical with the imperative) ends in a vowel:

> at nå [nɔːʔ *to reach*
> at bo [boːʔ *to live, dwell*
> at sy [syːʔ *to sew*

In Danish the infinitive is often used where in English the present participle would be used:

Jeg hørte ham komme [iə hørdə ham kɔmə *I heard him coming*

95

Han blev ved at tale [han ble 'veð ɔ tàːlə *He kept on talking*

Det nytter ikke at prøve [de nødər egə ɔ prøːvə *It is no use trying*

Han lærer mere ved at se end ved at høre [han læːrː meːr ve ɔ seːʔ en ve ɔ høːr *He learns more by seeing than by hearing*

Hun elsker at danse [hun ælsgər ɔ dansə *She loves dancing*

In Danish the infinitive may be governed by all prepositions.

Examples:

Han gik uden at svare [han gig uðən ɔ svɑːrə *He left without answering*

Han er tvunget til at sælge huset [han är tvoŋəð te ɔ sælgə huːʔsəð *He is forced to sell the house*

Han er træt af at læse [han är trät aːʔ ɔ læːsə *He is tired of reading*

Jeg tænker på at rejse [iə tæŋgər påːʔ ɔ raisə *I am thinking of going away*

Hun er ved at arbejde [hun är ve ɔ ɑrbaidə *She is working*

An active infinitive is used in Danish in some places where a passive infinitive would be used in English:

Hun er ikke til at se [hun är egə te ɔ seːʔ *She is not to be seen*

Musikken er ikke til at høre [mu'sigən är egə te ɔ høːr *The music is not to be heard*

N.B. In Danish a whole phrase is often used in places where an infinitive would be sufficient in English:

Jeg sagde til ham, at han skulle gå [iə sàː te ham a han sgu gåːʔ *I told him to go*

Jeg ved ikke, hvordan jeg skal gøre det [iə veːʔ egə vɔr'dan iə sga göːr de *I don't know how to do it*

96

## The Present Tense

In regular verbs, the present tense is always formed by adding -r [-r] to the infinitive. The present tense is identical in all persons, singular and plural.

jeg
du, De
han, hun, den, det   lever [leːvər *live(s)*
vi                   kalder [kalər *call(s)*
I, De                bor [boːʔr *dwell(s)*
de                      *etc.*

In Danish the present tense is used much more extensively than in English. Its main uses are:

(i)   To express what is happening at the moment:

Han barberer sig nu [han bɑrˈbeːʔrər sai nu *He is shaving now*

(ii)  To express what happens regularly or frequently:

Han barberer sig hver morgen [han bɑrˈbeːʔrər sai væːʔr mɔrn *He shaves every morning*

(iii) To express future events:

Han kommer i morgen [han kɔmʔər i mɔrn *He will come to-morrow*

The fact that something is being done at the moment may sometimes be expressed by other means, e.g. by using 'at være ved' [ɔ væːr 've] or 'at være i færd med' [ɔ væːr i ˈfæːʔr mæ *to be in the process of*:

Han er ved at læse en bog [han är ve ɔ læːsə en bɔːʔg *He is reading a book*

Hun er i færd med at vaske [hun är i fæːʔr mæ ɔ vasgə *She is washing*

97

Or it may be expressed by denoting the position in which a person is doing something:

Hun sidder og læser [hun seð?ər ɔ læ:?sər  *She is reading*
Han står og taler [han sdå:?r ɔ tå:?lər  *He is talking*

Although future time is normally expressed by means of the present tense in Danish, it may occasionally be expressed by means of the auxiliary verbs 'vil' (*will*) or 'skal' (*shall*); in many cases, however, these words have the implication of 'wishing to' (vil) or 'having to' (skal).
Examples:

Jeg besøger ham i morgen [iə be'sø:?gər ham i mɔrn  *I shall visit him to-morrow*
Jeg vil besøge ham i morgen [iə ve be'sø:?gə ham i mɔrn  *I want to visit him to-morrow*
Jeg skal besøge ham i morgen [iə sga be'sø:?gə ham i mɔrn  *I must* (or: *am going to*) *visit him to-morrow*

### The Past Tense

Verbs belonging to the *first conjugation* form the past tense by adding -*de* [-ðə] to the infinitive, or -*ede* [-əðə] or [-ðə] if the infinitive ends in a stressed vowel:

Han levede længe [han le:vəðə læŋə  *He lived long*
Hun syede kjolen [hun sy:əðə kio:lən  *She sewed the frock*
De boede i byen [di bo:ðə i by:?ən  *They lived in the town*

Verbs belonging to the *second conjugation* form the past tense by adding -*te* [-də] to the stem of the verb (i.e. the infinitive minus -*e*):

Hun kaldte på mig [hun kaldə på mai  *She called me*
Jeg hørte det [iə hørdə de  *I heard it*

Like the present tense, the past tense is identical in all persons, singular and plural.

The past tense is often used for the conditional:

Tjente han nogle flere penge, kunne han købe en bil [tiæːndə han noːn fleːr pæŋə ku han køːbə en biːʔl *If he earned some more money he could buy a car*

## The Present Participle

The present participle is formed by adding -*nde* [-nə] to the infinitive, or -*ende* [-ənə] if the infinitive ends in a stressed vowel:

Han kom løbende [han kɔm løːbənə *He came running*
Et leende barn [ed leːʔənə barʔn *A laughing child*

The present participle is not used nearly so extensively in Danish as it is in English. Its use is limited to (*a*) adjectival positions, and (*b*) verbal positions after certain verbs, especially 'komme', 'have' and 'blive'.

Examples:

En dansende pige [en dansənə piːə *A dancing girl*
En levende fisk [en leːvənə fesg *A live (living) fish*
Han kom gående [han kɔm gåːənə *He came on foot*
Han havde bøgerne liggende [han håːðə bøːʔgərnə legənə *He had the books at hand*
Hun blev siddende [hun ble seðənə *She remained sitting*

In most other cases where a present participle would be used in English, a different construction is used in Danish, as seen from the following examples:

Vi så ham sidde i græsset [vi såːʔ ham seðə i gräsəð *We saw him sitting on the grass*

Han stod og så på børnene [han sdo:ʔð ɔ så:ʔ på bör?nənə
*He was looking at the children*

Han lod mig vente [han loð mai vændə *He kept me waiting*

Han begyndte at læse [han be'gøn?də ɔ læ:sə *He began reading*

Før du rejser, må du komme [fö:ʔr du rai?sər må du kɔmə
*Before leaving you must come*

Efter først at have løjet sagde han nu sandheden [æfdər försd ɔ ha löiəð så: han nu sanhe:?ðən *Having first lied he now told the truth*

Da han var en gammel mand, ventede han respekt [da han var en gaməl man? vændəðə han re'spægt *Being an old man he expected respect*

Han sagde, idet han så op fra avisen [han så: i'de han så:? ɔp fra a'vi:?sən *He said, looking up from the paper*

Han skrev til mig, at han ikke kunne komme [han sgre:?v te mai a han egə ku kɔmə *He wrote to me saying that he could not come*

Da solen var stået op, fortsatte vi... [da so:?lən var sdå:əð ɔp fɔrdsadə vi *The sun having risen, we continued...*

Jeg rejser på søndag, hvis vejret tillader det [iə rai?sər på sön?da ves væ:?rəð telà:?ðər de *I shall leave on Sunday weather permitting*

## The Past Participle

Verbs belonging to the first conjugation form the past participle by adding -*t* [-ð] to the infinitive, or -*et* [-əð] if the infinitive ends in a stressed vowel:

Han har levet længe [han har le:vəð læŋə *He has lived long*

Hun har syet kjolen [hun har sy:?əð kio:lən *She has sewn the frock*

Verbs belonging to the second conjugation form the past participle by adding -*t* [d] or [t], to the stem of the verb (i.e. the infinitive minus -*e*):

Vi har kaldt på ham [vi hɑr kalˀd på ham  *We have called him*

The perfect tense and the pluperfect are generally formed by means of the verb 'have' plus the past participle:

Jeg har læst bogen [iə hɑr læːˀsd båːˀgən  *I have read the book*

Han har boet her [han hɑr boːˀəð hæːˀr  *He has lived here*

De havde kaldt på ham [di hàːðə kalˀd på ham  *They had called him*

But for all *verbs of motion*, and for the verbs 'blive' (*become*) and 'begynde' (*begin*), the auxiliary verb used in the perfect and pluperfect tenses is 'være':

Jeg er kommet [iə är kɔməð  *I have come*

Han er gået [han är gàːəð  *He has gone*

Vi er blevet gamle [vi är bleːəð gamlə  *We have become old*

Han er begyndt at tale [han är beˈgønˀt ɔ tàːlə  *He has begun to talk*

In Danish the perfect tense is often used about a concluded action or state of the past, when in English the imperfect tense would be used:

Hvem har lært dig at læse? [væmˀ hɑr læːˀrd dai ɔ læːse  *Who taught you to read?*

Det har jeg aldrig sagt [de hɑr iə aldri sagd  *I never said that*

Ikke længe efter, at jeg havde forladt landet... [egə læŋə æfdər a iə hàːðə fɔrˈlat lanˀəð  *Not long after I left the country*...

Past participles are inflected when they are used as adjectives. The past participles 'elsket', *loved*, or, *beloved* (first conjugation), and 'trykt', *printed* (second conjugation) may serve as examples:

### Indefinite Declension

| Singular | | Plural |
|---|---|---|
| Common gender | Neuter | Both genders |
| elsket [ælsgəð] | elsket [ælsgəð] | elskede [ælsgəðə] |
| trykt [trögd] | trykt [trögd] | trykte [trögdə] |

### Definite Declension

Both genders, singular and plural: elskede [ælsgəðə]
Both genders, singular and plural: trykte [trögdə]
  Examples:

En elsket ven [en ælsgəð væn  *A beloved friend*
Min elskede ven [min ælsgəðə væn  *My darling friend*
Hendes elskede barn [henəs ælsgəðə bɑrʔn  *Her beloved child*
Elskede venner! [ælsgəðə vænər  *My beloved friends!*
En trykt bog [en trögd bå:ʔg  *A printed book*
Trykte bøger [trögdə bø:ʔgər  *Printed books*

Some Danish verbs, however, have two different forms of the past participle, one uninflected form ending in *-t* for purely verbal functions, another ending in *-en* for adjectival functions, the latter being inflected. Thus the verbs 'at skrive', *to write*, and 'at falde', *to fall*, have the past participles 'skrevet' and 'faldet', but the adjectival forms are 'skreven' and 'falden', which are inflected as follows:

### Indefinite Declension

| Singular | | Plural |
|---|---|---|
| Common gender | Neuter | Both genders |
| skreven [sgre:vən] | skrevet [sgre:vəð] | skrevne [sgre:vnə] |
| falden [falən] | faldet [faləð] | faldne [falnə] |

## Definite Declension

Both genders, singular and plural: skrevne [sgreːvnə]

Both genders, singular and plural: faldne [falnə]

Examples:

Det er en uskreven lov [de är en usgreːʔvən lɔu  *It is an unwritten law*

(BUT: Loven blev skrevet, *The law was written*)

Den faldne soldat [dæn falnə solˈdàːʔt  *The fallen soldier*

(BUT: Soldaten er faldet, *The soldier has fallen*)

Kontoret for fundne sager [konˈtoːʔrəð fɔr fonːnə sàːɡər  *The Lost Property Office*

(BUT: Handskerne er fundet, *The gloves have been found*)

De ankomnes antal [di ankɔmʔnəs antal  *The number of those arrived*

(BUT: De er ankommet, *They have arrived*)

Bøgerne er smukt indbundne [bøːʔgərnə är smogd enbonːnə  *The books are beautifully bound*

(BUT: Bøgerne blev indbundet, *The books were bound*)

Den stjålne cykel [dæn sdiɔlnə sygəl  *The stolen bicycle*

(BUT: Cyklen blev stjålet, *The bicycle was stolen*)

En overvunden fjende [en ɔuərvonʔnə fienə  *A conquered enemy*

(BUT: Fjenden blev overvundet, *The enemy was conquered*)

In some cases the adjectival form of the past participle may be treated so entirely like an original adjective ending in *-en* that the indefinite declension forms the neuter by adding *-t* to the common gender form, e.g.:

Et stjålent øjekast [ed sdiåːlənt ɔiəkasd  *A stolen glance*

Et knebent flertal [ed kneːbənt flertal  *A narrow majority*

(Cf. the past participle 'knebet' of the verb 'knibe'.)

### The Imperative Mood

The imperative is identical with the stem of the verb, i.e. the infinitive minus -*e*, or the infinitive if it ends in a stressed vowel:

Kald på mig kl. 8 [kalʔ på mai klɔgən å:də *Call me at 8 o'clock*
Lev vel! [le:ʔv væl (*a Danish farewell*)
Sy din kjole [sy:ʔ din kio:lə *Sew your frock*

Verbs the stem of which ends in a single consonant preceded by a short vowel double their final consonant in all forms except the imperative:

Infinitive: takke [tagə *thank*   Imperative: tak [tak *thank*
Infinitive: redde [räðə *save*   Imperative: red [räðʔ *save*

### The Subjunctive Mood

The subjunctive has disappeared almost entirely from Danish. It has only survived in a few stock phrases, such as 'Velbekomme!' [vælbe'kɔmʔə]—a formula uttered by a host or a hostess when their guests rise from a meal (literally meaning: '*May it* [*the food*] *agree with you!*'), or 'Leve kongen!' [le:və kɔŋən (*Long*) *live the King!*

### General Notes

It is sufficient to know the three principal parts of a Danish verb (the *present tense*, the *past tense*, and the *past participle*) in order to form the other tenses by means of auxiliary verbs.
Examples:

First conj.: at svare [svɑ:rə *to answer*
Second conj.: at læse [læsə *to read*

at have svaret [a ha svɑ:rəð   at have læst [a ha læ:ʔsd
*to have answered*               *to have read*

Jeg har svaret [iə hɑr svaːrəð
*I have answered*

Han havde svaret [han hɑ̀ːðə
svɑːrəð *He had answered*

Jeg vil svare hende [iə ve
svɑːrə henə *I shall answer
her*

vil have svaret [vel ha svɑːrəð
*will (shall) have answered
etc.*

Jeg har læst [iə hɑr læːʔsd
*I have read*

Han havde læst [han hɑ̀ːðə
læːʔsd *He had read*

Jeg vil læse bogen [iə ve
læːsə bàːʔɡən *I shall read
the book*

vil have læst [vel ha læːʔsd
*will (shall) have read
etc.*

In questions simple inversion is used (i.e. verb preceding subject); the English method of employing the auxiliary verb 'do' is unknown in Danish:

Bor De her? [boːʔr di hæːʔr *Do you live here?*
Kommer du? [kɔmʔər du *Are you coming?*

Negation, similarly, is always expressed directly, by 'ikke' placed after the verb, not by means of an auxiliary verb as in English (cf. Shakespearean and Biblical English: 'I know not'):

Jeg læser ikke [iə læːʔsər egə *I do not read*
Han bor ikke her [han boːʔr egə hæːʔr *He does not live here*

## PASSIVE VOICE

There are two different ways of forming the passive voice in Danish, either (*a*) by using the auxiliary verb 'blive' with the past participle, or (*b*) by using the passive forms of the verb ending in -*s*.

Examples:

Han blev såret [han ble såːrəð *He was wounded*
De er blevet arresteret [di är bleːð arə'steːʔrəð *They have been arrested*

Det kan ikke ses [de ka egə se:ʔs  *It cannot be seen*
Der hørtes fodtrin [där hørdəs foðtren  *Footsteps were heard*

The passive forms of the two conjugations are given
below; the passive forms ending in -*s* are limited to the
infinitive, the present tense and the past tense:

### First Conjugation

| Infinitive | Present tense | Past tense |
|---|---|---|
| at åbnes [å:bnəs | åbnes [å:bnəs | åbnedes [å:bnəðəs |
| *to be opened* | *is (are) opened* | *was (were) opened* |

### Second Conjugation

| Infinitive | Present tense | Past tense |
|---|---|---|
| at høres [hø:rəs | høres [hø:rəs | hørtes [hørdəs |
| *to be heard* | *is (are) heard* | *was (were) heard* |

The passive formed by means of the auxiliary verb 'blive'
is used far more frequently than the passive ending in -*s*.
It should be noted that the two forms are not always
interchangeable. The passive forms with 'blive' usually
refer to single, isolated actions or events, whereas the passive
ending in -*s* usually implies customary or repeated actions
or processes. The following examples will illustrate this:

Museet åbnes daglig kl. 10 [mu'sæ:əð å:bnəs dauli klɔgən ti:ʔ
   *The museum opens daily at 10 o'clock*
Museet bliver åbnet på mandag [mu'sæ:əð blir å:bnəð på
man?da  *The museum will be opened on Monday*
Ure repareres [u:rə repa're:ʔrəs  *Clocks (are) repaired*
Uret blev repareret [u:ʔrəð ble repa're:ʔrəð  *The clock
(watch) was repaired*
Gamle bøger sælges [gamlə bø:ʔgər sælgəs  *Old books for sale*
Den gamle bog blev solgt billigt [dæn gamlə bå:ʔg ble sɔlʔd
bilid  *The old book was sold at a cheap price*

The English use of a passive infinitive following such verbs as 'to be', 'to remain', and 'to leave', corresponds to the use of an active infinitive in Danish:

Pletten var ikke til at se [plædən var egə te ɔ seː? *The stain was not to be seen*

Hans arbejde lader meget tilbage at ønske [hans arbaiʔdə làːðər maiəð teˈbàːgə ɔ ønsgə *His work leaves much to be desired*

Notice the irregular present tense forms in the passive voice of 'gør': 'gøres' [göːrəs *is done*, and 'har': 'haves' [hàːvəs *is (to be) had*:

Det gøres ofte [de göːrəs ɔfdə *It is often done*

Bogstavet 'ø' haves ikke på engelsk [bogsdàːʔvəð øː? hàːvəs egə på æŋʔəlsg *The letter 'ø' does not occur in English*

In the past tense of strong verbs ending in a consonant in the active voice (e.g. 'fandt' [fanʔd *found*), the passive voice is formed by adding -*es*:

Bogen fandtes ikke [bàːʔgən fandəs egə *The book was not to be found (or, did not exist)*

Notice the use of the present tense expression 'er født', which corresponds to the English '*was, were born*', e.g.:

Hvornår er De født? [vɔrˈnàːʔr är di føʔd *When were you born?*

Shakespeare er født i 1564, *Shakespeare was born in 1564*

Sometimes the past participle 'blevet' may be omitted in passive constructions, e.g.:

Han er dræbt [han är dräbd { *He was killed* / *He has been killed*

Den første stork er set [dæn försdə sdɔrg är seːʔt *The first stork has been seen*

De var sat i land [di var sat i lanʔ *They had been set ashore*

## EXERCISE 6

### VOCABULARY

Regular verbs following the first conjugation: svare, *reply*, *answer*; åbne, *open*; elske, *love*; vente, *wait*, or *expect*; danse, *dance*; bygge, *build*; spille, *play*; bo, *live*; sy, *sew*.

Regular verbs following the second conjugation: glemme, *forget*; høre, *hear*; kalde, *call*; læse, *read*; lære, *teach*, or *learn*; vise, *show*; kende, *know*.

### A

*Insert appropriate verbs (a) in the present tense, (b) in the past tense, and (c) in the perfect tense in the following sentences:*

1. Hun — i København.
2. — du ikke musikken? (N.B. perf. tense: Har du ikke — musikken?)
3. Jeg — ham at læse.
4. Vi — en bog.
5. Han — hende.
6. Vi — dem London.
7. — De Cambridge? (N.B. Perf. tense: Har De — Cambridge?)
8. Hun — på ham.
9. Jeg — et hus.
10. Hun — sin kjole.

### B

*Translate the following sentences into Danish:*

1. I know her, but she does not know me.
2. Did you dance with her?
3. Do not forget to read this book.
4. I shall answer you.
5. Did you hear me calling?
6. He has come from Denmark.
7. They have gone to England.

8. He has become a professor.
9. He has forgotten his bicycle.
10. The boy is learning to read.
11. She will answer me to-morrow.
12. She is playing now.
13. Does she live in Copenhagen?
14. Did you hear him playing?
15. Why didn't you reply?

## C

*Turn the active voice into the passive voice in the following sentences:*

1. Mange mennesker kender H. C. Andersens eventyr.
2. Hun syede kjolen.
3. Man venter hende i Danmark.
4. Vi glemmer ikke dette.
5. Hans fader kalder ham Bill.

## D

*Translate the following sentences into Danish:*

1. The door was opened.
2. It cannot be read.
3. Hearing him opening the door she called.
4. Why can't it be heard?
5. Did the young lady teach you dancing?
6. Furniture for sale (i.e. is sold).
7. The furniture will be bought to-morrow.

# 7. IRREGULAR VERBS

The Danish verb 'at være', *to be*, is conjugated as follows:

> *Infinitive:* at være [**væ:rə** *to be*
> *Present tense:* er [**är** *am, is, are*
> *Past tense:* var [**vɑr** *was, were*
> *Present participle:* værende [**væ:rənə** *being*

*Past participle:* været [vɛːrəð *been*
*Imperative:* vær [vɛːʔr *be*

At være eller ikke være [ad vɛːrə ælər egə vɛːrə  *To be or not to be*

Han er gammel, jeg er ung [han är gaməl iai är oŋ? *He is old, I am young*

Vi er venner [vi är vænər  *We are friends*

Jeg var glad, da vi var der [iə var glað da vi var där  *I was glad when we were there*

Har De været i Danmark? [har di vɛːrəð i danmarg  *Have you been to Denmark?*

Hun er fraværende [hun är fravɛːʔrənə  *She is absent*

Vær ikke for sikker [vær egə fɔr segər  *Don't be too sure*

Vær så venlig at sige mig. . . [vɛːʔr så vænli ɔ siːə mai  *Please (lit. 'be so kind as to') tell me . . .*

Like 'at være' also the following irregular verbs may be used as auxiliary verbs: at have, *to have*; at kunne, *to be able to*; at skulle, *to have to*; at ville, *to be willing to*; at måtte, *to be obliged to*, or *to be allowed to*; at blive, *to become*; at burde, *to be obliged to*; at turde, *to dare*. Their main tenses are given below:

| Infinitive | Pres. tense | Past tense | Pres. part. | Past part. | Impera- tive |
|---|---|---|---|---|---|
| have | har | havde | havende | haft | hav |
| [håːvə] | [hɑr] | [håːðə] | [håːvənə] | [hafd] | [håːʔ] |
| [ha] | | | | | |
| *have* | *have, has* | *had* | *having* | *had* | *have* |
| kunne | kan | kunne | — | kunnet | — |
| [kunə] | [kan] | [kunə] | | [kunəð] | |
| [ku] | [ka] | [ku] | | | |
| *be able to* | *can* | *could* | — | *been able to* | — |

110

| Infinitive | Pres. tense | Past tense | Pres. part. | Past part. | Imperative |
|---|---|---|---|---|---|
| skulle | skal | skulle | — | skullet | — |
| [sgulə] | [sgal] | [sgulə] | | [sguləð] | |
| [sgu] | [sga] | [sgu] | | | |
| *have to* | *shall* | *should* | — | *had to* | — |
| ville | vil | ville | — | villet | — |
| [velə] | [vel] | [velə] | | [veləð] | |
| | [ve] | | | | |
| *want to* | *will* | *would* | — | *wanted to* | — |
| måtte | må | måtte | — | måttet | — |
| [mɔdə] | [må] | [mɔdə] | | [mɔdəð] | |
| *be obliged to* | *must* | *must* | — | *been obliged to* | — |
| *be allowed to* | *may* | *might* | — | *been allowed to* | — |
| blive | bliver | blev | blivende | blevet | bliv |
| [bli:və] | [bli:ʔvər] | [ble] | [bli:vənə] | [ble:vəð] | [bli:ʔ] |
| [bli:ə] | [blir] | | | [ble:əð] | |
| *become* | *becomes* | *became* | *becoming* | *become* | *become* |
| burde | bør | burde | — | burdet | — |
| [bordə] | [bör] | [bordə] | | [bordəð] | |
| *be obliged to* | *ought to* | *ought to* | — | *been obliged to* | — |
| turde | tør | turde | — | turdet | — |
| [tordə] | [tör] | [tordə] | | [tordəð] | |
| *dare* | *dare* | *dared* | — | *dared* | — |

N.B. When stressed, the present tense forms 'har', 'kan', 'må', 'bliver' and 'blev' are pronounced with a glottal stop: [ha:ʔr], [kanʔ], [må:ʔ], [bli:ʔr] and [ble:ʔ]. In everyday speech the words 'have', 'kunne', 'kan', 'skulle', 'skal', 'vil', 'blive', 'bliver', 'blev' and 'blevet' are pronounced [ha], [ku], [ka], [sgu], [sga], [ve], [bli:ə], [blir], [ble] and [ble:əð], whereas the alternative pronunciation [ha:və], [kunə], [kan], [sgulə], [sgal], [vel], [bli:və], [bli:ʔvər], [ble:ʔv] and [ble:vəð] belong to more solemn speech, or when special emphasis is needed.

It should be noticed that the past tense forms, 'kunne', 'skulle' and 'ville', are here given in the spelling authorized by the Danish Spelling Reform of 1948, according to which they are identical with the infinitive forms of these verbs. Previously the past tense forms of these verbs were spelt 'kunde', 'skulde' and 'vilde', but they were pronounced in the same way as now.

The verb 'at have' is used as an auxiliary verb for forming the perfect and pluperfect tenses of most verbs:

Jeg har været i Danmark [iə hɑr væ:rəð i danmɑrk *I have been to Denmark*

Hvis jeg havde haft min cykel... [ves iə hȧ:ðə hafd min sygəl *If I had had my bicycle...*

Han har ikke kunnet komme [han hɑr egə kunəð kɔmə *He has not been able to come*

Jeg havde ikke set ham [iə hȧ:ðə egə se:ʔt ham *I had not seen him*

The expanded tenses of all *verbs of motion*, as well as of the verbs 'at blive' and 'at begynde', are formed, however, by means of the auxiliary verb 'at være':

Hun er begyndt at læse [hun är be'gønʔt ɔ læ:sə *She has begun reading*

Han er gået [han är gå:əð *He has gone*

Vi er blevet fattige [vi är ble:əð fadiə *We have become poor*

Hvis han var kommet, var jeg blevet glad [ves han vɑr kɔməð vɑr iə ble:əð glað *If he had come I should have been happy*

Occasionally the verb 'at kunne' may have the meaning 'to know':

Han kan engelsk [han ka æŋʔəlsg *He knows English*
Hun kan ikke sine lektier [hun kanʔ egə siːnə lægʃər *She doesn't know her homework*

In Danish the main verb may sometimes be omitted after 'vil', 'skal' and 'må':

Hvor skal du hen? [voːʔr sga du hæn *Where are you going?*
Jeg vil hjem [iə ve iæmʔ *I want to go home*
Vil du med? [ve du mæð *Are you coming?*
Jeg må til London i morgen [iə må te lɔndɔn i mɔrn *I must go to London to-morrow*

The verb 'må' means either '*must*' or '*may*'. To avoid ambiguity 'må' is frequently followed by the adverb 'gerne' or 'godt' when it has the meaning of 'may':

Du må komme i morgen [du må kɔmə i mɔrn *You must come to-morrow*

Du må $\begin{cases} \text{gerne} \\ \text{godt} \end{cases}$ komme i morgen [du må $\begin{cases} \text{gärnə} \\ \text{gɔt} \end{cases}$ kɔmə i mɔrn *You may come to-morrow*

The meaning of 'may' may also be expressed by 'kan godt' or 'kan gerne':

De kan godt komme ind [di ka gɔt kɔmə enʔ *You may come in*
Det kan gerne være [de ka gärnə væːrə *That may well be*

In questions 'må' always has the meaning of 'may', whereas 'must' is normally expressed by 'skal':

Må jeg komme? [må iə kɔmə *May I come?*
Skal De gå nu? [sga di gåːʔ nu *Must you go now?*

Notice that 'vil gerne' corresponds to 'would like to':

Jeg vil gerne træffe ham [iə ve gärnə träfə ham *I would like to meet him*

The verb 'skal' has the additional meaning of 'is said to':

Han skal være meget rig [han sga væːrə maiəð riːʔg *He is said to be very rich*

The verb 'blive' means 'become', but it also has the meaning of 'is going to be' or 'will be', i.e. it is used as a kind of future tense of the verb 'at være':

Det bliver dyrt [de blir dyːʔrd *It will be expensive*

Hun bliver nok henrykt [hun blir nɔg hænrögd *I think she will be delighted*

Han bliver ti år i morgen [han blir tiːʔ åːʔr i mɔrn *He will be ten to-morrow*

In addition, the verb 'blive' also means 'stay' or 'remain', as seen from the following examples:

Han blev her i en uge [han bleːʔ här i en uːe *He stayed here for a week*

Hun blev siddende [hun ble seðənə *She remained sitting*

Finally, the verb 'blive' is used as the auxiliary verb to form the passive voice:

Huset bliver malet [huːʔsəð blir måːləð *The house is being painted*

Han blev arresteret [han ble ɑrə'steːʔrəð *He was arrested*

Notice the distinction between the use of 'være' and 'blive' with adjectives; the former denotes a state, the latter a change of state:

Han var forelsket [han vɑr fɔr'ælʔsgəð *He was in love*

Han blev forelsket [han ble fɔr'ælʔsgəð *He fell in love*

A similar difference is seen in the following phrases:

at være til [ad væːrə tel  *to exist* (cf. 'tilværelse', *existence*)
at blive til [ad bliːe tel  *to come into existence* (cf. 'tilblivelse',
'*coming into existence*', '*creation*', *etc.*)

## SPECIAL CASES OF PASSIVE VERBS

Certain Danish verbs occur only in the passive voice, e.g.
'at lykkes' [løgəs  *to succeed*; 'at mislykkes' [misløgəs  *to fail*;
'at synes' [syːnəs  *to think*; 'at længes' [læŋəs  *to long*. Their
use is illustrated by the following examples:

Det lykkedes mig at finde ham [de løgəðəs mai ɔ fenə ham
*I succeeded in finding him*

Forsøget mislykkedes [fɔr'søːʔgəð misløgəðəs  *The attempt
was unsuccessful*

Jeg synes, hun er smuk [iə syːnəs hun är smog  *I think she is
beautiful*

Han længes efter hende [han læŋəs æfdər henə  *He longs for·
her*

Other verbs have a special reflexive or reciprocal
meaning when they occur in the passive voice (the final -*s*
being a remnant of the reflexive pronoun 'sig').

Examples:

| Active voice | Passive voice |
|---|---|
| (*transitive verbs*) | (*intransitive verbs*) |
| møde [møːðə *meet* | mødes [møːðəs *meet* (*each other*) |
| slå [slåːʔ *strike, beat* | slås [slɔs *fight* (*each other*) |
| skænde [sgænə *scold* | skændes [sgænəs *quarrel* |
| se [seːʔ *see, look* | ses [seːʔs *see each other* |

Vi mødtes i Danmark [vi mødəs i danmɑrg  *We met in
Denmark*

Børnene slås [börˀnənə slɔs  *The children are fighting*
De skændes altid [di sgænəs alˀtið  *They always quarrel*
Vi ses hver uge [vi seːˀs væːˀr uːə  *We meet every week*

## REFLEXIVE VERBS

Some Danish reflexive verbs correspond to English verbs
with an intransitive meaning, e.g.:

åbne sig [åːbnə sai  *open*
bevæge sig [beˈvæːˀgə sai  *move*
forandre sig [fɔrˈanˀdrə sai  *change*
gifte sig [gifdə sai  *marry*
sætte sig [sædə sai  *sit down*
lægge sig [lægə sai  *lie down*
vaske sig [vasgə sai  *wash*

Blomsten åbner sig [blɔmˀsdən åːbnər sai  *The flower opens*
Vejret har forandret sig [væːˀrəð hɑr fɔrˈanˀdrəð sai  *The
weather has changed*
Vi vil gifte os i april [vi ve gifdə ɔs i aˈpriːˀl  *We want to get
married in April*
Du kan sætte dig her [du ka sædə dai hæːˀr  *You can sit down
here*
Jeg vil lægge mig i græsset [iə ve lægə mai i gräsəð  *I will lie
down on the grass*

## ACTIVE VERBS WITH PASSIVE MEANING

Some Danish intransitive verbs in the active voice may
correspond to English verbs in the passive voice, e.g.:

at brænde [bränə $\begin{cases} \text{(i)} & \textit{to burn} \\ \text{(ii)} & \textit{to be burned} \end{cases}$

at drukne [drognə $\begin{cases} \text{(i)} & \textit{to drown} \\ \text{(ii)} & \textit{to be drowned} \end{cases}$

Thus the sentence 'Huset brændte' [hu:ʔsəð brändə] means: *The house was burned down*, whereas the passive form 'Bogen blev brændt' [bå:ʔgən ble bränʔd] means: *Somebody burnt the book*. Similarly, the sentence 'Manden druknede' [manʔən drognəðə] means: *The man was drowned* (an accident); but 'Katten blev druknet' [kadən ble drognəð] means: *The cat was drowned* (by someone).

## COMPOUND VERBS

Many Danish compound verbs have two different forms, an inseparable and a separable form. Though related in meaning, they often differ in their use, as the inseparable form has frequently a figurative meaning, the separable form a concrete one. The following examples will illustrate this:

| *Separable form* | *Inseparable form* |
|---|---|
| stå op [sdå 'ɔp *rise, get up* | opstå [ɔbsdå:ʔ *arise, originate* |
| føre ud [fø:rə 'u:ʔð *lead out* | udføre [uðfø:ʔrə *carry out, export* |
| give ud [gi 'u:ʔð *spend* | udgive [uðgi:ʔ *publish* |

Han står op kl. 6 [han sdår 'ɔp klɔgən sægs *He gets up at 6*

Ilden opstod i laden [ilʔən ɔbsdo:ʔð i lå:ðən *The fire broke out in the barn*

Har du givet mange penge ud? [har du gi:əð maŋə pæŋə u:ʔð *Have you spent much money?*

Han har udgivet mange bøger [han har uðgi:ʔəð maŋə bø:ʔgər *He has published many books*

In other cases, compound verbs may be separated without any change of meaning, e.g.:

Jeg opgiver [iə ɔbgi:ʔr \
Jeg giver op [iə gir 'ɔp ∫ *I give up*

## WEAK VERBS WITH IRREGULARITIES

Apart from the auxiliary verbs mentioned above certain weak verbs have irregular forms. Among those following the first conjugation the verbs 'gøre', *do*, 'lægge' *lay, put*, and 'sige', *say*, should be noticed for their irregular past tense and past participle; in addition, the verb 'gøre' also has an irregular present tense: 'gør'. They are all included in the final list of irregular verbs.

The verb 'at dø', *to die*, only adds *-de* in the past tense: 'døde' [dø:ðə *died*, and as the past participle is missing the adjective 'død' [døð? *dead*, is used in its place:

Han er død [han är døð? $\begin{cases} He\ is\ dead \\ He\ has\ died \end{cases}$

Among the verbs following the second conjugation the following have an irregular past tense and past participle: bringe, *bring*; følge, *follow, accompany*; række, *hand*; smøre, *smear, oil*; spørge, *ask*; strække, *stretch*; sælge, *sell*; sætte, *set, put*; træde, *tread*; tælle, *count*; vide, *know*; vælge, *choose, elect*. The verb 'at vide' also has an irregular present tense: 'ved'. They are all included in the final list of irregular verbs.

## STRONG VERBS

In Danish, as in English, a number of the verbs which occur most frequently follow a pattern completely different from that of the normal weak verbs. These verbs should be learnt by heart, and the student is referred to the following list, in which an asterisk in front of a past participle indicates that the auxiliary verb used in the active voice is 'være' not 'have'. Verbs infrequently used are put inside brackets.

## A List of Irregular Verbs in Danish

| Infinitive | Present tense | Past tense | Past participle |
|---|---|---|---|
| bede [be:ʔ] *or* [be:ðə] *ask, pray* | beder [be:ʔr] *or* [be:ðər] | bad [bà:ʔð] | bedt [be:ʔt] |
| betyde [be'ty:ʔðə] *mean* | betyder [be'ty:ʔðər] | betød [be'tø:ʔð] | betydet [be'ty:ʔðət] |
| bide [bi:ðə] *bite* | bider [bi:ʔðər] | bed [be:ʔð] | bidt [bit] |
| binde [benə] *bind* | binder [benʔər] | bandt [banʔt] | bundet [bonəð] |
| blive [bli:ə] *become* | bliver [bli:ʔr] | blev [ble:ʔ] | *blevet [ble:əð] |
| bringe [breŋə] *bring* | bringer [breŋʔər] | bragte [bragdə] | bragt [bragd] |
| bryde [bry:ðə] *break* | bryder [bry:ʔðər] | brød [brø:ʔð] | brudt [brut] |
| burde [bordə] *(ought to)* | bør [bɔ̈r] | burde [bordə] | burdet [bordəð] |
| byde [by:ðə] *bid, offer* | byder [by:ʔðər] | bød [bø:ʔð] | budt [but] |

| Infinitive | Present tense | Past tense | Past participle |
|---|---|---|---|
| bære [bæːrə] carry, bear | bærer [bæːrː] | bar [barʔ] | båret [båːrəð] |
| drikke [dregə] drink | drikker [dregər] | drak [drɑg] | drukket [drogəð] |
| drive [driːvə] drive, be lazy | driver [driːʔvər] | drev [dreːʔv] | drevet [dreːvəð] |
| dø [døːʔ] die | dør [døːʔr] | døde [døːðə] | — |
| falde [falə] fall | falder [falʔər] | faldt [falʔd] | *faldet [faləð] |
| finde [fenə] find | finder [fenʔər] | fandt [fanʔd] | fundet [fonəð] |
| flyde [flyːðə] float | flyder [flyːʔðər] | flød [fløːʔð] | flydt [flyt] |
| flyve [flyːvə] fly | flyver [flyːʔvər] | fløj [flɔiʔ] | *fløjet [flɔiəð] |
| [fnyse] [fnyːsə] snort | [fnyser] [fnyːʔsər] | [fnøs] [fnøːʔs] | [fnyst] [fnyːʔsd] |
| fortryde [fɔrˈtryːʔðə] regret | fortryder [fɔrˈtryːʔðər] | fortrød [fɔrˈtrøːʔð] | fortrudt [fɔrˈtrut] |

| *Infinitive* | *Present tense* | *Past tense* | *Past participle* |
|---|---|---|---|
| fryse<br>[fry:sə]<br>*freeze, be cold* | fryser<br>[fry:ʔsər] | frøs<br>[frø:ʔs] | frosset<br>[frɔsəð] |
| følge<br>[følgə]<br>*follow* | følger<br>[følgər] | fulgte<br>[fuldə] | fulgt<br>[fulʔd] |
| få<br>[få:ʔ]<br>*get* | får<br>[få:ʔr] | fik<br>[feg] | fået<br>[få:əð] |
| gide<br>[gI:ðə]<br>*be bothered* | gider<br>[gI:ʔðər] | gad<br>[ga:ʔð] | gidet<br>[giðət] |
| give<br>[gi:və] *or*<br>[gi:ʔ]<br>*give* | giver<br>[gi:ʔr] | gav<br>[ga:] | givet<br>[gi:əð] |
| glide<br>[gli:ðə]<br>*glide* | glider<br>[gli:ʔðər] | gled<br>[gle:ʔð] | gledet<br>[gle:ðət] |
| gnide<br>[gni:ðə]<br>*rub* | gnider<br>[gni:ʔðər] | gned<br>[gne:ʔð] | gnedet<br>[gne:ðət] |
| gribe<br>[gri:bə]<br>*catch* | griber<br>[gri:ʔbər] | greb<br>[gre:ʔb] | grebet<br>[gre:bəð] |
| græde<br>[græ:ðə]<br>*weep, cry* | græder<br>[græ:ʔðər] | græd<br>[græ:ʔð] | grædt<br>[grät] |

| Infinitive | Present tense | Past tense | Past participle |
|---|---|---|---|
| [gyde] | [gyder] | [gød] | [gydt] |
| [gy:ðə] | [gy:ˀðər] | [gø:ˀð] | [gyt] |
| *pour* | | | |
| gyse | gyser | gøs | gyst |
| [gy:sə] | [gy:ˀsər] | [gø:ˀs] | [gy:ˀsd] |
| *shudder* | | | |
| gælde | gælder | gjaldt | gjaldt |
| [gælə] | [gælˀər] | [gialˀd] | [gialˀd] |
| *be worth* | | | |
| gøre | gør | gjorde | gjort |
| [gö:rə] | [gȫr] | [gio:rə] | [gio:ˀrd] |
| *do* | | | |
| gå | går | gik | *gået |
| [gå:ˀ] | [gå:ˀr] | [gig] | [gå:əð] |
| *walk, go* | | | |
| have | har | havde | haft |
| [hà:və] *or* | [har] | [hà:ðə] | [hafd] |
| [ha] *or* [hà:ˀ] | | | |
| *have* | | | |
| hedde | hedder | hed | heddet |
| [hedə] | [heðˀər] | [heðˀ] | [heðət] |
| *be called* | | | |
| hjælpe | hjælper | hjalp | hjulpet |
| [iælbə] | [iælˀbər] | [ialˀb] | [iolbəð] |
| *help* | | | |
| holde | holder | holdt | holdt |
| [hɔlə] | [hɔlˀər] | [hɔlˀd] | [hɔlˀd] |
| *hold* | | | |

| Infinitive | Present tense | Past tense | Past participle |
|---|---|---|---|
| hænge (intrans.) [hæŋə] *hang* | hænger [hæŋʔər] | hang [haŋʔ] | hængt [hæŋʔd] |
| knibe [kniːbə] *pinch* | kniber [kniːʔbər] | kneb [kneːʔb] | knebet [kneːbəð] |
| komme [kɔmə] *come* | kommer [kɔmʔər] | kom [kɔmʔ] | *kommet [kɔməð] |
| krybe [kryːbə] *creep* | kryber [kryːʔbər] | krøb [krøːʔb] | krøbet [krøːbəð] |
| kunne [kunə] *be able to* | kan [ka] | kunne [ku] | kunnet [kunəð] |
| lade [làːðə] *or* [la] *let* | lader [làːʔðər] *or* [lɑr] | lod [loːʔð] | ladet [làːðət] |
| le [leːʔ] *laugh* | ler [leːʔr] | lo [loːʔ] | let [leːʔd] |
| lide [liːðə] *suffer* | lider [liːʔðər] | led [leːʔð] | lidt [lit] |
| ligge [legə] *lie* | ligger [legər] | lå [làːʔ] | ligget [legəð] |

| Infinitive | Present tense | Past tense | Past participle |
|---|---|---|---|
| lyde [ly:ðə] sound | lyder [ly:ʔðər] | lød [lø:ʔð] | lydt [lyt] |
| lyve [ly:və] lie (tell lies) | lyver [ly:ʔvər] | løj [lɔiʔ] | løjet [lɔiəð] |
| lægge [lægə] lay | lægger [lægər] | lagde [là:] | lagt [lagd] |
| løbe [lø:bə] run | løber [lø:ʔbər] | løb [lø:ʔb] | løbet [lø:bəð] |
| måtte [mɔdə] have to be allowed to | må [må:ʔ] | måtte [mɔdə] | måttet [mɔdəð] |
| nyde [ny:ðə] enjoy | nyder [ny:ʔðər] | nød [nø:ʔð] | nydt [nyt] |
| nyse [ny:sə] sneeze | nyser [ny:ʔsər] | nøs [nø:ʔs] | nyst [ny:ʔsd] |
| pibe [pi:bə] squeak | piber [pi:ʔbər] | peb [pe:ʔb] | pebet [pe:bəð] |
| ride [ri:ðə] ride | rider [ri:ʔðər] | red [re:ʔð] | redet [re:ðət] |

| Infinitive | Present tense | Past tense | Past participle |
|---|---|---|---|
| rive [ri:və] tear | river [ri:ʔvər] | rev [re:ʔv] | revet [re:vəð] |
| ryge [ry:gə] smoke | ryger [ry:ʔgər] | røg [rɔiʔ] | røget [rɔiəð] |
| række [rägə] pass, hand | rækker [rägər] | rakte ⌊ragdə⌋ | rakt ⌊ragd⌋ |
| se [se:ʔ] see, look | ser [se:ʔr] | så [så:ʔ] | set [se:ʔd] |
| sidde [seðə] sit | sidder [seðʔər] | sad [sà:ʔð] | siddet [seðət] |
| sige [si:ə] say, tell | siger [si:ər] | sagde [sà:] | sagt [sagd] |
| skrige [sgri:ə] scream | skriger [sgri:ʔər] | skreg [sgraiʔ] | skreget [sgraiəð] |
| skrive [sgri:və] write | skriver [sgri:ʔvər] | skrev [sgre:ʔv] | skrevet [sgre:vəð] |
| skulle [sgulə] or [sgu] be obliged to | skal [sgal] or [sga] | skulle [sgulə] or [sgu] | skullet [sguləð] |

125

| _Infinitive_ | _Present tense_ | _Past tense_ | _Past participle_ |
|---|---|---|---|
| skyde | skyder | skød | skudt |
| [sgy:ðə] | [sgy:ʔðər] | [sgø:ʔð] | [sgut]  &#124; |
| _shoot_ | | | |
| skære | skærer | skar | skåret |
| [sgæ:rə] | [sgæ:r:] | [sgɑrʔ] | [sgå:rəð] |
| _cut_ | | | |
| slibe | sliber | sleb | slebet |
| [sli:bə] | [sli:ʔbər] | [sle:ʔb] | [sle:bəð] |
| _grind_ | | | |
| slide | slider | sled | slidt |
| [sli:ðə] | [sli:ʔðər] | [sle:ʔð] | [slit] |
| _toil, wear_ | | | |
| slippe | slipper | slap | sluppet |
| [slebə] | [slebər] | [slab] | [slobəð] |
| _let go_ | | | |
| slå | slår | slog | slået |
| [slå:ʔ] | [slå:ʔr] | [slo:ʔ] | [slå:əð] |
| _strike, beat_ | | | |
| smide | smider | smed | smidt |
| [smi:ðə] | [smi:ʔðər] | [sme:ʔð] | [smit] |
| _throw_ | | | |
| smøre | smører | smurte | smurt |
| [smö:rə] | [smö:r:] | [smordə] | [smo:ʔrd] |
| _smear, oil_ | | | |
| snyde | snyder | snød | snydt |
| [sny:ðə] | [sny:ʔðər] | [snø:ʔð] | [snyt] |
| _cheat_ | | | |
| sove | sover | sov | sovet |
| [sɔuə] | [sɔuʔər] | [sɔuʔ] | [sɔuəð] |
| _sleep_ | | | |

| Infinitive | Present tense | Past tense | Past participle |
|---|---|---|---|
| spinde [sbenə] spin | spinder [sbenʔər] | spandt [sbanʔd] | spundet [sbonəð] |
| springe [sbreŋə] spring, jump | springer [sbreŋʔər] | sprang [sbraŋʔ] | sprunget [sbroŋəð] |
| spørge [sbʒrə] ask | spørger [sbʒrʔ] | spurgte [sbordə] | spurgt [sbor ʔd] |
| stige [sdi:ə] rise, ascend | stiger [sdi:ʔər] | steg [sde:ʔg] | *steget [sde:gəð] |
| stikke [sdegə] prick, stab | stikker [sdegər] | stak [sdag] | stukket [sdogəð] |
| stjæle [sdiæ:lə] steal | stjæler [sdiæ:ʔlər] | stjal [sdià:ʔl] | stjålet [sdiɔləð] |
| stryge [sdry:ə] stroke, iron | stryger [sdry:ʔər] | strøg [sdrɔiʔ] | strøget [sdrɔiəð] |
| strække [sdrägə] stretch | strækker [sdrägər] | strakte [sdragdə] | strakt [sdragd] |
| stå [sdå:ʔ] stand | står [sdå:ʔr] | stod [sdo:ʔð] | stået [sdå:əð] |
| sværge [svärgə] swear | sværger [svärgər] | svor [svo:ʔr] | svoret [svo:rəð] |

| Infinitive | Present tense | Past tense | Past participle |
|---|---|---|---|
| synge [søŋə] sing | synger [søŋ?ər] | sang [saŋ?] | sunget [soŋəð] |
| synke [søŋgə] sink, swallow | synker [søŋ?gər] | sank [saŋ?g] | sunket [soŋgəð] |
| sælge [sælgə] sell | sælger [sæl?gər] | solgte [sɔldə] | solgt [sɔl?d] |
| sætte [sædə] set, put | sætter [sædər] | satte [sadə] | sat [sat] |
| tage [tà:gə] or [ta] or [tà:?] take | tager [tɑr?] | tog [to:?] | taget [tà:əð] |
| tie [ti:ə] be silent | tier [ti:ər] | tav [tau?] | tiet [ti:əð] |
| træde [træ:ðə] tread, step | træder [træ:?ðər] | trådte [trɔdə] | trådt [trɔt] |
| træffe [träfə] meet, hit | træffer [träfər] | traf [traf] | truffet [trofəð] |
| trække [trägə] draw | trækker [trägər] | trak [trɑg] | trukket [trogəð] |

128

| Infinitive | Present tense | Past tense | Past participle |
|---|---|---|---|
| turde [tordə] dare | tør [tör] | turde [tordə] | turdet [tordəð] |
| tvinge [tveŋə] compel, force | tvinger [tveŋʔər] | tvang [tvaŋʔ] | tvunget [tvoŋəð] |
| tælle [tælə] count | tæller [tælər] | talte [taldə] | talt [talʔd] |
| vide [viːðə] know | ved [veːʔð] | vidste [vesdə] | vidst [vesd] |
| [ vige ] [viːgə] retreat, give away | [ viger ] [viːʔgər] | [ veg ] [veːʔg] | [ veget ] [veːgəð] |
| ville [velə] be willing to | vil [vel] or [ve] | ville [velə] | villet [veləð] |
| vinde [venə] win | vinder [venʔər] | vandt [vanʔd] | vundet [vonəð] |
| vælge [vælgə] choose, elect | vælger [vælgər] | valgte [valdə] | valgt [valʔd] |
| være [væːrə] be | er [är] | var [var] | været [væːrəð] |

## A

*Substitute the past tense for the present tense in the following sentences:*

1. Jeg beder ham om nogle penge.

2. Hunden bider hende.
3. Hun bringer mig en stol.
4. Han drikker meget te.
5. Du finder ikke cyklen.
6. Får De Deres penge?
7. Han gider ikke arbejde.
8. Giver du hende bøgerne?
9. Børnene græder.
10. Hvad gør du?
11. Vi går hen til skolen.
12. Jeg har en hund, der kommer, når man kalder.
13. Kan De se huset?
14. Hun ler, mens hun sidder og ser på ham.
15. Vi må ikke høre det.
16. Han ligger i sengen og ryger.
17. Hun siger, at han skal komme, men han kommer ikke.
18. Han lyver og stjæler, siger hun.
19. Hun vil tvinge ham til at tale, men han tier.
20. Han spørger hende, om hun tør være alene.

## B

*In the following sentences substitute the past participle for the italicized infinitives given in brackets:*

1. Hunden var (*binde*) til et træ.
2. Drengen har (*bringe*) mig bogen.
3. Katten har (*drikke*) al mælken.
4. Vi har ikke (*finde*) bogen.
5. Storken er (*flyve*) til Afrika.
6. Pigen har (*gribe*) bolden.
7. Hvad har han (*sige*), at du har (*gøre*)?
8. Han har (*lyve*) og (*stjæle*).
9. Hun har (*hjælpe*) ham.
10. Har De (*lægge*) bøgerne i vinduet?
11. Han havde (*ryge*) alle cigaretterne.
12. De burde have (*sige*) sandheden.
13. Hvis hun ikke havde (*skrive*), havde hun (*måtte*) telefonere.

14. Han har (*skære*) sig i fingeren.
15. Katten er (*springe*) op på bordet.
16. Hun har (*spørge*) mig, om jeg har (*sælge*) huset.
17. Han har (*sværge*) på, at han ikke har (*vide*) det.
18. Hvornår har De (*træffe*) hende?
19. Hun har (*tage*) koppen og (*sætte*) den på bordet.
20. Han har (*være*) inde og (*tælle*) sine penge.

## C

*Translate the following sentences into Danish:*

1. I succeeded in doing it.
2. He longed for her.
3. The two boys were fighting.
4. The children are always quarrelling.
5. They met in London.
6. He sat down.
7. The children must wash every morning.
8. He did not shave today.
9. All the furniture was burned.
10. The dog has died.
11. May I come in?
12. You must not take that book.
13. You may sit down on that chair.
14. She is said to be very beautiful.
15. I should like to see that man.
16. He said that I could come if I wanted to.
17. They asked me if I knew that the boy had run home.
18. He will get what he wants.
19. When I asked her if she had lied, she was silent.
20. He came running after me.

## 8. CONJUNCTIONS

The following are co-ordinating conjunctions, i.e. they are used to join words or sentences of equal value:

og [ɔu] or [ɔ *and*
både...og [bɔ̊ːðə...ɔu *both...and*
såvel...som [sɔ'væl...sɔm *as well...as*

eller [ælər *or*

enten...eller [ændən...ælər *either...or*

hverken...eller [värgən...ælər *neither...nor*

men [mæn *but*

for [fɔr *for*

thi [ti *for*

ikke $\begin{cases} \text{bare} \\ \text{blot} \end{cases}$ ...men også [egə $\begin{cases} \text{bɑːrə} \\ \text{blɔd} \end{cases}$ ...mæn ɔsə *not only...*
*but also*

dels...dels [deːʔls...deːʔls *partly...partly*

snart...snart [snɑrʔd...snɑrʔd *now...now*

Notice that in Danish it is considered correct to use such constructions as: både...og...og; hverken...eller...eller:

Hun er både smuk og charmerende og intelligent [hun är båːðə smog ɔ ʃɑrˈmeːʔrənə ɔ enteliˈgænʔd *She is beautiful and charming as well as intelligent*

The conjunctions 'både' and 'hverken' are often placed in front of the past participle:

Jeg har hverken set ham eller hende [iə hɑr värgən seːʔt ham ælər henə *I have seen neither him nor her*

Otherwise the use of the above conjunctions is the same as in English.

The following are subordinating conjunctions, i.e. they introduce subordinate clauses:

1. *Temporal Conjunctions*

da [da *when*

når [når *when*

idet [iˈde *as*

nårsomhelst [nåːʔrsɔmhælʔsd *whenever*

før [fö:ʔr ⎫
                ⎬ *before*
førend [fö:ʔrən ⎭

inden [enən  *before*

så ofte som [sɔ 'ɔfdə sɔm  *as often as*

så snart som [sɔ 'snɑːʔrd sɔm  *as soon as*

så længe som [sɔ 'læɲe sɔm  *as long as*

efter at [æfdər a  *after*

siden [siːðən  *since*

lige siden [liːə siːðən  *ever since*

medens [mɛːʔðəns ⎫
                        ⎪
mens [mænʔs            ⎬ *while*
                        ⎪
imens [i'mænʔs         ⎭

indtil [enʔtel ⎫
                    ⎬ *until*
til [tel] or [te ⎭

Notice that the temporal conjunction 'da' has the meaning, 'on the (single) occasion when', whereas 'når' has the meaning 'whenever', or, 'on every occasion when':

Han løb, da han så mig [han løːʔb da han såːʔ mai  *He ran when he saw me*

Han løb, når han så mig [han løːʔb når han såːʔ mai  *He ran whenever he saw me*

This rule applies when 'da' or 'når' are used about past events. About future events only 'når' can be used:

Jeg siger det til ham, når han kommer [iə siːər de te ham når han kɔmʔər  *I'll tell him when he comes*

'idet' is very often used in cases where a present participle would be used in English:

Hun sagde, idet hun lo... [hun såː i'de hun loːʔ  *Laughing, she said...*

The conjunctions 'før' (and the alternative form

'førend') and 'inden' are often used indiscriminately, but after a negative 'før' (or 'førend') is usually preferred. Notice the expression 'ikke før', which means 'not until':

Han kan ikke komme før søndag [han ka egə kɔmə föːʔr sönʔda *He cannot come until Sunday*

The conjunctions 'mens' and 'imens' are used indiscriminately, but the longer form 'medens' is hardly ever used in colloquial Danish.

The conjunctions 'til' and 'indtil' are used indiscriminately.

### 2. *Causal Conjunctions*

da [da   *as, since*
fordi [fɔr'diːʔ   *because*
eftersom [æfdərsɔm   *as, since*
siden [siːðən   *since*
idet [i'de   *as*

The conjunction 'eftersom' is very rarely used in the spoken language.

### 3. *Conditional Conjunctions*

dersom [därsɔm   *if*
hvis [ves   *if*
såfremt [sɔ'främʔd   *provided*
ifald [i'falʔ   *in case*
når [når   *if*
med mindre [mæ'mendrə   *unless*
forudsat at [fɔruðsat a   *provided that*
(hvis) bare [baːrə ⎫
(hvis) blot [blɔt  ⎭ *if only*

The conjunction 'dersom' is used far less (and rarely in colloquial language) than 'hvis'; 'når', which is primarily used as a temporal conjunction, may occasionally be used as a conditional conjunction.

'bare' (or 'hvis bare') is used more frequently than 'blot' (or 'hvis blot'):

Bare han kommer, bliver jeg glad [bɑːrə han kɔmˀər blir iə glað *If only he will come, I shall be happy.*

When a conditional clause is followed by a principal clause, the latter is often introduced by the word 'så' [sɔ], meaning 'then'. The 'så' is much more usual in Danish than 'then' in English:

Hvis du ikke kommer, så bliver jeg vred [ves du egə kɔmˀər sɔ blir iə vreːˀð *If you don't come I shall be angry*

### 4. Concessive Conjunctions

selvom [sælˀɔm *even though*
omend [ɔmˈæn *even though*
uagtet [uˈagdəð *even though*
skønt [sgönˀd ⎱
endskønt [enˈsgönˀd ⎰ *although, though*
ihvorvel [ivɔrˈvæl *although, though*
trods det at [trɔs de a ⎱
til trods for at [te trɔs fɔr a ⎰ *in spite of (the fact that)*
hvor...end [vɔr...æn *however*
hvadenten...eller [vaˈændən...ælər *whether...or*

While the conjunctions 'selvom' and 'skønt' belong to everyday language, the conjunctions 'omend', 'uagtet', 'endskønt' and 'ihvorvel' are hardly ever used in the spoken language, and they mainly belong to 'kancellistilen', i.e. official Civil Service Style.

### 5. *Interrogative Conjunctions*

om [ɔm *whether, if*
hvorvidt [vɔr'vit *whether*

'hvorvidt' is Civil Service Style, and hardly ever used in the spoken language. 'om' is used to introduce a noun clause.

Han spurgte, om jeg kom [han sbordə ɔm iə kɔmˀ *He asked if I came*

It is important to notice that in such cases the conditional conjunction 'hvis' cannot be used.

### 6. *Conjunctions of Purpose*

for at [fɔr a *in order that, that, so that*
for at...ikke [fɔr a...egə *lest, so that...not*
så at [sɔ a *so that*

### 7. *Consecutive Conjunctions*

så at [sɔ a]
så...at [sɔ a] } *so that*
så [sɔ]

The two particles are sometimes used together and sometimes split up:

Han løb, så (at) han blev helt forpustet [han lø:ˀb sɔ (a) han ble he:ˀld fɔr'pusdəð *He ran so that he was quite breathless*

Han løb så stærkt, at han nåede toget [han lø:ˀb sɔ sdärgd a han nå:əðə tå:ˀgəð *He ran so fast that he caught the train*

## 8. *The Conjunction 'at'*

at [a *that*

This conjunction introduces noun clauses. Like the conjunction 'that' in English, it may sometimes be omitted, though less frequently:

Han sagde, (at) han ville komme [han sà: (a) han velə kɔmə *He said (that) he would come*

### 9. *Conjunctions of Comparison*

som [sɔm *as* (in the sense of manner)
som om [sɔm 'ɔm *as if*
ligesom [lisɔm *as if*
lige som om [lisɔm ɔmˀ *as if*
lige...som [liːə...sɔm *(just) as...as*
så...som [sɔ...sɔm *as...as, (not) so...as*

alt eftersom [alˀd æfdərsɔm ⎱ *as* (in the sense of time),
efterhånden som [æfdərˈhɔnˀən sɔm ⎰ *according as*

jo...desto [io...desdo ⎱ *the...the*
jo...des [io...des ⎰ *the...the*

The use of these conjunctions is illustrated by the following examples:

Du skal gøre, som jeg siger [du sga göːr sɔm iə siːər *You must do as I say*

Hun ser ud, som om hun var tyve [hun ser 'uːˀð sɔm ɔmˀ hun var tyːvə *She looks as if she were twenty*

Du skal gøre ligesom jeg [du sga göːr lisɔm iai *You must do like me*

Han taler dansk, ligesom om han var dansker [han tàlər danˀsg lisɔm ɔmˀ han var dansgər *He speaks Danish as if he were a Dane*

137

Han er lige så stor som sin broder [han är li sɔ sdoːʔr sɔm sin broːr *He is just as tall as his brother*

Han er ikke så gammel som jeg [han är egə sɔ gaməl sɔm iai *He is not so old as I am*

Han spiller bedre fodbold, efterhånden som tiden går [han sbelər bæðrə foðbɔlʔd æfdərˈhɔnʔən sɔm tiːʔðən gåːʔr *He plays better football as time goes on*

Jo mere han arbejder, desto mere lærer han [io meːrə han arbaiʔdər desdo meːrə læːrː han *The more he works, the more he learns*

Notice that the particle 'som' is sometimes omitted in 'så...som':

Han løb så hurtigt han kunne [han løːʔb sɔ hordid han kunə *He ran as fast as he could*

Så længe du bor her... [sɔ læŋə du boːʔr hæːʔr *As long as you live here...*

## EXERCISE 8

*Translate the following sentences into Danish:*

1. He sold both the house and the garden.
2. Either you or I must do it.
3. I have seen neither him nor his friend.
4. She is young and beautiful, but not intelligent.
5. He remembered her; for he was a very old man.
6. The garden is not only big, but also beautiful.
7. They were partly English, partly Danish.
8. Now it rains, now the sun shines.
9. It was dark when I came.
10. It was always raining when I was there.
11. I'll pay you the money when I see you tomorrow.
12. When the shop opened I went in.
13. He cut himself as he was shaving.
14. You must do it whenever you can.

15. I knew him before I had seen him.
16. Come into the house as soon as you are ready (*parat*).
17. The boys cannot come in as long as they quarrel.
18. After I first met him we became friends.
19. It is two months since I saw her.
20. We ought to speak Danish while you are here.
21. He slept until they called him.
22. As you have asked me to tell you the story I'll do it.
23. He did it because he thought it was best.
24. You must write to me if you cannot come.
25. They asked me if I could come.
26. You must not do it unless you want to.
27. I should tell her, if only she were here.
28. I hope I shall enjoy the film, even though it is long.
29. I enjoyed the film, although it was long.
30. I shall come whether you like it or not.
31. He went to Denmark, in spite of the fact that he had very little money.
32. She is so beautiful that everybody looks at her.
33. He laughed so that he could not stop (*holde op*).
34. My friends wrote that I ought to come to Denmark.
35. The older he grows the more forgetful (*glemsom*) he becomes.
36. She is as old as I thought.
37. Her sister is not so old as I thought.
38. Do as you wish!
39. I cannot do it unless you help me.
40. She cried, just as if she were a little child.

## 9. PREPOSITIONS

To give a mere list of all the Danish prepositions, with English equivalents for each of them, is futile, since the use of prepositions varies so much from one country to another.

To take an example: the English preposition 'in' frequently corresponds to the Danish preposition 'i'; but this does not apply to such constructions as 'in a week' (Danish: '*om* en uge'), 'in the street' (Danish: '*på* gaden'), 'in the reign of King John' (Danish: '*under* kong Johans regering'), 'in my opinion' (Danish: '*efter* min mening'), 'up in the North' (Danish: 'oppe *mod* Nord'), 'a man in a top hat' (Danish: 'en mand *med* høj hat'), 'in memory of' (Danish: '*til* minde om'), etc.

The correct use of the prepositions can only be learnt through practice, but examples may give an illustration of their use.

The most important Danish prepositions are listed below, in their alphabetical order, and for each preposition is given (*a*) the most important English equivalents, (*b*) examples illustrating their principal use, and (*c*) special idioms. Also compound prepositions will be found in this list: thus 'i stedet for', *instead of*, will be found under the preposition 'i', and 'bortset fra', *apart from*, under 'fra'.

## Ad [að] *or* [a]

(Compounds: hen ad, henad, op ad, ned ad, ind ad)

(1) *along, down, up*

Han gik hen ad vejen, *He walked along the road*
Bilen kørte op ad bakken, *The car drove up the hill*
Han faldt ned ad trappen, *He fell down the stairs*

(2) *towards* (time)

Klokken var henad to, *It was towards two o'clock*
Henad aften standsede regnen, *The rain stopped towards evening*

(3) *at*

Han lo ad mig, *He laughed at me*
Slangen hvæsede ad hende, *The snake hissed at her*

(4) *by*

Han kom ind ad bagdøren, *He entered by the back door*

Jeg kom ad den nye vej, *I came by the new road*

IDIOMS

een ad gangen, *one at a time*

ind ad det ene øre og ud af det andet, *in at one ear, out at the other*

## Af [a]

(Compounds: ud af, af frygt for, etc.)

(1) *of* (origin, material, possession, identity, etc.)

en ring af guld, *a ring of gold*

kød af mit kød, *flesh of my flesh*

ejeren af huset, *the owner of the house*

en af os, *one of us*

Det var pænt af dig, *It was good of you*

Kongen af Danmark, *the King of Denmark*

Fuglen fløj ud af vinduet, *The bird flew out of the window*

(2) *by* (with passive constructions; or originator, means of subsistence, etc.)

Det forstås af alle, *It is understood by everybody*

en roman af Dickens, *a novel by Dickens*

Han lever af sin pen, *He lives by his pen*

Han er dansk af fødsel, *He is Danish by birth*

(3) *from* (source or derivation)

Jeg har købt det af en skotte, *I (have) bought it from a Scot*

Han har lært det af sin far, *He has learnt it from his father*

Hun lider af hovedpine, *She suffers from headache*

(4) *for* (reason)

Hun dansede af glæde, *She danced for joy*

af den grund, *for that reason*

af frygt for straf, *for fear of punishment*

(5) *with* (derivation or origin)

Han var bleg af frygt, *He was pale with fear*

Hun var stiv af kulde, *She was stiff with cold*

(6) *out of*

i ni af ti tilfælde, *in nine cases out of ten*

(7) *off*

Han skrabede malingen af båden, *He scraped the paint off the boat*

## Angående [aŋgå:ʔənə]

*concerning, regarding, respecting, with reference to*

Angående Deres forespørgsel af 2. ds., *With reference to your inquiry of the 2nd inst.*

## Bag [bà:ʔg] *or* Bagved [bà:ʔgveð]

(1) *behind*

Han skjulte sig bagved et træ, *He hid behind a tree*

Det skete bag min ryg, *It was done behind my back*

(2) *at the rear of*

bygningen bagved kirken, *the building at the rear of the church*

(3) *at the bottom of* (symbolically)

Der ligger noget bagved dette, *There is something at the bottom of this*

## Blandt [blanʔd] *or* Iblandt [i'blanʔd]

(1) *among, amongst*

Du er blandt venner, *You are among friends*

Jeg fandt brevet blandt mine papirer, *I found the letter amongst my papers*

blandt andet, *amongst other things, inter alia*

(2) *amid, amidst*

en rose blandt nælder, *a rose amidst nettles*

Efter [æfdər]

(Compounds: bag efter, næst efter, etc.)

(1) *after* ( place, rank, number, time, etc.)

Luk døren efter dig! *Shut the door after you!*

dag efter dag, *day after day*

Frederik IX blev konge efter Christian X, *Frederik IX became king after Christian X*

efter fransk skik, *after the French manner*

(2) *for* (intention)

Hun gik til købmanden efter smør, *She went to the grocer's for butter*

Han så efter sin cykel, *He looked for his bicycle*

Han skrev hjem efter penge, *He wrote home for money*

Han længtes efter hende, *He longed for her*

(3) *at* (aim)

De kastede sten efter hunden, *They threw stones at the dog*

Han skød efter træet, *He aimed at the tree*

(4) *according to, from*

efter hvad jeg har hørt, *from what I have heard*

efter min smag, *to my taste*

IDIOMS

efter alt at dømme, *to all appearances*

efter min mening, *in my opinion*

Det må bedømmes efter resultaterne, *It must be judged by the results*

efter mit råd, *on my advice*

næst efter, *next to*
bag efter, *behind*
Han kom dagen efter, *He came the following day*

## For [fɔr]

(Compounds: for...skyld, for...siden, oven for,
neden for, etc.)

(1) *for*

Vil du betale for mig? *Will you pay for me?*
Jeg betalte 10 kr. for det, *I paid 10 kroner for it*
Han kæmpede for sit land, *He fought for his country*
Hun åbnede døren for mig, *She opened the door for me*
Det er nok for mig, *That is enough for me*
Tak for din hjælp! *Thank you for your help!*
Han taler for hurtigt for mig, *He speaks too fast for me*
Det er sørgeligt for os, *It is sad for us*
Han gjorde det for min skyld, *He did it for my sake*

(2) *to*

Han åbnede døren for mig, *He opened the door to me*
Han løj for mig, *He lied to me*
Han knælede for hende, *He knelt to her*
Det var en overraskelse for ham, *It was a surprise to him*
Det var meget behageligt for mig, *It was very pleasant to me*
Jeg foretrækker te for kaffe, *I prefer tea to coffee*

(3) *from*

Du har hemmeligheder for mig, *You have secrets from me*
Han skjulte det for hende, *He hid it from her*

IDIOMS

for en uge siden, *a week ago*
i stedet for mig, *instead of me*

oven for huset, *above the house*
neden for bakken, *at the foot of the hill*
syd for Roskilde, *south of Roskilde*

(Cf. also 'inden for', 'uden for' and 'over for' below.)

## Foran [fɔran]

(1) *in front of*

Han er lige foran dig, *He is just in front of you*
De mødtes foran huset, *They met in front of the house*

(2) *before*

Han har hele livet foran sig, *His whole life is before him*

(3) *ahead of*

Cambridge er tre længder foran Oxford, *Cambridge are
three lengths ahead of Oxford*

## Forbi [fɔr'biːʔ]

*by, past*

Han gik forbi mig, *He walked by me*
Vi gik forbi en kirke, *We went past a church*
Lykken er gået mig forbi, *Fortune has passed me by*

## Fra [frɑ]

(Compound: bortset fra)

(1) *from*

Jeg fik et brev fra min ven, *I had a letter from my friend*
Han er fra København, *He is from Copenhagen*
Han gik fra hus til hus, *He went from house to house*
bortset fra, *apart from*

(2) *off*

Vinden blæser fra land, *The wind blows off the land*
Hold dig fra pengelånere! *Keep away from money-lenders!*

IDIOMS

inden en uge fra den dato, *within a week of that date*
fra tid til anden, *at times*
Gå ikke fra mig! *Don't leave me!*
Han er fra forstanden, *He is mad*

## Før [fö:ʔr]

(1) *before*

Han kom før middag, *He came before dinner*
Jeg så det før du, *I saw it before you*

(2) *until, till* (after a negative)

Han kom ikke før kl. 2, *He did not arrive until 2 o'clock*
Jeg kan ikke gøre det før i morgen, *I cannot do it till to-morrow*

## Gennem [gænəm] *or* Igennem [i'gænəm]

(1) *through*

Han gik gennem skoven, *He walked through the forest*
Det blev solgt gennem en forhandler, *It was sold through an agent*
Jeg har hørt det gennem min søster, *I have heard it through my sister*

(2) *throughout*

gennem hele livet, *throughout one's life*

(3) *at*

Han så ind gennem vinduet, *He looked in at the window*

## Hinsides [hi:ʔnsi:ðəs]

*beyond*

hinsides graven, *beyond the grave*

## Hos [hos]

(1) *with*

Hun bor hos sin tante, *She lives with her aunt*

Kom og spis middag hos os i morgen, *Come and dine with us to-morrow*

(2) *at*

Jeg mødte hende hos Hansens, *I met her at the Hansens*

Vi mødes hos mig i aften, *We'll meet at my home (in my room, etc.) to-night*

(3) *by*

Kom og sid hos mig! *Come and sit by me!*

Jeg bliver hos dig, *I'll stay by you*

(4) *about*

Har du nogen penge hos (*or* på) dig? *Have you any money about you?*

(5) *to* (employment, etc.)

Hun er hofdame hos dronningen, *She is lady-in-waiting to the Queen*

Han er sekretær hos statsministeren, *He is secretary to the Prime Minister*

(6) *among*

Det er en skik hos eskimoerne, *It is a custom among the Eskimos*

It may be useful to remember that in most cases 'hos' corresponds to French 'chez'.

## I [i]

(Compounds: inde i, ind i, i det mindste, i sammenligning med, i stedet for, i tilfælde af, i modsætning til, i overensstemmelse med, i kraft af, i mangel af, i løbet af, etc.)

(1) *in*

Han bor i Danmark, *He lives in Denmark*

i virkeligheden, *in reality*

aldrig i livet, *never in my life*

Han er inde i huset, *He is in the house*

De er i kirke, *They are in church*

(2) *into*

Han gik ind i huset, *He went into the house*

Hunden sprang ned i båden, *The dog jumped into the boat*

Hun gik ud i haven, *She went into the garden*

De kom i samtale, *They got into conversation*

Du må tage det i betragtning, *You must take it into consideration*

(3) *at*

De bor i nr. 5, *They live at No. 5*

Drengen er i skole, *The boy is at school*

Hun bor i Richmond, *She lives at Richmond*

i dette øjeblik, *at this moment*

i en alder af 25 år, *at the age of 25 years*

i det mindste, *at least*

i alle tilfælde, *or*, i hvert fald, *at any rate, at all events*

(4) *on*

et mærkeligt udtryk i ansigtet, *a strange look on his face*

tale i telefon, *speak on the telephone*

(5) *for* (time)

Hun har været her i en uge, *She has been here for a week*

Jeg har kendt ham i mange år, *I have known him for many years*

(6) *during*

Hun har forandret sig i de sidste par dage, *She has changed during the last few days*

148

IDIOMS

i går, *yesterday*

i forgårs, *the day before yesterday*

i morges, *this morning*

i går morges, *yesterday morning*

i aftes ⎫
i går aftes ⎭ *last night*

i aften, *to-night*

i morgen, *to-morrow*

i dag, *to-day*

i nat, *last night*, or, *to-night*

i overmorgen, *the day after to-morrow*

i søndags, mandags, etc., *last Sunday, Monday, etc.*

i år, *this year*

i vinter, *this winter*

i sammenligning med, *in comparison with*

i stedet for, *instead of*

i tilfælde af, *in case of*

i modsætning til, *in contrast to*

i overensstemmelse med, *in agreement with*

i kraft af, *by virtue of, thanks to*

i mangel af, *for want of*

i løbet af en uge, *within a week*

Han blev forelsket i hende, *He fell in love with her*

Klokken er ti minutter i eet, *It is ten minutes to one*

Drengen går i skole, *The boy goes to school*

Han går i seng, *He goes to bed*

80 km i timen, *50 miles per hour*

## Ifølge [i'følgə]

(1) *according to*

ifølge hans oplysninger, *according to his information*

Han er et geni, ifølge sin mor, *He is a genius, according to his mother*

(2) *by*

Han har ret til det ifølge loven, *He is entitled to it by law*

(3) *as per*

ifølge faktura, *as per invoice*

## Imellem [i'mæləm] *or* Mellem [mæləm]

(1) *between*

De delte udgifterne mellem sig, *The expense was divided between them*

Det skete mellem to og tre om natten, *It happened between two and three in the morning*

(2) *among*

De delte udgifterne mellem sig, *The expense was divided among them*

Mellem venner bør der ikke være hemmeligheder, *Among friends there should be no secrets*

IDIOMS

en gang imellem, *once in a while*

alt imellem himmel og jord, *everything under the sun*

## Imod [i'mo:ʔð] *or* Mod [mo:ʔð]

(1) *against*

Alle var imod ham, *Everybody was against him*

Han protesterede imod det, *He protested against it*

Hun stødte hovedet imod muren, *She hit her head against the wall*

(2) *towards*

Han kom hen imod os, *He came towards us*

Hun pegede mod øst, *She pointed towards the East*

(3) *to* (towards)

Han pegede mod døren, *He pointed to the door*

Hun er god imod mig, *She is kind to me*

Jeg er taknemmelig imod hende, *I am grateful to her*

(4) *contrary to*

Hun handlede imod mine ønsker, *She acted contrary to my wishes*

(5) *from*

Han forsvarede dem mod deres fjender, *He defended them from their enemies*

IDIOMS

oppe mod nord, *up in the North*

Har De noget imod det? *Do you mind?*

mod betaling af 10 kr., *on payment of 10 kroner*

## Inden [enən]

*before*

Jeg rejser inden sommerferien, *I shall go away before the summer holidays*

Han kommer ikke inden jul, *He won't come before Christmas*

## Inden for [enən fɔr]

(1) *inside*

lige inden for døren, *just inside the door*

Vi cr inden for byens mure, *We are inside the town walls*

(2) *within*

inden for rækkevidde, *within reach*

inden for en uge, *within a week*

## Indtil [enʔtel] *or* Til [tel]

*until, till*

De arbejdede indtil middag, *They worked until noon*

Han bliver her til næste uge, *He'll stay here till next week*

Langs [laŋˀs] *or* Langs med [laŋˀs mæ]

*along, alongside*

langs kysten, *along the coast*

Der er træer langs med vejen, *There are trees alongside the road*

Med [mæð] *or* [mæ]

(Compounds: sammen med, med hensyn til)

(1) *with*

med eller uden penge, *with or without money*

Jeg skar det med en kniv, *I cut it with a knife*

Jeg er tilfreds med det, *I am satisfied with it*

sammen med, *together with*

(2) *by*

at tage med tog (bil, båd, sporvogn, o.s.v.), *to go by train (car, boat, tram, etc.)*

Brevet gik med luftpost, *The letter went by air*

55 divideret med 5 er 11, *55 divided by 5 is 11*

Hvad mener du med det? *What do you mean by that?*

(3) *to*

Han er gift med hende, *He is married to her*

Må jeg tale med Dem? *May I speak to you?*

IDIOMS

med hensyn til, *regarding*

Hunden logrede med halen, *The dog wagged its tail*

Jeg gjorde det med vilje, *I did it on purpose*

med tiden, *in course of time*

en mand med høj hat, *a man in a top hat*

Jeg har medlidenhed med hende, *I feel pity for her*

Vil du med? *Are you coming?*

Jeg talte med hende, *I spoke to her*

### Nær [næ:ʔr] or Nærved [næ:ʔrveð]

(1) *near*

Kom mig ikke nær, *Don't come near me*
Vi var nærved huset, *We were near the house*
Hun var nærved at græde, *She nearly cried*

(2) *close*

Han var helt nær ved hende, *He was quite close to her*

### Om [ɔm]

(1) *about*

Fortæl mig om det, *Tell me about it*
en bog om arkitektur, *a book about architecture*
Hun ville høre om Askepot, *She wanted to hear about Cinderella*

(2) *of*

Har du hørt noget nyt om ham? *Have you heard any news of him?*
Hun minder mig om min søster, *She reminds me of my sister*
min mening om ham, *my opinion of him*
Jeg drømte om hende, *I dreamt of her*

(3) *on*

en bog om Kierkegaard, *a book on Kierkegaard*
min mening om det emne, *my ideas on that subject*

(4) *over*

De skændtes om den sag, *They quarrelled over that matter*

(5) *for*

Han bad om et glas vand, *He asked for a glass of water*
De spillede om penge, *They played for money*

(6) *in* (time)

Han kommer om en uge, *He'll come in a week*

Jeg står tidligt op om morgenen, *I get up early in the morning*

De kommer om en halv time, *They'll arrive in half an hour*

Det er varmt om sommeren, *It is warm in the summer*

IDIOMS

Jeg er hjemme om søndagen, *I am at home on Sundays*

Han gik om hjørnet, *He went round the corner*

tre gange om dagen, *three times a day*

100 kr. om ugen, *100 kroner a week*

## Omkring [ɔm'kreŋ]

(1) *round*

Jorden bevæger sig omkring solen, *The earth moves round the sun*

Der er vand omkring byen, *There is water round the town*

(2) *about*

i engene omkring Cambridge, *in the meadows about Cambridge*

Han kommer omkring halv ti, *He'll come about 9.30*

## Over [ɔuʔər]

(1) *over*

Han sprang over gærdet, *He jumped over the fence*

Han er over 80 år, *He is over 80 years old*

Hun regerer over landet, *She reigns over the country*

(2) *above*

Lampen er over døren, *The lamp is above the door*

Det er lige over dit hoved, *It is just above your head*

(3) *across*

Han gik over vejen (broen, o.s.v.), *He went across the road (bridge, etc.)*

(4) *past*

Klokken er ti minutter over otte, *It is ten past eight*
Han er over halvtreds, *He is past fifty*

IDIOMS

et kort over Danmark, *a map of Denmark*
Det går over min forstand, *It is beyond me*
Han rejste over Harwich, *He travelled via Harwich*
Han klagede over hende, *He complained about her*
Han blev her natten over, *He stayed here overnight*

## Over for [ɔuˀər fɔr]

(1) *opposite to*

De bor lige over for os, *They live right opposite to us*
Han sad over for hende, *He sat opposite to her*

(2) *towards, to*

Han opførte sig ikke pænt over for mig, *He did not behave nicely to me*
Man har pligter over for sin næste, *One has duties towards one's neighbour*

## På [på]

(Compounds: på grund af, på. . .vegne, oven på)

(1) *on, upon*

Lampen er på bordet, *The lamp is on the table*
De må komme på fredag, *You must come on Friday*
Vi er født på samme dag, *We were born on the same day*
De bor på en ø, *They live on an island*

(2) *in*

Jeg mødte ham på gaden, *I met him in the street*
Han bor på landet, *He lives in the country*
Han kom tidligt på dagen, *He came early in the day*
stjernerne på himlen, *the stars in the sky*

Han tror på spøgelser, *He believes in ghosts*
Bogen er på dansk, *The book is in Danish*
Jeg gjorde det på fem minutter, *I did it in five minutes*

(3) *at*

Napoleon døde på St. Helena, *Napoleon died at St Helena*
Han er på kontoret, *He is at the office*
på det tidspunkt, *at that time*
Hun så på mig, *She looked at me*
Han bankede på døren, *He knocked at the door*

(4) *to*

som svar på Deres brev, *in reply to your letter*

(5) *for*

Jeg venter på hans svar, *I am waiting for his reply*
Vi håber på det bedste, *We hope for the best*
Han ringede på tjeneren, *He rang for the waiter*

(6) *of*

et brev på to sider, *a letter of two pages*
beviser på venskab, *proofs of friendship*
en familie på seks, *a family of six*

IDIOMS

Pas på Deres smykker! *Look after your jewels!*
Pas på malingen! *Wet Paint!*
Pas på hovedet! *Mind your head!*
Hun rystede på hovedet, *She shook her head*
Jeg har ingen penge på mig, *I have no money on me*
De ligger på landet, *They spend their holidays in the country*
på grund af, *on account of, because of*
Han gjorde det på mine vegne, *He did it on my behalf*
Han satte sig oven på kufferten, *He sat down on top of the suit-case*

Hun er vred på mig, *She is angry with me*
Jeg stoler på Dem, *I trust you*

## Til [tel] *or* [te]
### (Compound: til minde om)

(1) *to*

Han rejste til England, *He went to England*
Han kom hen til mig, *He came over to me*
Jeg skrev til min ven, *I wrote to my friend*
Han betalte pengene til mig, *He paid the money to me*

(2) *for*

Der er et brev til dig, *There is a letter for you*
Hvad skal vi have til middag? *What shall we have for dinner?*
Han samler stof til en bog, *He is collecting material for a book*
Middagen er fastsat til kl. 8, *The dinner is fixed for 8 p.m.*
Huset er til salg, *The house is for sale*

(3) *into*

Vandet blev til vin, *The water was turned into wine*
Han lavede frakken om til en jakke, *He altered the coat into a jacket*
Hun oversatte bogen til dansk, *She translated the book into Danish*

(4) *at*

Han solgte huset til en lav pris, *He sold the house at a low price*
Vasen er vurderet til 100 kr., *The vase is valued at 100 kr.*

(5) *until, till*

(See the prepositions 'indtil' and 'til' above.)

157

IDIOMS

    til sommer, *next summer*
    til næste år, *next year*
    til hest, *on horseback*
    nu til morgen, *this morning*
    Jeg har ikke råd til det, *I cannot afford it*
    til minde om min far, *in memory of my father*
    Han ankom til England, *He arrived in England*
    Han spurgte mig til råds, *He asked for my advice*
    Skibet gik til bunds, *The ship sank*
    Drengen vil til søs, *The boy wants to become a sailor*
    Han slog sig til blods, *He slashed himself so that the blood came*
    til lands og til vands, *by land and by sea*
    Jeg havde hende til bords, *I sat next to her at table*
    Han gik til sengs, *He went to bed*

### Trods [trɔs] *or* Til trods for [te 'trɔs fɔr]

*in spite of, notwithstanding*

    Jeg tager afsted trods regnen, *I shall go notwithstanding the rain*
    Til trods for sin alder foretog hun lange rejser, *In spite of her age she made long journeys*
    trods alt, *in spite of everything*

### Uden [uːðən]

(1) *without*

    Han er uden venner, *He is without friends*
    uden tvivl, *without doubt*, no doubt
    prøve uden værdi, *sample of no value*
    uden videre, *without further ado*

(2) *beyond*

    uden sammenligning, *beyond comparison*

Uden for [uːðən fɔr]; ud for [uːʔð fɔr]

(1) *outside*

Han bor uden for byen, *He lives outside the town*

(2) *out of*

Han er uden for fare, *He is out of danger*

(3) *off*

ud for den skotske kyst, *off the Scottish coast*

Under [onʔər]

(1) *under, underneath*

Hunden ligger under bordet, *The dog lies under the table*

Vi sejlede under broen, *We sailed under the bridge*

jorden under vores fødder, *the ground under our feet*

Landet var under fremmed styre, *The country was under foreign rule*

Han vil ikke sælge det under 100 kr., *He will not sell it under 100 kroner*

(2) *beneath*

Det er under hans værdighed, *It is beneath his dignity*

(3) *below*

lige under snegrænsen, *just below the snow-line*

Barometret stod under 74, *The barometer stood below 29*

(4) *during*

under krigen, *during the war*

Det skete under besættelsen, *It happened during the Occupation*

(5) *in, amid, pending*

Han levede under kong Johans regering, *He lived in the reign of King John*

Han talte under bifald fra mængden, *He spoke amid cheers from the crowd*

under fredsforhandlingerne, *pending the peace negotiations*

## Undtagen [ɔn'tɑ:ʔgən]

(1) *except, save*

alle undtagen een, *all except one*

Hun læser alt undtagen poesi, *She reads everything except poetry*

(2) *but*

Hvem kunne have gjort det undtagen han? *Who could have done it but he?*

## Ved [veð] *or* [ve]

(Compounds: ved hjælp af, ved siden af)

(1) *by* (place, means and time)

Han sad ved kaminen, *He sat by the fire-place*

Huset lå ved vejen, *The house stood by the road-side*

Han læste ved gaslys, *He read by gas-light*

Jeg sværger ved alt, hvad der er helligt, *I swear by all that is sacred*

ved denne tid, *by this time*

(2) *at* (place and time)

Han blev standset ved grænsen, *He was stopped at the frontier*

Slaget stod ved Hastings, *The battle raged at Hastings*

Jeg var tilstede ved brylluppet, *I was present at the wedding*

ved daggry, *at daybreak*

ved første øjekast, *at first sight*

(3) *on*

Newcastle ligger ved Tyne, *Newcastle is situated on the Tyne*

ved Rivieraen, *on the Riviera*

ved hans ankomst til Danmark, *on his arrival in Denmark*

ved min faders død, *on the death of my father*

ved denne lejlighed, *on this occasion*

ved nærmere eftertanke, *on second thoughts*

(4) *to*

Han holdt fast ved mit ben, *He held on to my leg*

(5) *in*

Ved undersøgelsen af papirerne glemte jeg..., *In examining the papers I forgot to...*

Hun omkom ved en bilulykke, *She was killed in a motor accident*

(6) *about*

ved femtiden, *about five o'clock*

Der er noget mærkeligt ved det, *There is something strange about it*

IDIOMS

Han sad ved siden af mig, *He sat next to me*

Han er ved bevidsthed, *He is conscious*

Jeg var glad ved at se hende, *I was happy to see her*

Hun er ved at læse en bog, *She is reading a book*

Jeg fandt stedet ved hjælp af et kort, *I found the place by means of a map*

## EXERCISE 9

### A

*Supply the missing prepositions in the following sentences:*

1. Bogen er — dansk.
2. Han sidder — bordet.
3. Jeg skriver — en pen.
4. Drengen er — skole.
5. Hun skrev — mig — dansk.
6. Han så ikke — hende.
7. Bordet er — træ.

8. Rejser De snart — Danmark?
9. Vi tager — bil — London.
10. Jeg skriver — dig — fredag.
11. Hvem taler hun —?
12. Hvad taler de —?
13. Du må ikke være vred — mig.
14. Jeg kunne ikke komme — aftes, men jeg kommer — aften.
15. Han boede her — fjorten dage.
16. Han rejser — en uge.
17. Han tjener £2 — dagen.
18. Han bad — sine penge.
19. Jeg tror ikke —, hvad De siger.
20. Har du råd — at købe en billet — mig?
21. Han gik — seng kl. 10.
22. Der er varmt oppe — mig.
23. Jeg talte — ham — hans ankomst.
24. Han bor — sine forældre.
25. De ligger — landet — sommeren.

## B

*Translate the following sentences into Danish:*

1. He drove down the new road.
2. I read a book by Georg Brandes on Ludvig Holberg.
3. Are you angry with me?
4. I'm longing for a letter from you.
5. In my opinion it was a surprise to him.
6. Don't laugh at me!
7. An hour ago she walked past the house.
8. I cannot come until to-morrow.
9. Come and have (*drik*) tea at my place.
10. The dog ran into the wood.
11. The old lady is at church to-day.
12. At this moment she is speaking on the telephone.
13. I have not seen him for two days.
14. She fell in love with the young man.
15. I am very grateful to you.

16. They went by car instead of by tram.
17. She is married to him.
18. I shall go (*tager*) to Denmark in two months.
19. He was here last Saturday, and he will also come next Saturday.
20. They meet at my house on Sundays.
21. He gets £10 a week.
22. It is past nine o'clock.
23. You must behave nicely to her.
24. Is the book in Danish or in English?
25. I read the book in two days.
26. I shall see her in half an hour.
27. I have known her for a long time.
28. At that time she rang for the maid (*pigen*).
29. Don't look at me now!
30. I am looking for my dog.
31. Is that bicycle for sale?
32. I cannot afford to buy flowers at 2*s*. each (*stykket*).
33. He was on horseback last Sunday.
34. This happened during the last war.
35. On my arrival he was not conscious.
36. I was glad to hear you say that.
37. Two days ago she dined with us.
38. I saw him in the street the day before yesterday.
39. I have only seen him once in a while.
40. He went across the road and walked towards me.
41. I have nothing against him.
42. He wanted to speak to me.
43. Tell me about your friend.
44. May I ask for a cigarette?
45. I shall knock at the door in a minute.
46. We were waiting for the car.
47. Come and sit next to me by the fire.
48. His sister's portrait was painted by an artist (*kunstner*).
49. It is a quarter to eight.
50. Next summer the boy will go to school.

## 10. INTERJECTIONS

The most important Danish interjections are:

ah! [aː *ah!* (suggesting pleasure)

aha! [a'hɑː *oho!*

ak! [ak *oh! ah! alas!*

av! [auʔ *ow! outch!*

fy! [fy *shame! for shame!*

hallo! [ha'lo *hullo!*

halløj! [ha'lɔi *hi!*

hej! [hai *hi!*

hurra! [hu'rɑː *hurrah! hooray!*

hyp! [hyp *gee-up!*

ih! [iː *oh!*

javel! [ia'væl *all right! I see!*

javist! [ia'vesd *yes, of course*

nå! [nɔ *Oh! I see!*

ork! [ɔrk *oh!*

schys! [sʃː *hush!*

såeh? [sɔ *indeed?*

uha! [uha *huh! how horrid!*

vips! [vebs *hey presto!*

øv! [öu *pooh!*

å! åh! [ɔː *oh!*

It should be noticed that the interjections 'Nå!' and 'Såeh?' are very common in conversation, and especially the word 'Nå' may suggest a variety of feelings, or it may be completely non-committal, according to the intonation given to it.

The words 'ja' and 'nej' are often used as interjections with meanings completely different from 'yes' and 'no'. A long-drawn 'ja' [iàː]—occasionally spelt 'jah'—usually corresponds to English 'well', and 'nej' may often be used as an exclamation of surprise.

Examples:

Jah, det ved jeg virkelig ikke [iàː de veʔ iə virgəli egə *Well, I really don't know*

Nej, hvor er hun smuk [naiʔ vɔr är hun smog *Oh, how beautiful she is*

## 11. WORD ORDER

### I. WORD ORDER IN PRINCIPAL CLAUSES

### A. *Normal word order*

The normal word order in Danish principal clauses is:

SUBJECT + VERB + ADVERB + OBJECT

+ OTHER PARTS OF CLAUSE

Examples:

Jeg så ikke manden på gaden i går, *I did not see the man in the street yesterday*

Han har aldrig læst den bog, *He has never read that book*

If there is an indirect object, it is usually placed in front of the direct object, e.g.:

Jeg gav ikke drengen bogen, *I did not give the boy the book*

This word order is also used in sentences where both objects are pronouns (which is not the case in English), e.g.:

Han gav ham den, *He gave it him*

If the object, whether direct or indirect, is a pronoun, it is usually placed in front of the adverb, e.g.:

Jeg så ham ikke på gaden i går, *I did not see him in the street yesterday*

Jeg gav ham ikke bogen, *I did not give him the book*

Jeg gav ham den ikke, *I did not give it him*

A construction like the English 'He often visits me' (in which the adverb is placed between the subject and the verb) is impossible in principal clauses in Danish, except those opening with 'mon' (*I wonder*), 'gid' (*I wish*), 'bare' or 'blot' (both meaning *If only*).

Examples:

Han besøger mig ofte, *He often visits me*
Man kan aldrig vide, *You never can tell*

BUT: Mon han ikke kommer? *I wonder if he is not coming?*
Gid jeg aldrig havde sagt det, *I wish I had never said so*
Bare hun ikke er syg, *I hope she isn't ill*
Blot de ikke ser det, *I hope they won't see it*

In compound tenses the adverb is usually placed between the auxiliary verb and the main verb, e.g.:

Han har ikke taget pengene, *He has not taken the money*
Hun er vist gået ud i haven, *She has probably gone into the garden*

## B. *Inversion*

In some principal clauses inversion takes place, i.e. the verb precedes the subject. This happens in the following cases:

(i) When a sentence opens with some other member of the clause than the subject (or a conjunction), a construction which is used very frequently in Danish for special emphasis (cf. such English constructions as, 'Hardly had I arrived, when...'), e.g.:

I går så jeg ham på gaden, *Yesterday I saw him in the street*

If a principal clause is preceded by a subordinate clause, inversion will also occur, e.g.:

Da jeg kom hjem, mødte jeg hende, *When I got home I met her*

Inversion also takes place if a principal clause is preceded by a quotation, or direct speech, e.g.:

'God aften!' sagde han, *'Good evening!' he said*

The following examples of normal word order and inversion will illustrate the use of inversion in Danish:

| *Normal word-order* | *Inversion* |
|---|---|
| Han bor her, *He lives here* | Her bor han, *He lives here* |
| Jeg tror det, *I think so* | Det tror jeg, *I think so* |
| Han kan ikke skrive, *He cannot write* | Skrive kan han ikke, *He cannot write* |
| Hun skriver ikke breve, *She does not write any letters* | Breve skriver hun ikke, *She does not write any letters* |
| Hun kaldte: 'Peter!' *She called, 'Peter!'* | 'Peter!' kaldte hun, '*Peter!*' *she called* |
| Jeg har ofte set hende, *I have often seén her* | Ofte har jeg set hende, *I have often seen her* |
| Hvem så hende? *Who saw her?* | Hvem så hun? *Whom did she see?* |
| Vi har nok af mad, *We have plenty of food* | Mad har vi nok af, *We have plenty of food* |

Inversion is *not* used in sentences beginning with the words 'mon', 'gid', 'bare' or 'blot', e.g.:

Mon han kommer? *I wonder if he will come?*
Gid han kom! *I wish he would come!*
Bare (blot) du kunne træffe ham! *I wish you could meet him!*

(ii) Inversion is used in all interrogative sentences where the subject is not an interrogative pronoun, e.g.:

> Kommer han i dag? *Will he come to-day?*
> Har du læst bogen? *Have you read the book?*
> Bor han her? *Does he live here?*

Notice that in Danish there is no auxiliary verb corresponding to the English 'do' in formulating questions.

(iii) Inversion may occasionally be used in sentences where the verb is in the imperative, e.g.:

> Gå du kun! *You just go!*
> Pas du dig selv! *Mind your own business!*

(iv) In some of the few phrases in which the subjunctive has survived, inversion may alternate with normal word order, e.g.:

Kongen leve!⎱
Leve kongen!⎰ *Long live the King!*

Din vilje ske!⎱
Ske din vilje!⎰ *Thy will be done!*

In sentences with inversion the adverb is usually placed immediately after the subject, e.g.:

Har du aldrig læst bogen? *Have you never read the book?*
Hvorfor kommer hun ikke? *Why does she not come?*
Nu læser vi ofte dansk, *Now we often read Danish*

If the object, whether direct or indirect, is a pronoun, it is usually placed in front of the adverb, e.g.:

I går så jeg ham ikke på gaden, *Yesterday I did not see him in the street*

Bogen gav jeg ham ikke, *I did not give him the book*

Derfor gav jeg ham den ikke, *Therefore I did not give it him*

## II. WORD ORDER IN SUBORDINATE CLAUSES

### A. *Normal word order*

The normal word order in subordinate clauses in Danish is:

CONJUNCTION (or⎱
INTERROGATIVE ⎰ + SUBJECT + ADVERB + VERB + OBJECT
PRONOUN) + OTHER PARTS OF CLAUSE

Examples:

(Han sagde), at han sædvanligvis spiste frokost kl. 12, *(He said) that he lunched usually at 12*

(Han spurgte), om jeg ikke så ham på gaden i går, *(He asked me) if I did not see him in the street yesterday*

Da jeg ikke kendte hans adresse, (kunne jeg ikke skrive til ham), *As I did not know his address (I could not write to him)*

As in principal clauses an indirect object is placed before the direct object, e.g.:

(Han spurgte), om jeg ikke gav ham bogen, (*He asked*) *if I did not give him the book*

Not only adverbs proper but most adverbial members of a subordinate clause are placed between the subject and the verb, as the following examples will illustrate:

Hvis du aldrig har været i Danmark, (bør du snart rejse dertil), *If you have never been in Denmark (you ought to go there soon)*

Når De en gang i næste måned kommer hertil, (må De besøge os), *When you come here sometime next month (you must visit us)*

(Han spørger), hvor du nu bor, (*He asks*) *where you are living now*

(Han rejste), efter at han i lang tid havde opholdt sig i landet, (*He went away*) *after having stayed in the country for a long time*

Hvis du en dag har tid, (så send mig et brev), *If you have time one day (then send me a letter)*

Some adverbs of place, such as 'her' and 'der', are usually placed after the verb, e.g.:

Da han havde været der en uge, (rejste han hjem), *When he had been there for a week (he went home)*

Hvis jeg havde boet her, (havde jeg set ham), *If I had lived here (I should have seen him)*

## B. *Exceptions from normal word order*

(i) Sentences beginning with 'at', expressing indirect speech, may have *either* the normal word order of subordinate clauses *or* that of principal clauses, e.g.:

(Han siger), { at han ikke kan komme<br>at han kan ikke komme } *(He says) that he<br>cannot come*

(Hun fortalte { at hun nu var færdig<br>mig), { at hun var færdig nu } *(She told me) that she<br>had finished now*

(Han sagde), { at han ikke vidste det<br>at det vidste han ikke<br>at han vidste det ikke } *(He said) that he did<br>not know*

(ii) Conditional clauses in which the conditional conjunction has been omitted have the word order of principal clauses with inversion (cf. English 'Had I known this...'), e.g.:

Havde jeg set ham, (ville jeg have kaldt på dig), *If I had seen him (I should have called you)*

Kan du gøre det, (bliver jeg glad), *If you can do it I shall be happy*

Kommer han ikke, (må du skrive til ham), *If he does not come (you must write to him)*

Har du lyst, (så må du gerne), *(You may) if you want to*

Var du gået, (ville jeg være blevet vred på dig), *If you had left I should have been angry with you*

### III. THE PLACE OF PREPOSITIONS

As in English, a preposition may be placed at the end of a sentence (principal or subordinate) in questions, relative clauses, and interrogative clauses, e.g.:

Hvad ser du på? *What are you looking at?*

Det er den mand, jeg fortalte dig om, *It is the man I told you about*

Han spurgte, hvad jeg tænkte på, *He asked me what I was thinking of*

Unlike in English, this rule also applies when the sentence begins with the word, or words, governed by the preposition, e.g.:

Det har jeg ikke hørt noget om, *I haven't heard anything about that*

Den slags bøger interesserer jeg mig ikke for, *I am not interested in such books*

Ham har jeg ikke hørt fra i mange år, *I have not heard from him for many years*

### IV. THE PLACE OF ADJECTIVES

An adjective is normally placed before the noun it qualifies and after the article, e.g.:

en ung mand, *a young man*

This also applies in cases where the word order is different in English, e.g.:

en halv time, *half an hour*
det halve beløb, *half the amount*
det dobbelte beløb, *double the amount*

It should be noticed, however, that the word 'hel' may frequently appear in the definite form 'hele' without any article, e.g.:

hele dagen, *the whole day*
hele huset, *the whole house*

Also the word 'al' (neuter 'alt', plural 'alle') and 'begge' occur in front of a definite noun, e.g.:

> al maden, *all the food;* alle bøgerne, *all the books*
> begge børnene, *both children*

The words 'så' plus adjective, 'sådan', and 'alt for' plus adjective, may occasionally be placed before the indefinite article, e.g.:

> så god en dreng⎫
> *or* en så god dreng⎭ *such a good boy*
>
> sådan et hus ⎫
> *or* et sådant hus⎭ *such a house*
>
> alt for kedelig en bog⎫
> *or* en alt for kedelig bog⎭ *too boring a book*

In some stock phrases a genitive noun is inserted between the indefinite article and the noun, e.g.:

> et Herrens vejr, *awful weather*
> de Pokkers unger, *those dratted kids*
> en sorgens dag, *a day of sorrow*

N.B. The phenomenon known as 'adjectival incapsulation' may be found in official language. This 'Civil Service Style', which copies a German construction, should not be imitated by the foreign student. The following sentence may serve as an example:

Det til fordeling i skolerne nødvendige antal eksemplarer af nærværende cirkulære vedlægges, *Please find enclosed the number of copies of this circular letter necessary for distribution among schools*

The above sentence could be re-cast in much better Danish in the following form:

Hermed vedlægges det antal eksemplarer af dette cirkulære, som er nødvendigt til fordeling i skolerne.

# EXERCISE 10

## A

*Change the following sentences by placing the italicized words at the beginning:*

1. De taler engelsk *i England.*
2. Jeg taler dansk, *når jeg er i Danmark.*
3. Hun kan ikke læse, *når hun hører radio.*
4. Du får ikke *de penge, han gav mig.*
5. Hun spurgte: '*Kommer De snart?*'
6. Jeg svarede: '*Ja, nu kommer jeg.*'
7. Ude i haven lå *hunden.*
8. Det tror *jeg* ikke.
9. Ham giver *jeg* ikke penge.
10. På gaden er *der* mange mennesker.
11. Hun er ikke *inde i huset.*
12. Jeg var i Tyskland *for et år siden.*
13. Nu må *du* komme.
14. Om natten er *det* mørkt.
15. Du må komme nu, *hvis du vil se det.*

## B

*Turn the following statements into questions:*

1. Han er ude i haven.
2. Bogen ligger på bordet.
3. Hun svarer ikke.
4. Hunden er løbet væk.
5. Den unge mand bor ikke i Danmark.

## C

*Turn the following sentences into negative statements:*

1. Jeg fik brev fra ham.
2. Vi har boet her i mange år.
3. Jeg gav hende en pakke.
4. Hun gav mig den tilbage.

5. Mon han har læst brevet?
6. Bare jeg havde set det!
7. Han har kunnet læse mit brev.
8. Hun har været i Danmark.
9. På fredag kommer jeg til London.
10. Hvorfor ser du på mig?

## D

*Translate the following sentences into Danish:*

1. He does not live here.
2. Where did you see him?
3. How old is she?
4. 'Now you must go', she said.
5. I often met him in the street.
6. He never lied to me.
7. Yesterday he came over to my house.
8. As I had never seen him I did not know his name.
9. He asked me if I had often seen him.
10. He said that he could not read the letter.
11. If you have never been to Denmark you ought to go there (*tage dertil*) soon.
12. I wish he would not sell the house.
13. If you don't like him, why don't you leave him?
14. As he cannot come I must go to London.
15. She said that she did not like the book.
16. She did not like the book, she said.
17. If I had not heard it I would not have believed it.
18. Is he not coming?
19. If you had asked me I could have told you that she was not here.
20. He said that he could not stay here the whole day.

## 12. WORD FORMATION

### NOUNS

Many Danish nouns are derived from other nouns by means of endings, such as *-dom* (common gender), *-skab* (neuter), *-eri* (neuter), and *-er* (common gender).

Examples:

> barn*dom* [bɑrndɔmˀ *childhood*
> ven*skab* [vænsgàːˀb *friendship*
> ty*veri* [tyvəˈriː? *theft*
> englænd*er* [æŋˌlænˀər *Englishman*

The ending *-ling* (common gender) is usually a diminutive ending, e.g.:

> gæs*ling* [gæsleŋ *gosling* (cf. 'gås', *goose*)
> æl*ling* [æleŋ *duckling* (cf. 'and', *duck*)
> mands*ling* [manˀsleŋ *little man*

The feminine endings are *-inde* or *-ske*, and for proper names *-ine*.

Examples:

> lærer*inde* [læːrˈenə *woman teacher*
> englænder*inde* [æŋˌlænərˈenə *Englishwoman*
> syer*ske* [syˀərsgə *seamstress*
> arbejder*ske* [ɑrbaiˀdərsgə *female worker*
> Hans*ine* [hanˈsiːnə *(Proper name)*

It should be noticed, however, that the female ending *-inde* may sometimes imply that the female person holds a position (e.g. 'lærer*inde*'), at other times that she is the wife of somebody holding a position (e.g. 'professor*inde*' [proˈfæsorˈenə *the wife of a professor*).

Nouns may also frequently be derived from adjectives,

especially by means of the endings -*de*, -*me*, -*e*, -*hed*, -*skab*, -*dom*, -*ling*, and -*else*.

Examples:

høj*de* [hɔiˀdə  *height*
səd*me* [søðmə  *sweetness*
vre*de* [vre:ðə  *anger*
skøn*hed* [sgönhe:ˀð  *beauty*
doven*skab* [dɔuənskà:ˀb  *laziness*
ung*dom* [oɳdɔmˀ  *youth*
yng*ling* [øɳleɳ  *young person, youth* (cf. 'ung', *young*)
tykk*else* [tygəlsə  *thickness* (cf. 'tyk', *thick*)

Nouns are frequently derived from verbs, either by using the stem of the verb (i.e. the imperative form) as a noun, or by means of such endings as -*en*, -*st*, -*ing*, -*ning*, -*ads*, -*er*, -*else*, -*eri*, and -*ling*.

Examples:

løb [lø:ˀb  *race*
råb*en* [rå:bən  *shouting*
fang*st* [faɳˀsd  *catch*
bland*ing* [blaneɳ  *mixture*
rid*ning* [riðneɳ  *riding*
sejl*ads* [sai'là:ˀs  *sailing*
mal*er* [mà:lər  *painter*
begynd*else* [be'gønˀəlsə  *beginning*
mal*eri* [mà:lə'ri:ˀ  *painting, picture*
lær*ling* [lærleɳ  *apprentice*

Occasionally nouns may be derived from numerals, e.g.

Har du en ti*er*? [hɑ:ˀr du en ti:ˀər  *Have you got a 10 krone note?*

Syver*en* standser her [syuˀərən sdansər hæ:ˀr  *Tram no. 7 stops here*

## ADJECTIVES

Adjectives may be derived from various other word classes
by means of such endings as -*lig*, -*som*, -*ig*, -*agtig*, -*sk*, -*en*,
-*et*, -*isk* and -*vorn*.

Examples:

hus*lig* [ˈhusli  *domestic*
blå*lig* [ˈblɔli  *bluish*
en*som* [ˈeːnsɔmˀ  *lonely*
mistænk*som* [misˈtæŋˀgsɔmˀ  *suspicious* (cf. 'mistænke', *suspect*)
kraft*ig* [ˈkrɑfdi  *powerful*
lyd*ig* [ˈlyːði  *obedient*
barn*agtig* [bɑrnˈagdi  *childish*
engel*sk* [ˈæŋˀəlsg  *English*
uld*en* [ˈulən  *woollen*
gnav*en* [ˈgnàːvən  *irritable*
støv*et* [ˈsdøːvəð  *dusty*
dyr*isk* [ˈdyːˀrisg  *beastly*
slik*vorn* [ˈslegvɔrˀn  *fond of sweets*

## VERBS

Many verbs are derived from other words, with or without
endings.

Examples:

at land*e* [ˈlanə  *to land*
at afsked*ige* [ˈauskeːˀðiə  *to dismiss, discharge*
at rens*e* [ˈränsə  *to clean*
at fotograf*ere* [fodogrɑˈfeːˀrə  *to photograph*
at mørk*ne* [ˈmörgnə  *to darken, get darker*
at sn*e* [ˈsneːˀ  *to snow*
at pudr*e* sig [ˈpuðrə sai  *to powder oneself* (cf. 'pudder', *powder*)

## ADVERBS

Adverbs may be derived from other adverbs, or from adjectives, nouns, etc., by means of endings, especially the endings *-t*, *-s*, and *-vis*.

Examples:

> smuk*t* [smͻgd *beautifully*
> god*t* [gͻt *well*
> halvvej*s* [halvaiʔs *halfway*
> hundred*vis* [hunrəðviːʔs *by the hundred*
> mulig*vis* [muːliviːʔs *possibly*

### DANISH PREFIXES

Among the prefixes which occur most frequently in the Danish language are *be-*, *er-*, *for-*, and *und-*. These are all of German origin (cf. German: *be-*, *er-*, *ver-*, and *ent-*), and the three first-mentioned are always unstressed.

Examples:

> *be*søg [be'søːʔg *visit*
> *er*obre [e'roːʔbrə *conquer*
> *for*kert [fͻr'keːʔrd *wrong*
> *und*skylde [onsgylʔə *apologize, excuse*

These prefixes have no separate meaning, but there is another prefix 'for-' (always stressed) which means 'front-' or 'fore-', e.g.:

> fortand [fͻrtanʔ *front tooth*
> fordel [fͻrdeːʔl *advantage*

The prefixes *u-*, *mis-*, and *van-* correspond to the English prefixes *un-*, *mis-*, *dis-*, *in-*, and *im-*, e.g.:

> *u*mulig [u'muːʔli *impossible*
> *u*menneskelig [u'mænəsgəli *inhuman*

*mis*forstå [misfɔrsdå:ʔ  *misunderstand*
*mis*tanke [mistaŋgə  *suspicion*
*van*vittig [vanvidi  *mad*
*van*ære [vanæ:rə  *dishonour*

## COMPOUND WORDS

Danish is particularly rich in compound words, and the component parts are usually joined together without any hyphen, e.g.:

læsebog [læ:səbå:ʔg  *reading book, reader*
skolestue [sgo:ləsdu:ə  *school room*
fysiklærer [fy'siklæ:r:  *physics master*
landmand [lanmanʔ  *farmer*
overanstrengt [ɔuəransdräŋʔd  *overworked*
bevidstløs [be'vesdlø:ʔs  *unconscious*
godtroende [goðtro:ʔənə  *credulous*
hvidmalet [viðmå:ʔləð  *painted white*
trekantet [trekanʔdəð  *triangular*
overtage [ɔuərtå:ʔ  *take over*
nedbryde [neðbry:ʔðə  *break down*
sommetider [sɔməti:ðər  *sometimes*
efterhånden [æfdər'hɔnʔən  *gradually, by degrees*

Often there is a connecting link, especially *-s* or *-e* between the two component parts (relics of old case-endings), e.g.:

land*s*mand [lansmanʔ  *fellow countryman*
arbejd*s*løn [ɑrbaidslönʔ  *wage*
ild*e*brand [iləbranʔ  *fire*
land*e*grænse [lanəgränsə  *border*
jul*e*træ [iu:lətræ:ʔ  *Christmas tree*

Several compound nouns end in -*tøj* (not identical with the word 'tøj' meaning '*cloth*' or '*clothes*'). This word no longer appears independently; it has the general meaning of 'things', e.g.:

> legetøj [laiətɔi  *toys*
> sytøj [sytɔi  *sewing things*
> køkkentøj [køgəntɔi  *kitchen utensils*
> utøj [utɔi  *vermin*

Compounds may often consist of more than two component parts, e.g.:

spisebordsstol [sbiːsəborsdoːʔl  *chair for a dining table*

arbejdsløshedsunderstøttelse [arbaidsløsheðsonərsdødəlsə  *unemployment benefit*

Kunstindustrimusæum [konsdendu'sdrimu'sæom  *Museum of Applied Art*

In compound nouns normally only the last element of the noun is inflected, but some of the compounds the first element of which is 'bonde-' or 'barne-' may also inflect the first element in the plural.

Examples:

Sing.: bondemand [bonəmanʔ  *peasant*; Plur.: bondemænd [bonəmænʔ]

Sing.: bondeven [bonəvæn  *peasants' friend*; Plur.: bonde-venner [bonəvænər]

Sing.: barnepige [barnəpiːə  *nurse*; Plur.: barnepiger [barnəpiːər]

BUT:

Sing.: bondekarl [bonəkàːʔl  *farm hand*; Plur.: bønderkarle [bønʔərkàːlə], *or*, bondekarle [bonəkàːlə]

Sing.: bondegård [bonəgåːʔr  *farm*; Plur.: bøndergårde bønʔərgåːrə], *or*, bondegårde [bonəgåːrə]

Sing.: bondepige [bonəpiːə *peasant girl*; Plur.: bønderpiger [bønˀərpiːər], *or*, bondepiger [bonəpiːər]

Sing.: barnebarn [barnəbarˀn *grandchild*; Plur.: børnebørn [börnəbörˀn]

## EXERCISE 11

### A

*By means of a dictionary give the female equivalent of each of the following nouns:*

(a) *denoting female profession:*

1. forstander.
2. sygeplejer.
3. maler.
4. kunstner.
5. skuespiller.
6. danser.
7. fabriksarbejder.
8. forfatter.

(b) *denoting married to a man of the male profession:*

9. konsul.
10. biskop.
11. godsejer.
12. greve.
13. baron.
14. hertug.
15. prins.

### B

*By means of a dictionary give nouns corresponding to each of the following verbs:*

1. vide.
2. tænke.
3. lyve.
4. bede.
5. bryde.
6. arbejde.
7. forstå.
8. give.
9. sælge.
10. bære.
11. gøre.
12. se.
13. overbevise.
14. gentage.
15. more.

### C

*By means of a dictionary give the verb corresponding to each of the following nouns:*

1. frier.
2. gråd.
3. spøgelse.
4. gang.
5. frygt.
6. sorg.
7. glæde.
8. division.
9. forræder.
10. forargelse.
11. gensyn.
12. slag.
13. liv.
14. død.
15. spådom.

## D

*By means of a dictionary give an adjective derived from each of the following words:*

| | | |
|---|---|---|
| 1. hus. | 5. styrke. | 8. matematik. |
| 2. tro. | 6. ungdom. | 9. moral. |
| 3. farve. | 7. sørge. | 10. flid. |
| 4. kunstner. | | |

## E

*Make at least ten compounds by adding together the following words:*

skrive dreng skole pige bog bord stol lærer læse barn.

# PART IV

## USEFUL WORDS AND GENERAL INFORMATION

---

### 1. SPECIAL IDIOMS

#### GREETINGS

Goddag [go'dà:ʔ  *How do you do?*

Farvel [fɑr'væl  *Good-bye!*

Velkommen [vælkɔmʔən  *Welcome!*

God morgen [go 'mɔrn  *Good morning!*

God aften [go 'afdən  *Good evening!*

God nat [go 'nat  *Good night!*

Farvel så længe [fɑr'væl sɔ læŋə  *So long!*

På gensyn [på gænsy:ʔn  *Au revoir! See you later!*

Hav det godt [hà:ʔ de gɔt]   There is no English equivalent of this farewell, expressing the hope that the other person may 'be all right'.

God rejse [go:ʔ raisə  *Bon voyage!*

#### EXPRESSIONS OF THANKS

Tak [tak  *Thanks, thank you!*

Tak skal $\left\{ \begin{matrix} du \\ De \end{matrix} \right\}$ have [tak sga $\left\{ \begin{matrix} du \\ di \end{matrix} \right\}$ hà:ʔ  *Thank you!*

Mange tak [maŋə tak  *Thank you very much!*

Tusind tak [tu:ʔsən tak  *Thank you very much indeed!*

Ja tak [ia tak  *Yes, please!*

Jo tak [io:ʔ tak  *Yes, please!*   (After a question containing a negation)

183

Nej tak [nai:ʔ tak  *No, thank you!*

Tak for mad [tak fɔr mað]   There is no English equivalent of this expression used to a host or hostess by the guests, or members of the household, after a meal: 'Thank you for the food!'

Velbekomme [vælbe'kɔmʔə]   The host's or hostess's reply to 'Tak for mad!' expressing the hope 'May it (i.e. the food) agree with you!'

Tak for iaften [tak fɔr i'afdən]   There is no equivalent idiom in English expressing a departing guest's gratitude for the hospitality he has enjoyed: 'Thank you for to-night!' (Similarly, 'Tak for idag', etc.)

Tak for sidst [tak fɔr sisd]   An expression used when one meets people from whom one has recently received hospitality: 'Thank you for (the) last (time we were together)!' (Similarly, 'Tak for i aftes!', etc.)

Ikke noget at takke for [egə noːəð ɔ tagə fɔr  *Don't mention it!*

Tak i lige måde [tak i liːə måːðə  *The same to you!*

Selv tak [sælʔ tak  *Thank* YOU! (reciprocating a 'Tak!')

## POLITE EXPRESSIONS

Undskyld [onsgylʔ  *I'm sorry!*

Jeg be'r [iə beːʔr  *That's all right!* ('I beg (you not to mention it)')

Om forladelse [ɔm fɔr'làːʔðəlsə  *I beg your pardon!* (an apology)

Ingen årsag [eŋən årsàːʔg  *Don't mention it!* or, *It's perfectly all right!* ('No reason (to apologize)!')

Hvadbeha'r [vabe'harʔ  *I beg your pardon?* (a request for something to be repeated)

Hvad siger $\begin{Bmatrix} du \\ De \end{Bmatrix}$? [va siːr $\begin{Bmatrix} du \\ di \end{Bmatrix}$  *What did you say?*

Hvad? [va  *What?*

værsågod⎫
værsgo' ⎬ [värsgo:?]  There is no English equivalent of
this expression which is very frequently used in the
Danish language. It is used when somebody gives or
hands something to another person (e.g. a present, sugar
for the tea, money over the counter, tips for a taxi
driver), and the reply to it is just 'Tak!' ('Be so good
(as to accept this)')

vær så venlig at... [vær sɔ vænli ɔ... *Would you, please...*

Skål [sgå:?l *Cheers!*  (The expression used when people
lift their glasses to each other.)

N.B. There is no Danish equivalent of the English word
'please'. The following examples will illustrate some of the
ways in which the meaning of 'please' is rendered in
Danish—and also that sometimes it is left out entirely:

Yes, please  *Ja tak!*
One return Roskilde, please  *Een Roskilde retur!*
One pound of sugar, please  *Må jeg få et pund sukker?*
Will you pass me the salt, please?  *Vil De række mig saltet?*
Could you tell me the way to the station, please?  *Vil De
være så venlig at sige mig vejen til stationen?*
Give me that book, please!  *Vær så venlig at give mig den
bog!*
Oh, please, Mum!  *Å jo, Mor!*

## 2. DAY AND NIGHT

Et døgn [döi?n *A day and a night, 24 hours*
En dag [då:? *A day*
Morgen [morn *Morning*

185

Formiddag [fɔrmedà:ʔ  *Morning,* or *forenoon*
Middag [meda  *Noon*
Eftermiddag [æfdərmeda  *Afternoon*
Aften [afdən  *Evening,* or *night*
Nat [nat  *Night*

## 3. MEALS

Morgenmad [mornmað  *Breakfast*
Frokost [frokɔsd  *Lunch*
Middag [meda  *Dinner*
Aftensmad [afdənsmað  *Supper*
Eftermiddagste [æfdərmedaste:ʔ  *Afternoon tea*
Aftenkaffe [afdənkafə  *Coffee (in the evening)*
Et måltid [mɔlti:ʔð  *A meal*

## 4. THE DAYS OF THE WEEK

Søndag [sönʔda  *Sunday*
Mandag [manʔda  *Monday*
Tirsdag [tirʔsda  *Tuesday*
Onsdag [onʔsda  *Wednesday*
Torsdag [tɔrʔsda  *Thursday*
Fredag [fre:ʔda  *Friday*
Lørdag [lörda  *Saturday*
Hverdage [värdà:gə  *Weekdays*
Søn- og helligdage [sön ɔ hælidà:gə  *Sundays and public holidays*

## 5. THE MONTHS

Januar [ianuɑ:ʔr  *January*
Februar [februɑ:ʔr  *February*
Marts [mɑrds  *March*
April [a'pri:ʔl  *April*

Maj [maiʔ  *May*
Juni [iuʔni  *June*
Juli [iuʔli  *July*
August [au'gosd  *August*
September [seb'tæmʔbər  *September*
Oktober [ɔg'toːʔbər  *October*
November [no'væmʔbər  *November*
December [de'sæmʔbər  *December*
En måned [måːnəð  *A month*
Et kvartal [kvɑr'tàːʔl  *Three months*
Et halvt år [ed halʔd åːʔr  *Six months*
Et år [åːʔr  *A year*
Et århundrede [år'hunrəðə  *A century*

## 6. PUBLIC HOLIDAYS IN DENMARK

Nytårsdag [nydårsdàːʔ  *New Year's Day* (1 January)
Fastelavn [fasdə'lauʔn  *Shrovetide*
Palmesøndag [palməsönʔda  *Palm Sunday*
Skærtorsdag [sgær'tɔrʔsda  *Maundy Thursday*
Langfredag [laŋ'freːʔda  *Good Friday*
Påskedag [på:sgədàːʔ  *Easter Sunday*
2. Påskedag [anən påːsgə'dàːʔ  *Easter Monday*
Befrielsesdagen [be'friːʔəlsəsdàːʔən  *Liberation Day* (5 May)
Kristi Himmelfartsdag [kresdi 'heməlfɑrdsdàːʔ  *Ascension Day*
Pinsedag [pensədàːʔ  *Whit Sunday*
2. Pinsedag [anən pensə'dàːʔ  *Whit Monday*
Grundlovsdag [gronlɔusdàːʔ  *Constitution Day* (5 June)
Valdemarsdag [valdəmɑrsdàːʔ  *Danish Flag Day* (15 June)
Juledag [iuːlədàːʔ  *Christmas Day* (25 December)
2. Juledag [anən iuːlə'dàːʔ  *Boxing Day* (26 December)

Påske [på:sgə *Easter*
Pinse [pensə *Whitsuntide*
Jul [iu:ʔl *Christmas*
Juleaften [iu:ləafdən *Christmas Eve*

## 7. THE FOUR SEASONS

Forår [fɔrå:ʔr *Spring*
Sommer [sɔmər *Summer*
Efterår [æfdərå:ʔr *Autumn*
Vinter [venʔdər *Winter*
En årstid [årsti:ʔð *A season*

## 8. THE CARDINAL POINTS

Øst [øsd *East*
Vest [væsd *West*
Syd [syð *South*
Nord [no:ʔr *North*
Et verdenshjørne [värdənsiörnə *A cardinal point*

*Notice the following expressions:*

mod nord, *to the north*
syd for, *south of*
Norden, *Scandinavia*
Nørrejylland, *Northern Jutland*
Sønderjylland, *North Slesvig* ('South Jutland')
østenvind, *east wind*
søndenvind, *south wind*
sydlige vinde, *southerly winds*
nordvest, *north-west*
sydøst, *south-east*
Sydengland, *the South of England*

Østersøen, *the Baltic*
Vesterhavet, *the North Sea*
Sydhavet, *the South Seas*
Nordpolen, *the North Pole*
Sydpolen, *the South Pole*

## 9. NAMES DENOTING KINSHIP

Far
Fader } [far *father*

Mor
Moder } [mor *mother*

Søn [sön *son*

Datter [dadər *daughter*

Søster [søsdər *sister*

Bror
Broder } [bror *brother*

Søskende [søsgənə *brothers and sisters*

Forældre [fɔr'æl?drə *parents*

Morfar [mɔr?far]
Farfar [far?far ] *or* Bedstefar [bæsdəfar *grandfather*

Mormor [mɔr?mor]
Farmor [far?mor ] *or* Bedstemor [bæsdəmor *grandmother*

Bedsteforældre [bæsdəfɔr'æl?drə *grandparents*

Oldefar [ɔləfar *great-grandfather*

Oldemor [ɔləmor *great-grandmother*

Oldeforældre [ɔləfɔræl?drə *great-grandparents*

Tipoldeforældre [tepɔləfɔræl?drə *great-great-grandparents*

Farbror [far?bror ]
Morbror [mɔr?bror] *or* Onkel [oŋ?gəl *uncle*

Faster [fasdər ]
Moster [mɔsdər] *or* Tante [tandə *aunt*

Brodersøn [brorsön ⎫
Søstersøn [søsdərsön ⎭ *or* Nevø [ne'vø *nephew*

Broderdatter [brordadər ⎫
Søsterdatter [søsdərdadər ⎭ *or* niece [ni'æːsə *niece*

Barnebarn [barnəbarʔn *grandchild*

Oldebarn [ɔləbarʔn *great-grandchild*

Svigerfar [sviːʔərfar *father-in-law*

Svigermor [sviːʔərmor *mother-in-law*

Svigerforældre [sviːʔərfɔr'ælʔdrə *parents-in-law*

Svoger [svɔ̊ːʔgər *brother-in-law*

Svigerinde [sviər'enə *sister-in-law*

Fætter [fædər *male cousin*

Kusine [ku'siːnə *female cousin*

Forfædre [fɔrfæðrə *ancestors*

*Notice also the following expressions:*

min mand, *my husband*

min kone, *my wife* (for 'wife' the word 'hustru' [husdru]
  may also be used)

## 10. COUNTRIES AND NATIONS

| *Country* | *Adjective* | *Inhabitant* |
|---|---|---|
| Amerika [a'meːʔrika] *or* De Forenede Stater [di fɔr'eːʔnəðə sdàːʔdər] | amerikansk [ameri'kȧnʔsg] | amerikaner [ameri'kȧːʔnər] |
| Belgien [bælʔgiən] | belgisk [bælʔgisg] | belgier [bælʔgiər] |
| Bulgarien [bul'gaːʔriən] | bulgarsk [bul'garʔsg] | bulgarer [bul'gaːʔrər] |

| Country | Adjective | Inhabitant |
|---|---|---|
| Canada | canadisk | canadier |
| [kanada] | [ka'naː?disg] | [ka'naː?diər] |
| Danmark | dansk | dansker |
| [danmarg] | [dan?sg] | [dansgər] |
| England | engelsk | englænder |
| [æŋlan?] | [æŋəlsg] | [æŋlæn?ər] |
| or Storbritannien | britisk | |
| [sdorbri'taniən] | [britisg] | |
| Estland | estisk | estlænder |
| [æsdlan?] | [æsdisg] | [æsdlæn?ər] |
| (Esthonia) | | |
| Finland | finsk | finne |
| [fenlan?] | [fen?sg] | [fenə] |
| Frankrig | fransk | franskmand |
| [fraŋkri] | [fran?sg] | [fransgman?] |
| (France) | | |
| Grækenland | græsk | græker |
| [græː?gənlan?] | [gräsg] | [græː?gər] |
| (Greece) | | |
| Holland | hollandsk | hollænder |
| [hɔlan?] | [hɔlan?sg] | [hɔlæn?ər] |
| Irland | irsk | irer |
| [irlan?] | [irsg] | [iː?rər] |
| | | irlænder |
| | | [ɪrlæn?ər] |
| Island | islandsk | islænding |
| [islan?] | [islan?sg] | [islæn?eŋ] |
| Indien | indisk | inder |
| [en?diən] | [en?disg] | [en?dər] |

| Country | Adjective | Inhabitant |
|---|---|---|
| Italien [i'tɑ:ʔliən] | italiensk [ital'iænʔsg] | italiener [ital'iænʔər] |
| Japan [iɑ:pan] | japansk [ia'pɑ:ʔnsg] | japaner [ia'pɑ:ʔnər] |
| Jugoslavien [iugo'slɑ:ʔviən] | jugoslavisk [iugo'slɑ:visg] | jugoslav [iugo'slɑ:ʔv] |
| Kina [ki:na] (*China*) | kinesisk [ki'ne:ʔsisg] | kineser [ki'ne:ʔsər] |
| Letland [lædlanʔ] (*Latvia*) | lettisk [lætisg] | lette [lædə] |
| Litauen [litauʔən] (*Lithuania*) | litauisk [litauʔisg] | litauer [litauʔər] |
| Norge [nɔrgə] (*Norway*) | norsk [nɔrsg] | nordmand [normanʔ] |
| Polen [po:ʔlən] (*Poland*) | polsk [po:ʔlsg] | polak [po'lak] |
| Portugal [pɔrtugal] | portugisisk [pɔrtu'gi:ʔsisg] | portugiser [pɔrtu'gi:ʔsər] |
| Rumænien [ru'mæ:ʔniən] | rumænsk [ru'mæ:ʔnsg] | rumæner [ru'mæ:ʔnər] |
| Rusland [ruslanʔ] *or* Sovjetunionen [sɔu'iætunio:ʔnən] | russisk [rusisg] sovjetisk [sɔu'iætisg] | russer [rusər] |

| Country | Adjective | Inhabitant |
|---|---|---|
| Schweiz [svaiˀts] (*Switzerland*) | schweizisk [svaiˀtsisg] | schweizer [svaiˀtsər] |
| Skotland [sgɔtlanˀ] | skotsk [sgɔtsg] | skotte [sgɔdə] |
| Spanien [sbà:ˀniən] (*Spain*) | spansk [sbanˀsg] | spanier [sbà:ˀniər] |
| Sverige [svärˀi] (*Sweden*) | svensk [svænˀsg] | svensker [svænsgər] |
| Tjekoslovakiet [tiækoslova'ki:ˀəð] | tjekoslovakisk [tiækoslo'vakisg] | tjekoslovak [tiækoslo'vak] |
| Tyrkiet [tyr'ki:ˀəð] | tyrkisk [tyrkisg] | tyrk [tyrk] |
| Tyskland [tysglanˀ] (*Germany*) | tysk [tysg] | tysker [tysgər] |
| Ungarn [oŋgarˀn] | ungarsk [oŋgarˀsg] | ungarer [oŋgarˀər] |
| Wales [*Engl. pron.*] | walisisk [va'li:ˀsisg] | waliser [va'li:ˀsər] |
| Ægypten [æ'gybdən] | ægyptisk [æ'gybdisg] | ægypter [æ'gybdər] |
| Østrig [øsdri] (*Austria*) | østrigsk [øsdrisg] | østriger [østriər] |
| Europa [eu'ro:pa] | europæisk [euro'pæ:ˀisg] | europæer [euro'pæ:ˀər] |

| Country | Adjective | Inhabitant |
|---|---|---|
| Asien [ȧːʔsiən] | asiatisk [asiˈȧːʔtisg] | asiat [asiˈȧːʔt] |
| Afrika [afrika] | afrikansk [afriˈkȧːʔnsg] | afrikaner [afriˈkȧːʔnər] |
| Australien [auˈsdrɑːʔliən] | australsk [auˈsdrɑːʔlsg] | australier [auˈsdrɑːʔliər] |

*Notice also the following Danish terms:*

| | | |
|---|---|---|
| Jylland [iylanʔ] (*Jutland*) | jysk [iysg] | jyde [iyːðə] |
| Sjælland [ʃælanʔ] (*Zealand*) | sjællandsk [ʃælanʔsg] | sjællænder [ʃælænʔər] |
| Fyn [fynʔ] (*Funen*) | fynsk [fynʔsg] | fynbo [fynboːʔ] |
| København [købənˈhauʔn] (*Copenhagen*) | københavnsk [købənˈhaunʔsg] | københavner [købənˈhaunər] |
| Grønland [grönlanʔ] (*Greenland*) | grønlandsk [grönlanʔsg] | grønlænder [grönlænʔər] |
| Færøerne [fæːrøːʔərnə] (*The Faroes*) | færøsk [fæːrøːʔsg] | færing [fæːreŋ] |

## 11. COLOURS

rød [røːʔð *red*
blå [blåːʔ *blue*

brun [bruːʔn *brown*
sort [sɔrt *black*

gul [guːʔl *yellow*  
grøn [grönʔ *green*  
orange [oˈraŋʃə *orange*  
violet [vioˈlæt *purple*  
lyserød [lysərøːʔð *pink*  
mørkeblå [mörgəblåːʔ *dark blue*

en farve [farvə *a colour*

hvid [viːʔð *white*  
grå [gråːʔ *grey*  
lyseblå [lysəblåːʔ *light blue*  
blågrøn [blɔgrönʔ *blue-green*  
rødlig [rødli *reddish*  
blålig [blɔli *bluish*  
etc.

## 12. THE MONETARY SYSTEM

een krone [kroːnə] = 100 øre [øːrə]

Sedler [sæðlər *bank notes:*

en femkroneseddel [fæmkroːnəsæðʔəl] = 5 kr. (*approx.* 5*s.*)  
en tikroneseddel [tikroːnəsæðʔəl] = 10 kr. (*approx.* 10*s.*)  
en halvtredskroneseddel [halˈtræskroːnəsæðʔəl] = 50 kr. (*approx.* £2. 10*s.*)  
en hundredkroneseddel [hunrəðkroːnəsæðʔəl] = 100 kr. (*approx.* £5)  
en femhundredkroneseddel [fæmʔhunrəðkroːnəsæðʔəl] = 500 kr. (*approx.* £25)

Mønter [møndər *coins:*

en enøre [eːnøːrə] = 1 øre  
en toøre [toøːrə] = 2 øre  
en femøre [fæmøːrə] = 5 øre  
en tiøre [tiøːrə] = 10 øre  
en femogtyveøre [fæmɔtyːvøːrə] = 25 øre (*approx.* 3*d.*)  
en enkrone [eːnkroːnə] = 1 kr. (*approx.* 1*s.*)  
en tokrone [tokroːnə] = 2 kr. (*approx.* 2*s.*)

## 13. WEIGHTS AND MEASURES

Længdemål [læŋˀdəmå:ˀ] *length*

en mil [mi:ˀl] = 7½ kilometer = 4·7 *miles*
en kilometer [kilo'me:ˀdər] = 1000 meter = *about* 1100 *yards*
en meter [me:ˀdər] = 100 centimeter = *about* 1 *yard* 4 *inches*
en centimeter [sænti'me:ˀdər] = 10 millimeter = *about* ⅓ *inch*
en favn [fauˀn] = 3 alen = *about* 2 *yards*
en alen [à:lən] = 62,77 centimeter = *about* ⅔ *yard*
en fod [fo:ˀð] = 31,39 centimeter = *slightly more than* 1 *foot*
en tomme [tɔmə] = 2,61 centimeter = *slightly more than* 1 *inch*

1 *mile* = 1,6 kilometer     1 *yard* = *about* 91 centimeter
1 *foot* = *about* 30 centimeter     1 *inch* = *about* 2½ centimeter

Flademål [flà:ðəmå:ˀ] *surface measures:*

en kvadratkilometer, *or* km² [kva'dra:ˀtkilo'me:ˀdər] = 100 hektarer = *approx.* 250 *acres*
en hektar, *or* ha [hæg'tarˀ] = 100 ar = *approx.* 2½ *acres*
en ar [arˀ] = 100 kvadratmeter = *approx.* 1111 *sq. feet*
en kvadratmeter, *or* m² [kva'dra:ˀtme:ˀdər] = *approx.* 11 *sq. feet*
en kvadratmil [kva'dra:ˀtmi:ˀl] = 56,74 km² = *about* 148 *acres*
en tønde land [tønə lanˀ] = 0,551 ha = *slightly less than* 1½ *acres*
en kvadratalen [kva'dra:ˀtà:lən] = 0,394 m² = *slightly more than* 4 *sq. feet*
en kvadratfod [kva'dra:ˀtfo:ˀð] = 0,0985 m² = *slightly more than* 1 *sq. foot*

1 *acre* = 0,405 ha     1 *square foot* = 0,09 m²
1 *square inch* = 6,45 cm²

Rummål [rommå:ʔ] *capacity:*

en kubikmeter, *or* m³ [ku'bikme:ʔdər] = *about* 222 *gallons*
en hektoliter, *or* hl [hægtolidər] = $\frac{1}{10}$ m³ = *about* 18 *bushels*
en liter, *or* l [lidər] = $\frac{1}{1000}$ m³ = *slightly less than* 2 *pints*
en deciliter, *or* dl [de:silidər] = $\frac{1}{10}$ liter = *about* 0·7 *gill*
en pot [pɔt] = 0,97 liter = *about* 1¾ *pints*
en pægl [pæ:ʔl] = 0,24 liter = *about* 2 *gills*

    1 *gallon* = 4,54 liter    1 *quart* = 1,13 liter
    1 *pint* = 0,56 liter     1 *gill* = *approx.* 1½ deciliter

Vægt [vægt *weight:*

et ton, *or* t [tɔnʔ] = 1000 kilogram = *about* 2205 *lb.*
et kilogram, *or* kg $\begin{cases} \text{[kilo]} \\ \text{[kilo'gramʔ]} \end{cases}$ = 1000 gram
                                               = *about* 2⅕ *lb.*
et hektogram, *or* hg [hægto'gramʔ] = 100 gram = *about* 4 *oz.*
1 gram, *or* g [gramʔ] = *about* $\frac{1}{28}$ *oz.*
1 decigram [de:sigramʔ] = $\frac{1}{10}$ gram
1 centigram [sæntigramʔ] = $\frac{1}{100}$ gram
1 milligram [miligramʔ] = $\frac{1}{1000}$ gram

et pund [punʔ] = 500 gram = *slightly more than* 1 *lb.*
et fjerdingspund [fiäreŋspunʔ] = 125 gram = *slightly more than*
   4 *oz.*

    1 *ton* = 1016 kg.          1 *cwt.* = *about* 51 kg.
    1 *stone* = *about* 13 pund   1 *lb.* = *about* 0,9 pund
    1 *oz.* = *about* 28 gram

Temperatur [tæmbəra'tu:ʔr *temperature:*

Centigrade (Celsius) is mostly used in Denmark, not Fahrenheit.

$$\text{Celsius} = (\text{Fahrenheit} - 32) \times \tfrac{5}{9}$$
$$\text{Fahrenheit} = (\text{Celsius} \times \tfrac{9}{5}) + 32$$

0° C. Frysepunkt [fryːsəpoɳʔt *freezing-point* (32° F.)

18° C. Stuevarme [sduːəvɑrmə *room temperature* (64·4° F.)

37° C. Legemsvarme [læːgəmsvɑrmə *body temperature* (98·6° F.)

100° C. Kogepunkt [kåːgəpoɳʔt *boiling-point* (212° F.)

## 14. COMMON ABBREVIATIONS

| | | |
|---|---|---|
| alm. | = almindelig | *common* |
| A/S | = Aktieselskab | *Ltd.* |
| bl.a. | = blandt andet | *inter alia* |
| ca. | = cirka | *circa, approximately* |
| cm | = centimeter | *centimetre* |
| do. | = ditto | *ditto* |
| d.s. | = det samme | *the same* |
| d.v.s. | = det vil sige | *i.e.* |
| d.y. | = den yngre | *the Younger* |
| d.æ. | = den ældre | *the Elder* |
| e.Kr. | = efter Kristi fødsel | *A.D.* |
| eftm. | = eftermiddag | *p.m.* |
| el. | = eller | *or* |
| f.eks. | = for eksempel | *e.g.* |
| f.Kr. | = før Kristi fødsel | *B.C.* |
| fork. | = forkortelse | *abbreviation* |
| form. | = formiddag | *a.m.* |
| fhv. | = forhenværende | *former, ex-* |
| gl. | = gammel | *old* |
| gldgs. | = gammeldags | *old-fashioned, obsolete* |
| i.st.f. | = i stedet for | *instead of* |
| jf. | = jævnfør | *cf.* |
| kgl. | = kongelig | *Royal* |
| Kbhvn. | = København | *Copenhagen* |

| kl. | = klokken | *o'clock* |
|---|---|---|
| km | = kilometer | *kilometre* |
| kr. | = krone(r) | *Danish crown(s)* |
| m | = meter | *metre* |
| m.a.o. | = med andre ord | *in other words* |
| m.fl. | = med flere | *and several others* |
| m.h.t. | = med hensyn til | *regarding, with regard to* |
| m.m. | = med mere | *and many others* |
| nr. | = nummer | *No.* |
| ndf. | = nedenfor | *below* |
| obs. | = observer | *N.B.* |
| o.fl. | = og flere | *and more* |
| o.lign. | = og lignende | *and similar* |
| o.s.v. | = og så videre | *etc.* |
| ovf. | = ovenfor | *above* |
| s.k. | = såkaldt | *so-called* |
| St. | = Sankt | *St* |
| tlf. | = telefon | *telephone* |
| th. | = tilhøjre | *to the right* |
| tv. | = tilvenstre | *to the left* |
| u. | = { uden | *without* |
|  |   under | *under* |

*Notice also the following abbreviations:*

D.F.D.S. = Det Forenede Dampskibsselskab (*United Steamship Co.*)

F.N. = Forenede Nationer (*United Nations*)

K.F.U.M. = Kristelig Forening for Unge Mænd (*Y.M.C.A.*)

K.F.U.K. = Kristelig Forening for Unge Kvinder (*Y.W.C.A.*)

M.F. = Medlem af Folketinget (*M.P.*)

Ø.K. = Østasiatisk Kompagni (*East Asiatic Company*)

Some Danish proper names are frequently abbreviated, e.g.:

| | | | |
|---|---|---|---|
| Alfr. | = Alfred | St. | = Steen |
| Chr. | = Christian | Sv. | = Svend |
| Fr. | = Frederik | Th. | = Thomas |
| Johs. | = Johannes | Vilh. | = Vilhelm |

# PART V

# DANISH TEXTS

## I

## DEN TYKKE KAT

Der var engang en gammel kone, hun stod og kogte grød.[1]
Så skulle hun lidt ind til[2] en nabokone, og så satte hun katten
til[3] at passe[4] grøden imens. 'Ja, det skal jeg nok', sagde
katten. Men da kællingen[5] var gået, lugtede grøden så godt,
at katten spiste både grøden og gryden med. Da så kællingen
kom tilbage, sagde hun til katten: 'Men hvor er nu grøden
henne?' — 'Ja', sagde katten, 'jeg har spist både grøden og
gryden, og nu spiser jeg dig med.' Og så spiste han kællingen.
      Så løb han ud af døren, og på vejen mødte han Skohottentot.[6]
Så sagde Skohottentot til ham: 'Hvad har du dog spist, min
lille kat? du er så tyk.' Så sagde katten: 'Jeg har spist både
grøden og gryden og kællingen med, og nu spiser jeg også
dig.' Så spiste han Skohottentot.
      Derpå mødte han Skolinkenlot. Så sagde Skolinkenlot:
'Hvad har du dog spist, min lille kat? du er så tyk.' — 'Jeg
har spist både grøden og gryden og kællingen med og Sko-
hottentot', sagde katten, 'og nu spiser jeg dig med.' Så spiste
han Skolinkenlot.
      Nu mødte han fem fugle i en flok, og de sagde til ham: 'Men
hvad har du dog spist, min lille kat? du er så tyk.' — 'Jeg har
spist både grøden og gryden og kællingen med, og Skohottentot

---

[1] *grød:* a dish made of boiled barley, wheat, or oats—*havregrød:* porridge—
etc.                    [2] *skulle ind til:* had to call on.
[3] *sætte en til noget:* ask somebody to do something.      [4] *passe:* look after.
[5] *en kælling:* an old woman, a hag.
[6] *Skohottentot:* a nonsensical proper name. (Cf. 'Skolinkenlot'.)

201

og Skolinkenlot, og nu spiser jeg jer med', sagde katten, og
så spiste han de fem fugle i en flok.

Derpå mødte han syv piger i en dans, og de sagde også til ham:
'Nej, hvad har du dog spist, min lille kat? du er så tyk.' Og så
sagde katten: 'Jeg har spist både grøden og gryden og kællingen
med, og Skohottentot og Skolinkenlot, og fem fugle i en flok, og
nu spiser jeg jer med.' Og så spiste han de syv piger i en dans.

Da han nu var gået et stykke til, så mødte han madammen[1]
med den hvide svans,[2] og hun siger også til ham: 'Ih, men hvad
har du dog spist, min lille kat? du er så tyk.' — 'Jeg har spist
både grøden og gryden og kællingen med, og Skohottentot og
Skolinkenlot, og fem fugle i en flok, og syv piger i en dans, og
nu spiser jeg dig med.' Og så spiste han madammen med den
hvide svans.

Lidt efter mødte han præsten med den krogede[3] stav: 'Nej,
men hvad har du dog spist, min lille kat? du er så tyk.' — 'Ja',
sagde katten, 'jeg har spist både grøden og gryden og kællingen
med, og Skohottentot og Skolinkenlot, og fem fugle i en flok,
og syv piger i en dans, og madammen med den hvide svans,
og nu spiser jeg dig med.' Og så spiste katten også præsten
med den krogede stav.

Så omsider mødte han brændehuggeren[4] med øksen.

'Men hvad har du dog spist, min lille kat, siden du er så
tyk?' — 'Jeg har spist både grøden og gryden og kællingen
med, og Skohottentot og Skolinkenlot, og fem fugle i en flok,
og syv piger i en dans, og madammen med den hvide svans,
og præsten med den krogede stav, og nu spiser jeg dig med.' —
'Nej, det skal blive løgn, min lille kat', sagde brændehuggeren,
og så tog han sin økse og huggede katten midt over. Og ud
løb så præsten med sin krogede stav, og madammen med sin
hvide svans, og syv piger i en dans, og fem fugle i en flok, og
Skolinkenlot og Skohottentot, og kællingen tog sin gryde og
sin grød og rendte hjem med.　　　　*Gammelt dansk folkeeventyr*

[1] *en madamme:* old-fashioned term for a married woman.
[2] *en svans:* a tail, here: a train.
[3] *kroget:* crooked.　　　　　[4] *en brændehugger:* a wood-cutter.

II

# PRÆSTEN OG HYRDEN

For mange år siden boede der en præst i Nørre Snede, der var hovmodig nok til at skrive over sin dør: 'Jeg lever hver dag uden sorger.'

Da kongen en dag var i byen, så han, hvad præsten havde skrevet, og han tænkte: 'Jeg er konge og har alligevel hver dag mange sorger. Hvordan tør den præst skrive det? Ham må jeg tale med.'

Så sendte han bud efter[1] præsten og spurgte ham, om det var sandt, hvad der stod over hans dør, at han ikke havde nogen sorger. Præsten svarede, at det var sandt; han havde aldrig sorger.

'Så skal du få sorger nu', sagde kongen. 'For nu vil jeg stille dig tre spørgsmål, og hvis du ikke kan svare på dem inden en uge, skal du miste både dit embede og dit liv. — Det første spørgsmål er: Hvor dybt er der til havets bund? Det andet spørgsmål er: Hvor meget er jeg værd? Og det tredie spørgsmål er: Hvad tænker jeg? Nu har du tid til at tænke over de tre spørgsmål, og hvis du kan give mig rigtige svar på alle tre spørgsmål, skal der ikke ske dig noget.'

Så tog præsten hjem. Og nu havde han sorger nok, for det var ham umuligt at finde på svar til de tre spørgsmål.

Men nu skal vi høre, hvordan det gik.

De to landsbyer Nørre Snede og Boest havde samme hyrde, og en morgen, da præsten spekulerede på, hvad han skulle svare kongen, mødte han denne hyrde. Hyrden kunne straks se, at der var noget i vejen med[2] præsten og spurgte ham, hvorfor han var så ked af det.

'Å, det kan ikke nytte[3] at fortælle dig det', sagde præsten. 'Du kan jo alligevel ikke hjælpe mig.'

---

[1] *sende bud efter:* send for.
[2] *der var noget i vejen med:* there was something the matter with.
[3] *det kan ikke nytte:* it is no use.

'Hvem kan vide det?' sagde hyrden, for han var slet ikke så dum. Og præsten fortalte ham så hele historien om kongens tre spørgsmål.

'Å, ikke andet end det', sagde hyrden. 'Hvis De vil være hyrde så længe, hr. pastor, skal jeg nok besvare de spørgsmål.'

Så fik hyrden præstens kjole[1] og krave på og mødte hos kongen den aftalte dag.

Da han var kommet ind på slottet, sagde kongen: 'Nå, det var godt, du kom så tidligt. Har du nu tænkt over mine spørgsmål, så du kan svare rigtigt på dem.'

'Ja, det tror jeg nok', sagde hyrden.

'Hvor langt er der til havets bund?'

'Kun et stenkast', sagde hyrden. Det svar måtte kongen akceptere.

'Hvor meget er jeg værd?'

'Kristus blev solgt for 30 sølvpenge. Derfor kan jeg ikke vurdere Deres Majestæt til mere end 29.'

Også dette svar syntes kongen var godt. Så spurgte han til sidst: 'Sig mig så, hvad jeg tænker!'

'Deres Majestæt tænker, at jeg er præsten fra Nørre Snede, men jeg er kun hyrden fra Boest.'

'Så skal du også være præst fra nu af', råbte kongen fornøjet. 'Og så kan du tage præsten til hyrde, hvis du vil.'

*Gammelt dansk folkeeventyr*

---

[1] *en (præste)kjole:* a clergyman's gown.

III

# TO MOLBOHISTORIER[1]

Molboerne er navnet på de mennesker, der bor på halvøen[2] Mols i Østjylland. Molboerne, som svarer til *the wise men of Gotham*, er ifølge traditionen meget dumme, og der er mange historier om deres tåbelighed.

## Kirkeklokken

En skælm[3] havde engang for at narre Molboerne bragt det rygte til Mols, at fjenden var i landet, og at han snart ville komme og indtage[4] deres landsdel. Molboerne skyndte sig derfor at redde, hvad de kunne, inden fjenden kom. Det, som de holdt allermest af og først ville redde, var deres kirkeklokke. De arbejdede længe med den, og omsider lykkedes det dem at få den ned fra tårnet. De drøftede nu, hvordan de skulle gemme den, så at fjenden ikke kunne finde den, og til sidst enedes de om, at de ville sænke den i havet. Derpå slæbte de den ned i en stor båd og roede langt ud på havet med den, og derude kastede de den så i vandet.

Først da[5] klokken var forsvundet i dybet, begyndte de at tænke sig om:[6] 'Nu er den godt gemt for fjenden; men hvordan finder vi den igen, når fjenden er borte?'

En af Molboerne, som troede, at han var klogere end de andre, rejste sig nu op i båden: 'Det klarer vi let, vi kan jo bare sætte et mærke til den.' Og med det samme tog han sin kniv op og skar en stor skure[7] i den side af båden, som klokken var blevet kastet ud over. 'Her var det altså, vi kastede den ud.' Molboerne nikkede og roede tilfredse i land, for nu var de sikre på, at de kunne finde klokken igen, når krigen var forbi.

---

[1] A gramophone record with these two stories, read by Mr Thorkild Roose, a distinguished Danish actor, has been made by *Det Danske Selskab* (Danske sprogplader for svenske folkeskoler, No. 1 a).

[2] *en halvø:* a peninsula.    [3] *en skælm:* a rogue.
[4] *indtage:* conquer.    [5] *Først da:* Not until, *or*, Only when
[6] *tænke sig om:* reflect.    [7] *en skure:* a notch.

*Hummerne*[1]

En gammel Molbo hørte engang, at der var kommet et norsk skib til Æbeltoft.[2] Han havde aldrig set nordmænd før og besluttede derfor at gå ind i staden[3] for at hilse på dem. Han gik ned til havnen og fik der at vide,[4] hvilket skib der var-det norske. Da han ingen mennesker kunne se på skibet, gik han om bord, men uden at træffe folk, for nordmændene var kort forinden gået i land. På dækket krøb nogle hummere, som nordmændene havde fanget, og Molboen troede nu, at de var skibets besætning.[5] 'Goddag, Farlil[6] —' han gav en af dem hånden for at hilse. Hummeren klemte ham, så han skreg; men da han havde fået hånden til sig igen, sagde han til sig selv: 'Det er små folk, de nordmænd, men de er håndfaste!'[7]

IV

# EN JYSK RØVERHISTORIE[8]
## (Noget omarbejdet[9])

### STEEN STEENSEN BLICHER[10]

I en gård i nærheden af Viborg i Jylland boede engang en rig bonde. En juleaften, da husmoderen var i færd med at tillave[11] julemaden, hørte hun nogen ved døren. Det var en gammel tigger, som med klagende røst bad om at komme ind. Udenfor

[1] *en hummer:* a lobster.  [2] *Æbeltoft*, the only town in Mols.
[3] *staden = byen.*  [4] *få at vide:* be told.
[5] *besætning:* crew.
[6] *Farlil:* old-fashioned endearing term for an old man; lit. 'Little Father'.
[7] *håndfast:* stalwart, strong, able to give a good handshake.
[8] A gramophone record with this story, read by Mr Thorkild Roose, has been made by *Det Danske Selskab* (Danske sprogplader for svenske folkeskoler, No. 1b). This is the same record which has the two 'Molbohistorier' (text No. III) on the other side.  [9] *omarbejdet:* adapted.
[10] Steen Steensen Blicher [bleɡər] (1782–1848), Danish poet and short-story writer. His subjects are often taken from his native Jutland.
[11] *tillave:* prepare.

frøs det hårdt, og det var et Herrens vejr[1] med storm og sne. Husmoderen ynkedes derfor over[2] ham; hun bød[3] ham indenfor, gav ham noget at spise og anviste[4] ham derefter et natteleje[5] i den store bagerovn, der endnu var lidt varm efter julebagningen.

Men hvad sker? Noget senere kryber tiggeren, der var en forklædt[6] røver, ubemærket ud af ovnen og åbner husdøren for sine tolv sønner, som nu bryder ind i huset og byder sig selv til gæster ved det dækkede[7] bord.

Hvad var her at gøre? Skælvende måtte husmoderen bære julegrød frem for røverne, og skælvende måtte hun med husbond og børn se på, hvordan røverne tømte både grødfadet og saltmadsfadet.

Imidlertid havde tjenestekarlen,[8] som røverne ikke havde bemærket, snappet en hest i stalden og var, så stærkt den kunne rende, ilet op til herregården Avnsbjerg. Herremanden der var ikke sen, men væbnede[9] dem af sine folk, som kunne væbnes, og nåede til bondens gård, inden røverne var kommet til desserten — bondens pengekiste.

Men nu var gode råd dyre: herremanden og hans folk var bare otte mod tretten, og stormen[10] skulle foretages ind ad den lave stuedør,[11] som een røver var i stand til at forsvare. Under disse betænkeligheder trådte en af Avnsbjergfolkene frem — en vovehals,[12] stærk som en bjørn. 'Lad mig bare gå ind til dem alene; jeg kan se dem sidde langs væggen derinde; men når jeg råber, så kom ind og stå mig bi.'[13]

Han byttede nu klæder med tjenestekarlen og stod næsten midt i stuen, før røverne blev ham var.[14] Som een mand rejste

---

[1] *et Herrens vejr:* terrible weather.
[2] *at ynkes over:* to take pity on.
[3] *byde = indbyde.*
[4] *anvise:* here: give.
[5] *et natteleje:* a place to sleep.
[6] *forklædt:* disguised.
[7] *dække (et bord):* lay (a table).
[8] *en tjenestekarl:* a servant boy, a farm-hand.
[9] *væbne:* arm.
[10] *en storm:* an attack.
[11] *en stue(hus)dør:* the door of the inhabited wing of a farm.
[12] *en vovehals:* a dare-devil.
[13] *stå bi = hjælpe.*
[14] *blive var* [bliə vɑːʔr]: notice.

de sig alle for at gribe den nyankomne og uvelkomne gæst;
men han tog i samme øjeblik fat i[1] det lange og svære[2] egebord,
bag hvilket alle røverne sad, væltede det over på dem og klemte
dem sådan mod væggen, at de sad som fastnaglede[3] og færdige[4]
at kvæles. Uden at kunne gøre modstand blev de derfor af
de øvrige Avnsbjergfolk, som nu brød ind, een for een trukket
ud af fælden[5] og bundet. Derefter blev de ført til Avnsbjerg,
hvor de blev holdt under bevogtning, til helligdagene var ude,
og de kunne blive hængt i eet og samme træ uden for gården.

# V

## PRINSESSEN PÅ ÆRTEN

### H. C. ANDERSEN[6]

Der var engang en prins, han ville have sig en prinsesse, men
det skulle være en *rigtig* prinsesse. Så rejste han hele verden
rundt for at finde sådan en, men alle vegne[7] var der noget
i vejen,[8] prinsesser var der nok af, men om det var *rigtige*
prinsesser kunne han ikke ganske komme efter, altid var der
noget, som ikke var så rigtigt. Så kom han da hjem igen og
var så bedrøvet, for han ville så gerne have en virkelig prinsesse.

En aften blev det da et frygteligt vejr; det lynede og tordnede,
regnen skyllede ned, det var ganske forskrækkeligt! Så bankede
det[9] på byens port, og den gamle konge gik hen at lukke op.[10]

Det var en prinsesse, som stod udenfor. Men Gud, hvor hun
så ud[11] af regnen og det onde vejr! Vandet løb ned ad hendes
hår og hendes klæder, og det løb ind ad næsen på skoen og ud
af hælen, og så sagde hun, at hun var en virkelig prinsesse.

---

[1] *tage fat i:* grip, seize, grasp.      [2] *svær:* heavy.
[3] *fastnaglet:* nailed, immovable.      [4] *færdige:* ready, on the point of.
[5] *en fælde:* a trap.      [6] H. C. Andersen [hå:? se:? anərsən] (1805–75).
[7] *alle vegne* [alə vainə]: everywhere.
[8] *der er noget i vejen:* see p. 203, n. 2.
[9] *det bankede:* somebody knocked.      [10] *lukke op:* open.
[11] *se ud:* look.

'Ja, det skal vi nok få at vide!' tænkte den gamle dronning, men hun sagde ikke noget, gik ind i sovekammeret, tog alle sengeklæderne af og lagde en ært på bunden af sengen, derpå tog hun tyve madrasser, lagde dem oven på ærten, og så endnu tyve edderduns-dyner[1] oven på[2] madrasserne.

Der skulle nu prinsessen ligge om natten.

Om morgenen spurgte de hende, hvorledes hun havde sovet. 'O, forskrækkelig slet!' sagde prinsessen, 'jeg har næsten ikke[3] lukket mine øjne den hele nat! Gud ved, hvad der har været i sengen? Jeg har ligget på noget hårdt, så jeg er ganske brun og blå over min hele krop! Det er ganske forskrækkeligt!'

Så kunne de se, at det var en rigtig prinsesse, da hun gennem de tyve madrasser og de tyve edderduns-dyner havde mærket ærten. Så ømskindet[4] kunne der ingen være, uden en virkelig prinsesse.

Prinsen tog hende da til kone, for nu vidste han, at han havde en rigtig prinsesse, og ærten kom på kunstkammeret,[5] hvor den endnu er at se, dersom ingen har taget den.

Se, det var en rigtig historie!

VI

# DANSKE ORDSPROG[6]

Den er dobbelt arm,[7] som har været rig.

Mange døtre og mange høns giver en arm bonde.

Når armod[8] går ind ad dørene, løber kærligheden ud af vinduerne.

Bedre vel hængt end slet gift.

Blind høne finder også et korn.

Fandens døtre er giftede bort til folk i alle stænder.[9]

---

| | |
|---|---|
| [1] *edderduns-dyner:* eiderdowns. | [2] *oven på:* on top of. |
| [3] *næsten ikke:* hardly. | [4] *ømskindet:* tender-skinned. |
| [5] *kunstkammeret:* the Art Museum. | [6] *et ordsprog:* a proverb. |
| [7] *arm=fattig.* | [8] *armod=fattigdom.* |
| [9] *en stand* (plur. *stænder*): (social) class. | |

Når det regner på præsten, drypper det på degnen.[1]

Fej først for din egen dør.

En fisk og en gæst lugter ilde den tredie dag.

Gale katte får revet skind.

Alle vil længe leve, men ingen gammel hedde.

Den, der gemmer til natten, gemmer til katten.

De ler ikke alle i år, som blev gift i fjor.

Latter og gråd hænger i een pose.

Den misundelige tror, at naboens høne er lige så stor som hans egen gås.

Enhver er sig selv nærmest.

Nød[2] lærer nøgen kone at spinde.

Der kan også være få penge i en stor pung.

Der er flere røde køer end præstens.

Som man råber i skoven, får man svar.

Den ene ravn hugger ikke øjet ud på den anden.

I skoven regner det to gange.

Man skal skik[3] følge eller land fly.[4]

Hvad der kurerer[5] en smed, kan slå en skrædder ihjel.[6]

Enhver so synes bedst om sine egne grise.

På en rullende sten gror intet mos.

De små tyve hænger man, de store tager man hatten af for.

Fanden er god, når han får sin vilje.

Man kan også få for meget af det gode, sagde bonden, han fik møglæsset[7] over sig.

Gud give, det ville blive rundt, sagde hjulmanden,[8] han var ved at lave et hjul.

Renlighed er en god ting, sagde konen, hun vendte sin særk[9] juleaften.

Gudskelov[10] for den gode varme, sagde kællingen, da hendes hus brændte.

---

[1] *en degn:* a parish clerk.   [2] *nød:* suffering, hardship.
[3] *skik:* custom, habit.   [4] *fly=flygte; land fly:* leave the country.
[5] *kurere:* cure.   [6] *slå ihjel:* kill.
[7] *et møglæs:* a load of manure.   [8] *hjulmand:* wheelwright.
[9] *særk:* chemise.
[10] *Gudskelov:* God be praised; thank goodness.

Man kan da heller ikke huske alting, sagde manden; han havde glemt at så[1] byg.

Det kommer igen, sagde manden, han gav sin so flæsk.[2]

Der faldt noget, sagde skrædderen, han trillede[3] under bordet.

Det var een, sagde trolden, han tog to skræddere.

## VII

# DEN POLSKE KONGESØN

### M. A. GOLDSCHMIDT[4]

En konge og en dronning i Polen havde en søn, hvem de elskede højt, og hvem de besluttede at sende ud at besøge andre lande, for at han kunne udvide[5] sine kundskaber og sin erfaring og blive end[6] dygtigere til engang at regere sit folk. De lovede sig så meget større udbytte[7] af rejsen, som prinsen, skønt ung, var af en alvorlig natur og kun havde den fejl eller særegenhed,[8] at han aldrig ville spise fisk, fordi han, uvist af hvilken grund, havde fra barn af fået modbydelighed for[9] alle dyr med skæl. Dette gjorde den gode konge og hans dronning ondt,[10] fordi de selv holdt meget af[11] fisk, og fordi deres rige havde overflødighed[12] af de herligste fisk, såvel fra havet som fra åer,[13] floder og søer.

Til at ledsage prinsen på hans rejse valgte de en ung mand, der var bekendt for sin klogskab, sindighed[14] og blide karakter. Ham blev det før afrejsen indstændig pålagt[15] såvel af kongen

---

[1] *at så:* to sow.    [2] *flæsk:* pork.    [3] *trille:* tumble.

[4] Meïr Aaron Goldschmidt (1819–87), Danish novelist and short-story writer.    [5] *udvide:* extend.

[6] *end = endnu:* even, still.    [7] *udbytte:* profit.

[8] *en særegenhed:* a peculiarity.

[9] *få modbydelighed for:* take a dislike to.    [10] *gøre ondt:* grieve.

[11] *holde meget af:* be very fond of.    [12] *en overflødighed:* an abundance.

[13] *en å:* a stream.    [14] *sindighed:* sensibleness.

[15] *det blev pålagt ham:* he was instructed.

som af dronningen at vogte vel på[1] prinsen, om muligt bringe ham til at spise fisk, men især af holde ham fra kvindekærlighed, medmindre en sådan kærligheds genstand[2] var jævnbyrdig,[3] af fyrsteligt[4] blod.

Prinsen rejste da med denne ledsager under den gode konges og dronnings, hoffets og hele folkets velsignelser, og da de efter to dages sørejse[5] steg i land på fremmed kyst, var det første, prinsen lagde mærke til,[6] en meget smuk ung kvinde. Eftersom[7] hun kun var datter af en simpel adelsmand, ville hovmesteren[8] nødig lade[9] prinsen opsøge hende; men såsom[10] han var så klog og vidste, at kærligheden var en lidenskab,[11] der tiltager ved hindringer,[12] besluttede han ikke at modsætte sig og fulgte selv med[13] prinsen til besøg hos adelsmanden.

Efter kort tids forløb så hovmesteren, at prinsens kærlighed, uagtet[14] han ikke hindrede den, alligevel steg, og han besluttede derfor at tilintetgøre[15] den med klogskab. Ved et aftenselskab hos adelsmanden bragte han talen hen på den nyere tids mærkværdige mikroskopiske opdagelser, og da han havde et af de dengang nyopfundne stærke forstørrelsesglas med sig, indrettede han det klogt således, at han fik tilladelse til at lægge forstørrelsesglasset også på hin[16] unge dames liljehvide hånd, ja[17] på hendes endnu blødere, finere kind, og da prinsen på hovmesterens ønske så igennem glasset, måtte han se, at hans elskedes fine hud som enhver anden dødeligs var skælagtig.

Samme aften spiste kongesønnen fisk.

[1] *vogte på:* guard.
[2] *en genstand:* an object.
[3] *jævnbyrdig:* equal ('of even birth').
[4] *fyrstelig:* princely.
[5] *sørejse:* voyage.
[6] *lægge mærke til:* notice.
[7] *eftersom = da.*
[8] *en hovmester:* a tutor.
[9] *ville nødig lade:* did not want to allow.
[10] *såsom = da.*
[11] *en lidenskab:* a passion.
[12] *en hindring:* an obstacle.
[13] *følge med:* accompany.
[14] *uagtet = skønt.*
[15] *tilintetgøre:* annihilate.
[16] *hin:* yonder, that.
[17] *ja:* here: nay, indeed.

VIII

# ET BESØG HOS CHARLES DICKENS
# I SOMMEREN 1857

## (Uddrag[1])

### H. C. ANDERSEN

Uden al øvelse[2] i tidligere at tale engelsk og høre det tale, forstod jeg fra første øjeblik næsten alt, når Dickens talte til mig; kom der mig noget vanskeligt, da gengav[3] han det i en ny sætning; ingen var hurtigere til at forstå mig end han. Dansk og engelsk er hinanden så lige, at vi tit begge undrede os over ligheden, og når derfor et ord manglede mig, bad Dickens mig sige ordet på dansk, og ofte traf det sig,[4] at det var ganske enslydende[5] med det engelske.

'Der er en græshoppe i den høstak!' ville jeg en dag sige, og da jeg gav det på dansk, oversatte Dickens det: '*There is a grasshopper in that haystack.*' På bondens tag så jeg vokse en mængde grønt; jeg spurgte, hvad det her til lands[6] blcv kaldt, hos os var navnet 'husløg' — og bondekonen, som vi spurgte derom, sagde '*houseleek*', og således i det uendelige.[7] Vi mødte på vejen en lille pige, hun kniksede[8] dybt for os; jeg fortalte da, at hos os kaldtes det 'at støbe lys',[9] og Dickens sagde mig, at det her kaldtes 'at dyppe', netop i den samme betydning, at dyppe et spiddelys.[10] I Frankrig, Italien og Spanien føler den danske sig hos et fremmed folkefærd, det er ikke tilfældet i England; her fornemmer[11] man, at det er blod af vort blod, sprog af den samme rod. Kysterne ved Themsens munding og Rochester kendte engang med angst de dristige danske, der

---

[1] *et uddrag:* an extract.    [2] *øvelse:* training.    [3] *gengive:* render.
[4] *det traf sig:* it happened.    [5] *enslydende:* identical.
[6] *her til lands:* in this country.    [7] *i det uendelige:* ad infinitum.
[8] *knikse=neje:* curtsy.    [9] *støbe lys:* make candles.
[10] *at dyppe et spiddelys:* to dip a candle.    [11] *fornemme=føle.*

kom, gjorde landgang[1] og øvede mangen[2] voldsdåd;[3] i folk og sprog kan endnu fornemmes slægtskabsbåndet[4] fra den tid, da den danske Kong Knud[5] regerede over England og de tre nordiske riger; men England var hovedlandet, kongens opholdssted.[6] Worsaae[7] har i sit interessante værk om England fuldelig vist os de mange danske minder, her findes endnu i steders navne, som og[8] i sagn[9] og sange. Når vinden suser med sørgmodig[10] klang i aftenen hen over heden, siger bonden, det er: 'the Danish boy's song', den danske dreng synger sin klage;[11] gennem mit hjerte klang den ved tanken om, hvad mit fædreland, det ældste rige i Europa, engang betød; nu er det alene i kunst og videnskab, sang og mejselslag,[12] det lyder ud over det rige land, som havet har skilt fra Vestjylland.

Først ved at forstå et lands sprog bliver man hjemme der, snart kan man tilegne sig[13] det selv og nogenlunde[14] klare for sig,[15] men det går langsomt med at forstå de andre; man kan finde ord til at udtrykke sin tanke, ord, man har tilegnet sig, men vor omgivelse har et anderledes rigt forråd[16] af disse; det hele sprog i al dets rigdom og med alle dets nuancer står til deres rådighed,[17] og vi hører en mangfoldighed[18] af os nye og fremmede udtryk.

Snart forstod jeg, når hver enkelt henvendte sig til[19] mig; førte den hele kreds en livlig samtale, da gled ordene for hurtig i hinanden, og jeg sad som en døv mellem de talende. Men øret

[1] *gøre landgang:* go ashore.  [2] *mangen:* many a.
[3] *voldsdåd:* act of violence.  [4] *et slægtskabsbånd:* a family tie.
[5] *Knud:* Canute.  [6] *et opholdssted:* a place of residence.
[7] J. J. A. Worsaae (1821–85), Danish archæologist and historian. Among his works are *Primeval Antiquities of England and Denmark* (1849) and *The Danes and Norwegians in England* (1852).
[8] *og=også.*  [9] *et sagn:* a legend.
[10] *sørgmodig:* melancholy.  [11] *klage(sang)*: plaintive song, elegy.
[12] *mejselslag:* hammering of the chisel (a reference to Bertel Thorvaldsen (1770–1844), the famous Danish sculptor).
[13] *tilegne sig:* adopt, acquire.  [14] *nogenlunde:* reasonably well.
[15] *klare for sig:* here: express oneself.  [16] *forråd:* store.
[17] *stå til rådighed:* be at somebody's disposal.
[18] *en mangfoldighed:* a multitude.  [19] *henvende sig til:* address.

vænner sig efterhånden til de forskellige lyde og betoninger; lidt efter lidt, som man i tåge kan bemærke den ene bjergtop komme frem efter den anden, og derpå de enkelte partier af landskabet, fik mit øre fast greb på ord og sætninger, og den almindelige samtale blev mig forståelig i enkeltheder og siden i sin helhed.

## IX

# 'KNIV', DER SØGTE EFTER MENNESKER

## KNUD RASMUSSEN[1]

'Kniv' hed en mand, der boede nordligst af mennesker. Han var stor og mægtig blandt sine landsmænd og anset[2] i alle idrætter.[3] Det fortælles således, at når der spilledes fodbold mellem to bopladser[4] med et udstoppet[5] sælskind, så var det hold,[6] der havde ham på sit parti, altid sikker på at sejre.

Hver sommer og efterår nedlagde[7] han mange sælcr og hvalrosser, og selv de hvide hvaler, som var berømte for deres hurtighed, kunne han indhente og dræbe. Derfor var hans kødgrave[8] også altid fyldt med forråd.[9] Når vinteren kom, og iscn lagde sig over fjordene, kørte han nordover på lange bjørnejagter, der både skaffede ham skind, berømmelse og lækkert[10] kød til store gæstebud.[11]

Et forår drog han som sædvanlig mod nord for at jage bjørn. Han havde denne vinter usædvanlig gode hunde, og derfor passerede han i løbet af få dage alle de lande, som menneskene

---

[1] Knud Rasmussen (1879–1933), Danish arctic explorer, was born in Greenland and spoke the language of the Eskimos with fluency. He wrote down a number of the native Eskimo folk tales.

[2] *anset:* highly respected.   [3] *idræt:* sport.   [4] *en boplads:* a settlement.

[5] *udstoppet:* stuffed.   [6] *hold:* team.   [7] *nedlægge = dræbe.*

[8] *en kødgrav:* a meat store, cache.   [9] *forråd:* provision.

[10] *lækker:* delicious.   [11] *gæstebud:* banquet.

kendte, og befandt sig nu langt borte fra sin hjemstavn[1] mellem lutter[2] store bræer,[3] hvor kun ganske enkelte forbjerge[4] ikke var dækkede med is. I disse vilde omgivelser traf han så mange bjørne som ingensinde[5] før og havde snart sin slæde læsset med skind og dejlige flensestykker.[6]

Nu fortaltes det om 'Kniv', at han aldrig følte sig bedre tilpas,[7] end når han kæmpede sine ensomme kampe alene, langt fra andre mennesker, med det storvildt,[8] han jagede op. Og derfor var det kun naturligt, at han denne gang, hvor han var kommet uden for de grænser,[9] som han plejede at drage på sine rejser, besluttede sig til at gemme alle sine bjørneskind og fare endnu længere mod nord. Han kørte så i tre dage og tre nætter, og da dagen nærmede sig ved det fjerde gry,[10] fik hans hunde færten af[11] liv inde i en lille vig.[12] Det bar nu ind-over,[13] alt det hans hunde kunne løbe, indtil han pludselig befandt sig på en menneskeboplads, der lige var forladt. Der var kun eet hus, og skønt han undersøgte det meget omhyg-geligt, fandtes der intet, som kunne oplyse ham om, hvor den lille stamme[14] var flyttet hen. Kun sporene viste, at de var draget endnu længere mod nord.

Året efter drog han atter[15] på langfart[16] for at jage bjørn; men hans hemmelige mål[17] var dog at opsøge den boplads, han havde set forrige år. Atter denne gang kom han for sent, og skønt sporene efter de bortdragne endnu var ganske friske, fulgte han dog ikke efter, men vendte om igen med det samme. Imidlertid havde disse spor, som han nøje havde undersøgt, gjort det åbenbart for ham, at de fremmede mennesker sikkert måtte lide af mangel på hunde; thi overalt sås kun spor efter

[1] *en hjemstavn:* a home district.     [2] *lutter:* nothing but.
[3] *en bræ:* a glacier.     [4] *et forbjerg:* a promontory.
[5] *ingensinde:* never (cf. *nogensinde:* ever).
[6] *flensestykker:* pieces of meat with the skin flayed off.
[7] *føle sig godt tilpas:* feel at ease.     [8] *storvildt:* big game.
[9] *en grænse:* a boundary, a limit.     [10] *(dag)gry:* dawn.
[11] *få færten af:* get the wind of.     [12] *en vig:* a bay.
[13] *Det bar nu indover:* He now went towards the main land.
[14] *en stamme:* a tribe.     [15] *atter = igen.*
[16] *en langfart:* a long journey.     [17] *et mål:* a goal.

meget små forspand,[1] medens mange mennesker, både kvinder og børn, havde måttet gå ved siden af slæderne. Han besluttede derfor at efterlade en af sine bedste tillægshunde,[2] der i løbet af kort tid skulle have hvalpe. Men først fangede han nogle sæler, hvoraf der var mange i vigen, for at hunden skulle have nok at leve af, medens den ventede på menneskene; derefter bandt han den fast ved[3] husets indgang og kørte bort.

Næste år gik det ham ikke bedre end de forrige gange; han kom frem til huset, der som sædvanlig lige var blevet forladt, men på det sted, hvor han året i forvejen havde efterladt sin hund, stod nu et mægtigt knippe[4] af narhvalstænder,[5] der sikkert skulle være en tak for den gave, han året i forvejen[6] havde efterladt.

Kort efter sin hjemkomst druknede han i kamp med en hvalros, og efter hans død var der ingen, der vovede sig ud over[7] fangststederne ved deres bopladser.

## X

# MIN LILLE DRENG[8]

### CARL EWALD[9]

Vi har øllebrød[10] og tante Anna til middag. Nu er øllebrød en fæl[11] ret,[12] og tante Anna hører heller ikke til de lækreste.[13]

Hun har gule tænder og en lille pukkel[14] og meget strenge[15] øjne, som endda ikke er lige[16] strenge begge to. Hun skænder

---

[1] *et forspand:* a team.     [2] *en tillægshund:* a brood dog.
[3] *binde den fast ved:* tie it to.     [4] *et knippe:* a bundle.
[5] *en narhvalstand:* a narwhal's tusk.     [6] *året i forvejen:* the previous year.
[7] *vove sig ud over:* dare go beyond.
[8] A phonetic transcription of this text may be found in H. J. Uldall: *A Danish Phonetic Reader* (London, 1933).
[9] Carl Ewald (1856–1908), Danish novelist and short-story writer.
[10] *øllebrød:* bread soup.     [11] *fæl:* horrible, nasty.     [12] *en ret:* a dish.
[13] *lækker:* see p. 215, n. 10.     [14] *en pukkel:* a hump.
[15] *streng:* stern.     [16] *lige:* equally.

næsten altid på[1] os, og når hun kan komme til det,[2] kniber[3] hun os.

Det allerværste er imidlertid, at hun bestandig foregår os med et godt eksempel,[4] hvilket efterhånden nemt kan drive os uhjælpelig[5] i det ondes favn.

Tante Anna holder heller ikke af[6] øllebrød. Men hun spiser den naturligvis med et vellystigt[7] udtryk i ansigtet og ser arrigt[8] til min lille dreng, som ikke engang gør noget forsøg på at redde anstanden.[9]

'Hvorfor spiser den lille dreng ikke sin dejlige øllebrød?' siger hun så.

Foragtelig[10] tavshed.

'Sådan en dejlig øllebrød. Jeg kender en stakkels, fattig dreng, som ville blive forfærdelig glad, hvis han fik sådan en dejlig øllebrød.'

Min lille dreng ser interesseret på tante, som slubrer øllebrøden i sig[11] med salige[12] øjne.

'Hvor er han?' spørger han så.

Tante Anna lader, som om[13] hun ikke hører det.

'Hvor er den fattige dreng?' spørger han igen.

'Ja — hvor er han?' spørger jeg. 'Hvad hedder han?'

Tante Anna sender mig et rasende blik.

'Hvad hedder han, tante Anna?' spørger drengen. 'Hvor bor han? Han må gerne få min øllebrød.'

'Min med',[14] siger jeg resolut og skubber tallerkenen fra mig.

Min lille drengs øjne er blevet meget store og slipper[15] ikke tante Annas ansigt. Imidlertid er hun kommet til hægterne[16] igen.

---

[1] *skænde på:* scold.       [2] *komme til det:* manage to do so.
[3] *knibe:* pinch.
[4] *foregå med et godt eksempel:* set a good example.
[5] *uhjælpelig:* irretrievably, irremediably.
[6] *holder af = kan lide:* likes.      [7] *vellystig:* voluptuous, lusty.
[8] *arrig:* spiteful.      [9] *redde anstanden:* save appearances.
[10] *foragtelig:* contemptuous.      [11] *slubre i sig:* gobble up.
[12] *salig:* blissful.      [13] *lade som om:* pretend.
[14] *Min med:* Mine as well.      [15] *slippe:* let go.
[16] *komme til hægterne:* recover, come to.

'Der er mange fattige drenge, som måtte takke deres Gud, om de kunne få sådan en dejlig øllebrød', siger hun så. 'Umådelig mange. Alle vegne.'

'Ja — men så sig os en af dem, tante', siger jeg.

Min lille dreng er gledet ned af sin stol. Han står med hagen akkurat over bordet og begge hænder om tallerkenen, beredt til at afmarchere med øllebrøden til den fattige dreng, bare han kan få hans adresse.

Men tante Anna er ikke sådan at løbe med.

'Masser af fattige drenge', siger hun igen. 'Hun-dre-de. Og derfor skulle en anden lille dreng, som jeg ikke vil nævne, men som er her i stuen, skamme sig over, at han ikke er taknemmelig for øllebrøden.'

Min lille dreng stirrer på tante Anna som fuglen på slangen.

'Sådan en dejlig øllebrød. — Jeg må virkelig bede om en lille portion endnu.'

Tante Anna frådser i[1] sit martyrium. Min lille dreng er målløs[2] med åben mund og runde øjne.

Da skyder jeg min stol tilbage og siger i oprigtig forbitrelse: 'Hør nu, tante Anna — dette er sandelig for galt.[3] Her sidder vi med en masse øllebrød, som vi aldeles ikke kan lide, og som vi allerhelst vil være fri for, hvis vi bare vidste nogen, der ville have den. Du er den eneste, som ved nogen. Du kender en fattig dreng, som ville danse, hvis han fik øllebrød. Du kender hundrede. Men du vil ikke sige os, hvad de hedder, og hvor de bor.'

'Nej — ved du hvad —!'

'Og så sidder du selv ganske rolig og spiser hele to portioner, skønt du godt ved, du skal have æggekage[4] ovenpå. — Det er rigtig stygt gjort af dig, tante Anna!'

Tante Anna er kvalt af forargelse. Min lille dreng lukker sin mund med et smæk og ser med alle tegn på afsky på det slette gamle fruentimmer.[5]

---

[1] *frådse i:* revel in, wallow in.
[2] *målløs:* speechless.
[3] *Det er for galt:* This is the limit.
[4] *æggekage:* omelette.
[5] *et fruentimmer:* a female person.

Og jeg vender mig med stille alvor til vores moder og siger:
'Efter dette ville det være aldeles upassende, om vi oftere
spiste øllebrød her i huset. Vi kan ikke lide den, og der er
hundrede fattige drenge, som elsker den. Skal den laves, må
tante Anna komme hver lørdag og hente den. Hun ved, hvor
drengene bor.'

Æggekagen indtages i tavshed, hvorefter tante Anna ryster
støvet af sine fødder. Hun skal ingen kaffe have i dag.

Da hun står i gangen[1] og ifører sig sine syv slag,[2] opstiger
der endnu en sidste tvivl i min lille drengs sjæl. Han retter
sine grønne øjne på hendes ansigt og hvisker:

'Tante Anna — hvor bor drengene?'

Tante Anna kniber ham og korser sig og går bort med et
større nederlag, end hun kan oprette.[3]

## XI

# MIN FYNSKE[4] BARNDOM

### CARL NIELSEN

Komponisten Carl Nielsen (1865–1931) er født på Fyn, hvor hans far
og to onkler var landsbymusikanter. Han begyndte med at være hyrde-
dreng. Han gik også ud med faderen for at spille til dans og blev
senere ansat ved militærmusikken i Odense. I 1883 kom han på
musikkonservatoriet i København og var fra da af udelukkende kunstner.
Af hans værker kan nævnes den oratorieagtige opera 'Saul og David'
samt buffo-operaen 'Maskarade' (efter en komedie af Ludvig Holberg).
Foruden symfonier og kammermusik har Carl Nielsen komponeret
flere meget sungne melodier til danske digte. Hans værker betød et brud
med romantikken, der beherskede[5] dansk musik ved hans fremtræden.

Her følger nogle uddrag af hans barndomserindringer.

### 1. *En farlig vugge*

Det allerførste, jeg kan huske, er, at jeg lå i et stort vandhul —
'Brønden' — og holdt i en tot[6] græs med begge hænder. Jeg

---

[1] *en gang:* a hall.  [2] *et slag:* a cape, a cloak.
[3] *oprette:* repair, make good.
[4] *fynsk:* adjective corresponding to *Fyn* or *Fyen*, the island of Funen.
[5] *beherske:* dominate.  [6] *en tot:* a tuft.

syntes, det var meget morsomt, fordi min krop gyngede op og ned ligesom i en vugge; de andre fortalte senere, at jeg lå i vandet og lo højt, og jeg har ingen erindring om, at jeg blev trukket op, eller om min mors forskrækkelse.

Jeg må dengang have været sådan noget som[1] to eller i hvert fald under to og et halvt år; for jeg ved, at jeg havde en tærnet[2] hvergarns[3] kjole[4] på, som gik i arv[5] i en bestemt alder til de mindste og kun blev brugt til omkring to års alderen.

Den kjole kan jeg tydelig huske; den var til at hægte i ryggen, og det er den, jeg skylder, at jeg ikke druknede; luften må være kommet ind under tøjet, og det stive stof har på den måde holdt mig oppe som en ballon.

Jeg fik senere at vide, at jeg havde hængt ikke så helt kort tid i vandet.

## 2. *Ingen penge i hjemmet*

Engang, da min far var otte dage[6] fra hjemmet for at spille ved gilder hos bønderne, havde Mor ikke flere penge, så vi havde hverken smør, fedt eller pålæg[7] til brødet — for ikke at tale om varm mad. Hun havde hos en slagter købt noget hestefedt, som hun havde smeltet af og hældt i en stor, rødbrun lerkrukke. Det var nu stivnet, og jeg ser endnu for mig den gullige overflade af fedtet.

Mor havde skåret skiver af brødet; hun stod endnu med brødkniven i hånden og skulle lige til[8] at smøre fedtet på. Da brast det for hende: jeg så en tåre falde ned på kanten af krukken og sprøjte ud til siderne som en stjerne.

Mor tog sig dog hurtigt i det[9] og sagde med en slags smil: 'Ja, kære børn, jeg har det ikke bedre til jer!'

Da vi fik maden og strøede godt med salt på, var det slet ikke så galt; men vi har vel også været dygtig sultne.

[1] *sådan noget som:* something like.   [2] *tærnet:* checked.
[3] *hvergarn:* homespun.
[4] *kjole:* means normally 'frock', but here: a little boy's dress.
[5] *gå i arv til:* be inherited by.   [6] *otte dage:* a week.
[7] *pålæg:* spread (for open sandwiches).
[8] *skulle lige til:* was just on the point of.
[9] *tage sig i det:* recover oneself.

### 3. *Da Mor kom med æbleskiver* [1]

En dag lå vi fire søskende i græsset. Solen skinnede stærkt, og vi var både sultne og tørstige, da min mor var på høstarbejde.

Nu kom hun hjem i middagsstunden; men da vi alle sammen lå på ryggen og vistnok var ved at falde i søvn, mærkede vi ikke noget, før hun stod hos os, bøjede sig ned over os med et stort smil under den hvide høsthat og sagde: 'Nu skal I se,[2] hvad jeg har til jer!'

Det var varme æbleskiver med hvidt strøsukker[3] på, og en lejle[4] med drikke; men jeg husker ikke, om det var øl eller mælk. Nok er det, at synet af min mor, solen, himlen, græsset og maden løb sammen i een salighed, — det kan aldrig glemmes.

Så gik hun igen, rask og glad, og sagde: 'Kan I nu være søde børn, så kommer jeg hjem til jer i mørkningen.'

Så smuttede[5] vi søskende rundt i græsset, legede og gik med bare fødder ned i en stor vandpyt i nærheden, der nu var tør med enkelte vandpytter, hvor vi samlede kønne sneglehuse, fangede hundestejler[6] og legede ved at løbe og trimle[7] op og ned ad skråningen.

### 4. *Hjemmebagning*

I huset, hvor vi boede, var der en bagerovn, og det var en stor begivenhed, når der skulle bages. Det var kun rugbrød; hvedebrød kendtes næsten ikke, og hvis vi en gang imellem fik det at smage, var det en stor herlighed.

Mine forældre gjorde selv hele arbejdet med bagningen, og jeg syntes, at det var forunderligt at se ind i ovnen, hvor ilden flammede. Efter at Far til sidst med den store ildrager[8] havde trukket brandene[9] ud og med en sært betaget anspænding

---

[1] *æbleskiver:* a kind of apple-dumpling.
[2] *Nu skal I se, hvad...:* Look, what....    [3] *strøsukker,* granulated sugar.
[4] *lejle:* wooden flask.    [5] *smuttede:* here: ran.
[6] *en hundestejle:* a stickleback.    [7] *trimle:* roll.
[8] *ildrager:* poker.    [9] *brandene:* here: the burning logs.

kuret[1] brødene ind på den store, flade skovl, blev ovnen
klinet til.[2]

Når brødet så var bagt, var vi spændt på, hvordan det var
lykkedes; men jeg ved ikke af, at det nogensinde mislykkedes.
Brødene blev så lagt omvendt[3] med overskorpen nedad oven
på sengene, og det var især om vinteren en højst betagende
følelse at krybe i de varme senge, der duftede af det friske brød.
Ligeledes at få sig en skive af det nybagte, varme brød, der
dog havde den fejl, at smørret eller fedtet smeltede ind i krum-
merne og forsvandt for vore øjne, og det nyttede ikke at ville
narre Mor til at give os en klat mere; thi smørret var dyrt og
pengene meget få.

## 5. *En kvist fra Vorherre*

En dag gik min yngste søster og jeg og legede ved en dyb
lergrav.[4] Pludselig hørte jeg et stærkt plump; det var min lille
søster, der var faldet i vandet.

Jeg løb, så hurtigt jeg kunne, ind til Mor, der kastede fra
sig, hvad hun havde i hænderne, og styrtede vildt ned til
graven; jeg bagefter.

Først var der intet at se, og da den lille pige endelig kom op
på overfladen igen, kunne Mor ikke nå hende, fordi der var
så langt fra kanten ned til vandet. Mor jamrede højt, men så
fløj hun om på den anden side af graven, hvor der var lavere,
stod ud på en balk[5] og stirrede ned i vandet.

I det samme kom min søster op for anden eller måske tredie
gang, men var nu så langt ude, at Mor ikke kunne nå at gribe
hende uden selv at falde ud. Da tog hun som i vånde[6] for sig
på jorden og fik fat i[7] en lille kvist, hvormed hun nåede min
søsters klæder og trak hende så let som et fnug[8] ind til sig. Da der
ellers slet ingen buske eller træer voksede der, var det et meget
mærkeligt træf,[9] at den kvist skulle ligge netop på dette sted.

[1] *kure:* slide.
[2] *kline til:* close with wet clay.
[3] *omvendt:* upside down.
[4] *lergrav:* clay pit.
[5] *en balk:* a little ridge, a baulk.
[6] *i vånde:* in despair.
[7] *få fat i:* get hold of.
[8] *let som et fnug:* light as a feather.
[9] *træf:* coincidence.

Når Mor senere talte om denne tildragelse,[1] sagde hun med overbevisningens varme: 'Den lille pind havde Vorherre lagt til mig.'

### 6. *Musik på favnebrænde*[2]

Den daværende ejer af herregården Bramstrup, etatsråd[3] Langkilde, var en meget venlig mand. Han gik ofte til fods rundt på sine ejendomme og havde altid et godt ord tilovers.[4] En dag kom han forbi, hvor vi boede. Mor stod uden for huset og hængte noget vasketøj op. Han gav sig i snak[5] med hende. Jeg stod bag ved en stak[6] favnebrænde, som jeg var i færd med at spille nogle melodier på. Min bror og jeg havde nemlig gjort den opdagelse, at brændestykkerne havde forskellige toner, og nu havde jeg sat nogle kridtmærker på enden af stykkerne og kunne, ved at slå med en hammer på dem, spille forskellige småmelodier.

Hr. Langkilde afbrød samtalen med min Mor og spurgte: 'Hvad er det?'

'Å, det er vist en af mine drenge, der spiller på favnebrænde.'

Han kom hen til mig og opfordrede mig til at blive ved. Det skal have moret ham meget at se mig hoppe rundt og springe i vejret for at træffe tonerne i den rigtige takt. Jeg var vel en fem-seks år, da det passerede.

Etatsråd Langkilde sagde: 'Du er virkelig en flink lille dreng!' Og så tog han mig med to fingre om næsen.

Men da min mor havde lært mig, at så skulle jeg puste ud,[7] gjorde jeg det pligtskyldigst. Jeg ved ikke med hvilket resultat; men den gamle herre lo hjerteligt deraf og sagde et par anerkendende ord til min mor om hendes opdragende fremgangsmåde.

[1] *tildragelse = begivenhed:* event.
[2] *favnebrænde:* logs of the same length, cord-wood.
[3] *etatsråd:* a purely honorary title (now obsolete).
[4] *have et godt ord tilovers:* have a kind word for everyone.
[5] *gav sig i snak:* began to talk.  [6] *stak:* pile.
[7] *puste ud:* blow one's nose.

## 7. *Det ny hjem*

Da mine forældre havde sparet lidt penge sammen, begyndte min mor at blive optaget af store planer.

En dag skulle Mor og jeg til Allested. Vi gik i soldis[1] hen ad vejen fra Nørre Lyndelse til Nørre Søby.

Pludselig standsede min mor og stirrede ud over landet mod sydøst, hvor udsigten er vid: 'Se, nu har jeg det sådan igen! Nu er alting så kønt, og jeg ser de dejlige tårne og spir; og hør dog, hvor det ringler[2] i luften! Hvad kan det mon betyde, at jeg skal se så mange ting, som de andre bare ler ad, og som Far siger er noget, jeg indbilder mig?'

Jeg så ikke andet end de grønne marker, som var indrammet af pilehegn og afbrudt af spredte gårde og huse; men Mor så glad og lykkelig ud, og vi gik videre.

Lidt senere standsede hun atter brat uden for et hus, der lå ved landevejen. Det var et kønt, stråtækt[3] hus med syv vinduer og en lang, smal have. I haven var der to store pæretræer, et par kirsebærtræer og en hyldebusk. Det var en sommerdag, og kartoflerne stod i blomst.

Da betroede min mor mig, at det hus havde hun tænkt på at komme til at eje. Jeg må have sagt noget om, at det var helt uopnåeligt,[4] for jeg husker ordret,[5] hvad hun svarede:

'Når vi ønsker noget rigtig inderligt, så skal vi blive ved med at tænke på det, men ikke snakke om det, så når vi det til sidst.'

Et års tid efter[6] flyttede vi virkelig ind i dette palads med sol og lys og glæde.

## 8. *Pæretræerne*

Det første år, vi boede i vort nye hjem, kom min bror og jeg i en stor fristelse med hensyn til pæretræerne.

Far havde forbudt os at røre pærerne. En dag, da de næsten var modne, og han skulle ud og spille til gilde, sagde han til

---

[1] *soldis:* sun haze.  [2] *det ringler:* there is a ringing sound.
[3] *stråtækt:* thatched.  [4] *uopnåelig:* unattainable.
[5] *ordret:* verbatim.  [6] *Et års tid efter:* About a year later.

os, idet han gik: 'Nu bliver I jo nok[1] fra pæretræet!' Kort efter gik Mor til Nørre Søby, og så var vi alene med de mindre søskende.

Lige bag ved huset og forbi pæretræerne løb et stendige;[2] her sad min bror og jeg og stirrede op i træet. Vi så på hinanden og forstod så godt hinandens tanker. Så sagde han: 'Lagde du mærke til, at han ikke sagde pæretræerne, men pæretræet; det ene er altså frit.'

Så begyndte vi at se os om efter noget at hive[3] op i træet. Vi fandt nogle brændestykker[4] og fik snart en tre-fire pærer slået ned. Da vi havde spist hver een eller to, tog vi fat igen; men jeg tog mig ikke i agt;[5] brændestykket ramte mig i hovedet og slog et stort hul i panden.

Da min far dagen efter kom hjem, og vi påny måtte rykke ud med,[6] hvad vi allerede havde tilstået for Mor, fik vi os hver et par rigtig gode lussinger, jeg især, der bar det synlige mærke af forbrydelsen.

## 9. *Hvis det nu var to af vore egne drenge!*

En dag var vi ude i haven: Far stod og så ind på grisen, Mor hængte tøj op, og jeg var i færd med at luge. Så kom der to vandrende håndværkssvende forbi. De var meget støvede, havde hver en gammel randsel[7] på ryggen og så temmelig elendige ud.

Da de så, at der var en post[8] ved huset, bad de om en drik vand. Mor spurgte, om de ikke hellere ville have øl, så kunne de komme ind i stuen. Jeg hørte Far sige til hende, at hun skulle helst ikke tage sådanne bisser[9] ind; men Mor svarede: 'Kære Niels, du behøver blot at tænke: hvis det nu var to af vore egne drenge!'

Far sagde ikke et ord; men jeg kunne tydelig se på ham, at det slog ham.[10]

| | |
|---|---|
| [1] *nok:* here: I hope. | [2] *stendige:* stone fence. |
| [3] *hive:* here: throw. | [4] *brændestykker:* logs. |
| [5] *tage sig i agt:* be careful. | [6] *rykke ud med:* inform. |
| [7] *randsel:* haversack. | [8] *en post:* i.e. 'en vandpost', a pump. |
| [9] *en bisse:* a tramp. | [10] *det slog ham:* he was struck with her words. |

226

## 10. Smørhullet[1]

Når vi fik grød, måtte Far absolut have et smørhul i midten, og han blev ærgerlig, hvis der ikke var smør i huset.

I den anledning havde vi engang en spændende huslig scene. Mor havde kogt boghvedegrød,[2] og vi skulle lige til[3] at spise, da det viste sig, at vi hverken havde smør eller sirup på lager.

Nu var gode råd dyre. Far var ude i haven, og Mor sagde til os: 'Hvad skal jeg dog gøre?' Så fik hun et indfald: hun varmede lidt vand og kom noget salt deri, og da vi tog plads og sad om grødfadet, kom hun nok så højtidelig og hældte 'smørret' af en lille kasserolle[4] ud i hullet.

Vi var alle sammen i den største spænding, om Far ville opdage falskneriet, og hvad han så ville sige. Det gik imidlertid udmærket; vi dyppede i 'smørhullet' og spiste sur mælk til.

Men henimod slutningen af måltidet vovede Mor sig for langt ud. Hun sagde nemlig: 'Nå, lille børn,[5] nu kunne I gerne lade Far have resten af smørret for sin egen mund!' Da brast det for min bror Albert, og han løb hylende af grin ud af stuen.

Far så forundret efter ham og sagde: 'Hvad er det?' Men han fik først sammenhængen at vide mange år efter, og så sagde han blot: 'Hm!'

## 11. Min broder Sofus

Min broder Sofus var som alle mine søskende meget musikalsk. Han spillede på violin, men drev det aldrig vidt[6] på grund af, at hans lillefinger engang var blevet knust, og fordi han i hele sin opvækst tjente hos bønder og passede køer. Jeg tror, jeg

---

[1] smørhul: the traditional hole for butter in the various kinds of Danish 'grød' (made of oats—'havregrød' means 'porridge'—barley, etc.).

[2] boghvedegrød: a kind of porridge made of buckwheat, a favourite dish in Funen.

[3] vi skulle lige til: we were just going to.     [4] kasserolle: saucepan.

[5] lille børn: children. (N.B. In this particular idiom, where 'lille' is entirely endearing, the plural form 'små' is not used.)

[6] drev det aldrig vidt: never got very far.

tør sige, at der ingensinde har levet et bedre, renere og i sig selv mere trygt hvilende menneske end ham.

Vi elskede at ligge ved siden af ham om søndagen under kirsebærtræerne bag havediget, og så fik vi ham til at fløjte for os. Han kunne efterligne alle fuglenes stemmer, og vi kunne ikke blive trætte af at høre på ham. Hele dagen kunne han tilbringe med at gå rundt i hegn og skov for at se på fuglene og høre deres sang. Men en gang imellem var det ikke mere fuglestemmer, vi hørte; så lavede han selv melodien med lange løb[1] og triller, og jeg ved ikke, at jeg nogensinde har hørt musik, der har givet mig så megen sødme, finhed og afveksling. Han elskede alle dyr, og de køer, han passede, løb efter ham som trofaste hunde.

Engang besøgte jeg ham i hans tjeneste ude på marken ved Højby. Han satte sig op på et led og blæste nogle toner på en pilefløjte, som han havde skåret til mig.

Han sagde ikke: 'Den skal du have!' — men han rakte den hen til mig og så på mig med sine blå øjne. Han sagde heller ikke til mig: 'Nu skal du se, nu kommer alle køerne, når jeg kalder!' Han gjorde ikke noget nummer af[2] det: han kaldte på dem, og de kom så løbende og springende hen imod os til min største overraskelse. Så talte han til hver især, krøb ned af ledet, kløede dem under halsen, ved haleroden og andre steder, hvor de holder af det, stak en lille bid af et eller andet, han havde i lommen, i munden på dem og lod dem så gå hver til sit.

## 12. *Et farligt sovested*

Når Far selv var optaget af at spille med sine medarbejdere ved gilder, sendte han — da vi var kommet så vidt — Sofus og mig til andre steder, og jeg var glad, hver gang jeg skulle være sammen med ham.

Jeg fik en gang lejlighed til at gøre lidt gengæld for al hans godhed ved en tildragelse, hvor vi begge var nær ved at sætte livet til.[3] Han var vel en seksten-sytten år og jeg tolv-tretten.

---

[1] *løb:* here: cadences.      [2] *gøre et nummer af:* make a fuss about.
[3] *sætte til:* lose.

Vi havde været i Havndrup og spillet til gilde hele natten,
og vi var forfærdelig trætte, da vi henad morgenstunden pakkede
vore violiner ind og begav os på hjemvejen, omtrent halvanden
mil.

Det var stærkt frostvejr med snestorm, og vinden var imod.
Da vi kom hen til et sted, der hedder Isbjerg, var der en slags
hulvej, hvor der op ad skrænten voksede en del bjergfyr.[1] Vi
havde hidtil haft stærk modvind, og da vi nu kom ind i hulvejen
og fik læ for den kolde blæst, føltes det så hyggeligt og vel-
gørende, at vi syntes, vi blev helt varme som hjemme i Mors
stue. Vi brækkede nogle grene af bjergfyrrene og besluttede os
til at hvile på dem en lille stund. Bag ved bakken og i toppen af
bjergfyrren hørte vi vinden synge og jamre; men Sofus smilede
bare og efterlignede tonerne fra luften med et lille 'Hu-i!' — og
jeg syntes, det var dejligt at være sammen med ham.

Så faldt vi i søvn.

Jeg ved ikke, hvor længe vi har sovet; men så var der noget,
der krøb ned på min hals som en snog, og da jeg ville springe
op, lå jeg under en tyk dyne[2] af sne, som smeltede ved min hals.

Jeg kunne ikke straks finde min violinpose og kaldte på
Sofus; men han svarede ikke. Så fik jeg — ganske fortumlet —
sneen væltet af mig, skovlede den også med hænder og fødder
bort fra ham, ruskede længe i ham og fik ham endelig til at rejse
sig. Vi fandt vore sager, stavrede[3] videre og kom lykkeligt og vel
hjem til vore lune senge.

XII

AMLED[4]

Der var en konge i Jylland, som hed Ørvendel; han havde
en hustru, der hed Gertrud, og de havde en søn, der hed
Amled. Ørvendels broder, Fenge, var misundelig over kongens

---

[1] *bjergfyr:* mountain pine.     [2] *dyne:* eiderdown.     [3] *stavre:* stumble.
[4] This legend, written down in Latin by Saxo Grammaticus about the
year 1200, but of much earlier date as an oral legend, is the ultimate source
of Shakespeare's *Hamlet*.

hæder og lykke og myrdede ham. Det lykkedes ham at vinde folket, så de gjorde ham til konge i broderens sted, og han fik endda dronningen overtalt til at gifte sig med ham.

Da Ørvendel var død, gik drengen Amled omkring på gården som en tåbe¹ til spot² for alle. Han smurte³ sig med sod i ansigtet og rullede sig i alskens⁴ snavs, så der sad spor efter ham på gulv og bænke. Tit så man ham sidde ved arnen⁵ og snitte kroge⁶ af træ, som han hærdede for enden i ilden. Når nogen spurgte ham, hvad det var han gjorde, svarede han: 'Jeg smeder⁷ spyd til at hævne min far', og så lo de alle ad hans tåbelighed. Men der var nogle af kongens mænd, som undredes over, hvor dygtig han var med sine hænder; de lagde også mærke til, at han altid gemte de kroge, han sad og lavede, og de fik mistanke om, at drengen var klogere, end han gav det udseende af. De forsøgte nu med list⁸ at fange ham, og en dag spurgte de, om han ikke havde lyst til at ride med ud i skoven. 'Jo, det vil jeg godt', svarede Amled og gik med ud, hvor hestene stod. Han steg nu op og satte sig baglæns på en hest, og mens de red afsted, sad han og holdt den i halen. Undervejs mødte de en ulv, og en af mændene råbte til Amled: 'Kan du se det føl der?' 'Ja, det kan jeg', svarede Amled, 'dem er der ikke nok af i Fenges hestehave.' 'Det var klogt sagt', svarede de andre. 'Ja, jeg ville også sige noget rigtig sandt', sagde Amled. Længere fremme kom de til stranden, og der lå et vrag kastet op; en af hans ledsagere pegede på roret og sagde: 'Det er en stor kniv.' 'Den skal også skære en stor skinke', svarede Amled. 'Her er meget mel', sagde en anden, mens de red hen over sandet. 'Det er også en stor kværn, som har malet⁹ det', svarede drengen.

Da de var kommet ind i skoven, stod de af og bandt hestene, og alle mændene spredtes ad, så at Amled blev alene tilbage. Han gik videre frem, og inde i en lysning så han en ung og

---

¹ *en tåbe:* a fool.  ² *spot:* derision.
³ *smøre* (past tense: *smurte*): smear.  ⁴ *alskens:* all sorts of.
⁵ *en arne:* a fireplace.  ⁶ *en krog:* a hook.  ⁷ *smede:* forge.
⁸ *list:* cunning.  ⁹ *male:* grind.

smuk pige. Men kongens mænd havde lagt sig på lur[1] for at
se, hvad Amled ville gøre. I det samme drengen gik hen og
ville klappe pigen på kinden, kom der en bi og surrede[2]
omkring ham, og han så, at det var stukket et strå i bagen på
den.[3] Amled forstod straks, at dette var et tegn fra en, der
ville advare ham. Amled løftede nu pigen op på armene og
bar hende over sumpe[4] og moser[5] langt ind i skoven, så at
ingen kunne se, hvad der blev af dem. Da han kom hjem,
spurgte mændene, om han havde sovet godt. 'Jeg har fået
en god søvn', svarede Amled. 'Hvad lå du på?' spurgte de.
'Jeg lå på en hestehov[6] og en hanckam[7] og et tagspær',[8] sagde
han, og de lo alle sammen, for de forstod ikke, at han tænkte
på de urter[9] og rør,[10] som voksede ved mosen. 'Og jeg så
noget underligt på vejen', tilføjede han, 'jeg så et strå flyve
med vinger.' Det var hans tak til den, som havde hjulpet ham.

Fenges rådgivere fandt nu på en anden list. De sagde til
kongen, at han skulle rejse bort og ordne det sådan, at Amled
blev kaldt ind til sin moder, mens kongen var borte, og mens
de to talte sammen, skulle en af kongens mænd skjule sig i
dronningens kammer og høre, hvad de sagde til hinanden.
Dette råd syntes Fenge godt om og gjorde derefter. Da kongen
var borte, kom der bud til Amled, at hans mor ville tale med
ham; han gik ind i hendes kammer, og så snart han var inden
for døren, begyndte han at gale[11] og baske[12] med armene og
springe omkring i halmen på gulvet som en hane. Han
mærkede, at der var noget levende, som skjulte sig i halmen,[13]
og stødte[14] ned i det med sit sværd; der lå kongens spion, og
han var død, da Amled trak ham frem. Så tog han liget,[15]
skar det i stykker og kastede det for svinene. Da hans mor så,
hvor tåbeligt sønnen bar sig ad,[16] gav hun sig til at græde

---

[1] *lægge sig på lur:* watch secretly.  [2] *surre:* buzz.
[3] *i bagen på den:* into its back part.  [4] *en sump:* a swamp.
[5] *en mose:* a marsh.  [6] *en hestehov:* (a) a horse's hoof, (b) a butterbur.
[7] *en hanekam:* (a) a cock's comb, (b) the plant called cock's-comb.
[8] *et tagspær:* a rafter.  [9] *en urt:* a herb.  [10] *et rør = et siv:* a reed.
[11] *gale:* crow.  [12] *baske:* flap.  [13] *halm:* straw.
[14] *støde:* push, pierce.  [15] *et lig:* a dead body.  [16] *bære sig ad:* behave.

bitterlig. Men Amled skændte på hende og sagde: 'Græd hellere over din egen skændsel[1] end over min tåbelighed, for med den skal jeg hævne min fars død. Men lad nu ingen vide, hvad vi to har talt sammen om.' Da Fenge kom tilbage fra sin rejse, savnede han en af sine mænd og spurgte, hvad der var blevet af ham. Det var der ingen, som kunne sige; men nogle sagde i spøg, at det vidste Amled måske, for han var jo så klog. Uden at betænke sig svarede Amled: 'Han er nok blevet ædt af svinene.' Og så lo man ad ham.

Kong Fenge besluttede nu at lade Amled myrde, men turde ikke gøre det åbenlyst. Derfor sagde han til Amled, at han skulle sejle med et skib over til England og besøge den engelske konge. Fenge gav ham to ledsagere med på turen, og han skrev nogle hemmelige tegn på en stav og sagde til dem, at den stav skulle de give kongen af England. På staven stod der skrevet, at kong Fenge bad kongen af England mindes gammelt venskab og lade Amled dræbe. Før Amled drog afsted, talte han med sin mor og bad hende om at udsmykke[2] salen til gravøl[3] over ham, hvis han ikke kom tilbage, når der var gået et år. Derpå sejlede han afsted. Og en nat, da hans to ledsagere sov, søgte[4] han alle vegne i deres ejendele,[5] og der fandt han staven og læste, hvad Fenge havde skrevet. Han skrabede tegnene ud og skrev andre tegn i deres sted, så at der nu stod på staven, at kongen af England straks skulle give Amled sin datter og lade hans to ledsagere hænge. Da de kom til den engelske konge, blev de godt modtaget, og Amleds ledsagere gav kongen staven og bad ham læse, hvad der stod. Da han havde læst tegnene, holdt han bryllup for sin datter med Amled og lod hans to ledsagere hænge. Men Amled lod, som om[6] han var vred over, at kongen havde dræbt to af hans mænd, og den engelske konge tilbød at betale en bod[7] i guldringe. Disse guldringe lod Amled smelte og hælde[8] ned i to hule stokke.

---

[1] *en skændsel:* a disgrace.       [2] *udsmykke:* decorate.
[3] *et gravøl:* the traditional banquet after a funeral.
[4] *søge = lede:* search.       [5] *ejendele:* belongings.
[6] *lade som om:* see p. 218, n. 13.       [7] *en bod:* a compensation.
[8] *hælde:* pour.

Da der var gået omtrent et år, sejlede Amled tilbage til Danmark og landede på Jyllands vestkyst. På vejen til kong Fenges gård snavsede han sine fine klæder til ved at rulle sig i støvet, og han tørrede sig i ansigtet med snavs, så han var helt sort at se på. Så tog han en stok i hver hånd og gik ind i hallen, hvor de netop var i færd med at drikke hans gravøl. Da kong Fenge og hans mænd så, at han så ganske ud, som før han rejste til England, blev de først meget forbavsede over, at han var i live; men lidt efter var der en, som udbrød: 'Her sidder vi og drikker ham død, og så bliver han netop levende.' Ved de ord brød alle kongens mænd ud i latter. De spurgte ham nu, hvor hans ledsagere var, og han viste dem sine to stave og sagde: 'Her er den ene, og her er den anden.' Så gik han rundt i hallen og hjalp med at skænke[1] øl, og tilsidst blev Fenges folk fulde[2] og faldt i søvn.

Da der nu var stille i hallen, hentede Amled sine trækroge frem fra det sted, hvor han havde gemt dem. Først skar han snorene over på de tæpper,[3] som hang langs væggene i salen, så at de faldt ned over de sovende, og derpå spændte han tæpperne sammen[4] med trækrogene, så ingen kunne slippe væk.[5] Endelig stak han ild i[6] hallen, så den snart brændte i lys lue.[7] Mens hallen brændte, gik han op til det kammer, hvor kong Fenge sov, vækkede ham og dræbte ham med sit sværd. Således lykkedes det Amled at hævne mordet på sin far.

*Frit genfortalt efter Saxo Grammaticus: 'Gesta Danorum'*

[1] *skænke:* pour out.
[2] *fuld:* drunk.
[3] *tæpper:* here: tapestries.
[4] *spænde sammen:* fasten together.
[5] *slippe væk:* get away.
[6] *stikke ild i:* set fire to.
[7] *i lys lue:* with a blazing flame.

## XIII

# OM SPROGUNDERVISNING

### OTTO JESPERSEN[1]

Man må aldrig glemme at den værste hindring for en fyldig[2] og rigtig beherskelse[3] af det fremmede sprog ligger i modersmålet, der altså i så stort omfang[4] som muligt bevidst skal holdes fjernt.[5] Det det gælder om[6] er at komme til at *kunne* sproget, ikke blot at *vide* noget *om* det. Undervisningen skal være positiv og undgå det negative præg[7] som dårlig sprogundervisning altfor ofte har, hvor det idelig[8] hedder: 'Det og det er galt',[9] 'det er en grov fejl', 'det siger man ikke', 'det strider mod regel dit og dat',[10] o.s.v. I stedet for at rette fejl skal man i den størst mulige udstrækning forebygge[11] dem, altså undgå alt hvad der kan friste til noget forkert, og vejen dertil er uimodsigelig[12] den mest udstrakte, mest intensive beskæftigelse med og på det sprog der skal læres. Derved går dette ind i elevernes åndelige besiddelse, eller rettere det bliver til en god vane hos dem, ligesom modersmålet er et uhyre[13] sammensat[14] system af værdifulde vaner. Men man indøver nu engang ikke gode vaner ved idelig at give opgaver[15] der ligefrem forleder[16] til at begå fejl eller henleder opmærksomheden på[17] det, der skal undgås. Gå lige fremad med øjet rettet mod målet, uden svinkeærinder[18] til højre og venstre.

Ligesom det i radio gælder om[19] 'selektivitet', så at man kun

---

[1] Otto Jespersen (1860–1943), Danish linguist of international reputation.

[2] *fyldig:* full.   [3] *beherskelse:* mastery, command.

[4] *omfang:* extent.   [5] *holde fjernt:* keep apart.

[6] *Det det gælder om:* The essential thing; what matters.

[7] *præg:* impression, character.   [8] *idelig:* constantly.   [9] *galt=forkert.*

[10] *'det strider mod regel dit og dat'*: 'it is contrary to rule this and that'.

[11] *forebygge:* prevent.   [12] *uimodsigelig:* unquestionably.

[13] *uhyre:* immensely.   [14] *sammensat:* complicated.

[15] *give opgaver:* set tasks.   [16] *forlede:* incite.

[17] *henlede opmærksomheden på:* draw attention to.

[18] *et svinkeærinde:* a digression.   [19] *det gælder om:* it is a matter of.

hører musik fra eet sted ad gangen uden at forstyrres af andre
stationer, sådan gælder det ved sprog at undgå interferens fra
et andet sprog, og værst er her modersmålet, hvis stilling er så
overvældende stærk i bevidstheden, at man ligefrem må arbejde
hårdt for ikke at få det til at 'snakke med' hvert øjeblik.

Man skal *læse* — læse mere og mere, læse bedre og bedre
ting, hvis indhold er skikket[1] til at fængsle,[2] belære[3] og udvikle
eleverne på så alsidig[4] en måde som muligt. Altså ikke alene
æstetisk litteratur. Bedst er den læsning der giver indblik[5]
i det fremmede folks egenart[6] i videste forstand, og allerbedst
den der er egnet til at give eleverne kærlighed til det bedste
i de fremmede nationer.

Man skal dels læse statarisk,[7] dels *kursorisk*,[8] bedst vel med
flere gradationer. Medens man til at begynde med må tygge
ret grundigt for at få al den sproglige næring ud, kan man
naturligvis siden tage større og større bidder.[9] Allerede tem-
melig tidligt kan man gå lettere hen over de stykker hvis
indhold ikke egner sig til at tages altfor alvorligt eller hvis
gloseforråd[10] ikke hører til det nødvendigste. Siden hen kan
man også give eleverne hjemmelæsning for[11] ved siden af det
i skolen læste. Vor fransk- og engelsklærer i de øverste klasser
i Frederiksborg skole forstod det fortræffeligt at give os lyst
til selv at læse romaner på sprogene; hver af os satte en
ærgerrighed i at være den der den første time i hver måned
kunne stille[12] med flest bind læst, og selvom vi naturligvis læste
flygtigt[13] og aldrig slog gloser op,[14] lærte vi dog meget, og jeg
betragter den derved vundne læsefærdighed[15] som noget af det
værdifuldeste jeg fik i de sidste års skolegang. Som prøve på
at vi virkelig havde læst de bøger vi kom med, talte han nok

---

[1] *skikket = egnet:* apt.
[2] *fængsle:* hold attention.
[3] *belære:* instruct.
[4] *alsidig:* all-round, versatile.
[5] *indblik:* insight.
[6] *egenart:* peculiarity.
[7] *statarisk:* specially prepared.
[8] *kursorisk:* cursorily.
[9] *en bid:* a mouthful.
[10] *et gloseforråd:* a vocabulary.
[11] *give dem hjemmelæsning for:* give them homework to do.
[12] *stille:* here: turn up, meet.
[13] *flygtigt = kursorisk.*
[14] *at slå en glose op:* to look up a word.
[15] *læsefærdighed:* ability to read.

af og til med os om indholdet, men det var på dansk, og ellers slog han kun op[1] på et tilfældigt sted og lod os oversætte en stump. Man kunne vel bedre sætte det i system[2] som det gøres nogle steder i Tyskland: hele klassen har i hjemmelæsning den samme bog; med 14 dages eller en måneds mellemrum prøves i et bestemt pensum[3] i den. De skal da på sproget kunne berette om indholdet, skal også udspørge hinanden om indholdet, og skal endog af og til[4] som klasseopgave nedskrive indholdet; efter at læreren har set disse referater[5] igennem, får eleverne dem for[6] til frit foredrag,[7] ved hvilken lejlighed der da naturligvis kan udspinde sig[8] videre samtaler — altsammen på det fremmede sprog.

Men selv uden sådanne prøver er fri hurtig læsning af værdi. Den bekendte engelske kritiker David Garnett skrev for nylig i en anmeldelse[9] af en ny ordbog nogle bemærkninger, som jeg ikke kan nægte mig den fornøjelse at oversætte: 'Som så mange andre læser jeg fransk næsten lige så hurtigt som engelsk, og kun sjældent opholdes jeg af alvorlige vanskeligheder, men denne herlige flydende lethed har jeg opnået ved at jeg har lært at glide let hen over[10] en masse af disse kedsommelige småhindringer — ord hvis ganske nøjagtige tyd[11] jeg ikke kender. Meget i mit kendskab til sproget har jeg erhvervet ved at støde på[12] sådanne ord en mængde gange, indtil de endelig har åbenbaret sig for mig. En ti-års engelsk dreng læser sit modersmål på ganske samme måde, idet han går let hen over de ord som han ikke forstår, og gradvis udvider sit ordforråd. Men naturligvis siger en hel del af de ikke fuldt forståede franske ord mig dog antydningsvis noget.[13] Jeg er fortrolig med den sammenhæng[14] som de står i, og lige indtil

---

[1] *slå op:* open the book.
[2] *sætte i system:* systematize.
[3] *pensum:* lesson.
[4] *af og til:* now and then.
[5] *et referat:* an abstract.
[6] *at få noget for:* to be told (by a teacher) to do something.
[7] *foredrag:* lecture.
[8] *udspinde sig:* ensue.
[9] *en anmeldelse:* a review.
[10] *glide let hen over:* skim over.
[11] *tyd = betydning.*
[12] *støde på:* come across, meet.
[13] *siger mig antydningsvis noget:* suggest something to me.
[14] *sammenhæng:* context.

jeg bliver spurgt om en oversættelse, tror jeg at have en klar fornemmelse af meningen med dem. Et møde med dem ligner på en måde genkendelsen af ukendte ansigter på gaden: i hvert fald kan man sige at de ikke er en helt fremmede. Meget værre går det med ord og forbindelser der på grund af deres "strategiske stilling" får en til helt at stoppe op, idet man ikke kan se bort fra[1] dem. Kan man ikke give dem en værdi, siger hele sætningen ingenting, man må altså slå op i ordbogen — men kun alt for ofte står ordet der ikke!'

Det vigtigste i selve klassen bliver det *statariske*, det som man læser så grundigt at indhold og sprogform bliver elevernes varige[2] eje, og som derfor også i begge henseender bør være så værdifuldt som muligt. Øvelsen med spørgsmål og svar fører efter sin natur til at indholdet kommer til at spille en stor rolle.[3] Selvom udviklingen af sprogfærdigheden[4] er et formål, og tilmed et meget vigtigt, træder den dog ikke direkte frem[5] som et sådant; et barn taler jo heller ikke for at øve sig i at bruge sit modersmål, men for at få noget at vide og for at meddele sig — og derved lærer det sproget. Dette virkelighedspræg[6] træder mere og mere frem jo videre man kommer; ved samtalerne viser eleverne, direkte at de har forstået indholdet, indirekte at de magter[7] sproget.

Der er ikke noget i vejen for[8] at forbinde statarisk og kursorisk læsning, f.eks. af en lettere roman, som det ville være synd at hugge over[9] i alt for mange småstumper, hvorved interessen svækkes. Man kan til hver gang give et stykke på en side eller så for,[10] som ikke gennemgås, men som eleverne skal finde ud af ved hjælp af en ordbog. I den høres så i en fart i begyndelsen af timen,[11] og derpå læses hurtigt videre på sproget af eleverne i rækkefølge,[12] så at de spørger om hvad de ikke straks forstår

[1] *se bort fra:* disregard.    [2] *varig:* lasting.
[3] *spille en rolle:* play a part.    [4] *sprogfærdighed:* fluency in a language.
[5] *at træde frem:* to appear.    [6] *virkelighedspræg:* character of reality.
[7] *at magte:* to master.
[8] *Der er ikke noget i vejen for:* There is nothing to prevent.
[9] *hugge over:* here: cut up.    [10] *at give for:* see p. 235, n. 11.
[11] *en time:* here: a lesson.    [12] *i rækkefølge:* in succession.

og hurtigt får et kort svar af læreren, hyppigst i form af en oversættelse af et enkeltord. Lektien til næste gang er så en side fra det sted man er nået til.

Ved masselæsning (hjemme og i klassen) fremmes i høj grad den receptive eller passive sprogbeherskelse,[1] sprogforståelsen— en evne,[2] som man måske i tidligere tid næsten for meget lagde vægt på,[3] og som yderliggående[4] tilhængere[5] af den direkte metode muligvis har været tilbøjelige til[6] at undervurdere på bekostning af den produktive eller aktive sprogbeherskelse, hvor man selv kan tale og skrive sproget, ikke blot læse og forstå det. Det er nu en almengyldig[7] psykologisk lov — både for børn og for voxne, både for modersmålet og fremmede sprog — at den passive sprogbeherskelse altid er et godt skridt forud for[8] den aktive: man kender en mængde ord og vendinger som man ikke har i den grad[9] på rede hånd,[10] at man selv vil eller kan bruge dem. Den passive sprogbeherskelse har u- tvivlsomt sin store værdi — for mit eget vedkommende har jeg haft stor glæde af i en moden alder at have erhvervet den for ikke få sprog som jeg aldrig får brug for at kunne udtrykke mig i (oldengelsk, oldnordisk,[11] gotisk[12] o.fl.). Ved skoleunder- visningen i latin kan der nutildags, hvis man overhovedet[13] vil tage det sprog med,[14] nærmest være tale om bevidst at lægge det hele an[15] således at man helt ser bort fra den aktive side og ude- lukkende tager sigte på[16] læsefærdighed (den bliver ringe nok).

Af og til kan man lade en elev udenad[17] recitere et temmelig langt stykke, bedst måske et af ham selv med lærerens billigelse[18] valgt stykke, prosa eller poesi, således at vægten[19] bliver lagt på høj,[20] tydelig udtale og en efter indholdet afpasset[21] toneføring.[22]

[1] *sprogbeherskelse:* mastery of the language.  [2] *en evne:* an ability.
[3] *at lægge vægt på:* to stress.  [4] *yderliggående:* extreme.
[5] *en tilhænger:* a supporter.  [6] *tilbøjelig til:* inclined to.
[7] *almengyldig:* universal.  [8] *forud for:* in advance of.
[9] *i den grad:* to such an extent.  [10] *på rede hånd:* at one's fingers' ends.
[11] *oldnordisk:* Old Norse.  [12] *gotisk:* Gothic.  [13] *overhovedet:* altogether.
[14] *tage med:* include.  [15] *lægge an:* arrange.  [16] *tage sigte på:* aim at.
[17] *udenad:* by heart.  [18] *billigelse:* consent.  [19] *vægten:* the emphasis.
[20] *høj:* loud.  [21] *afpasse:* adapt.  [22] *toneføring:* intonation.

Danske børn er jo tit sky og vil let finde det affekteret og teatralsk at optræde på denne måde, men ved passende opmuntring — og uden at gøre nar[1] af fejl — kan den slags dog også sættes i værk[2] hos os ligeså vel som i andre lande, hvor man jo ikke sjældent har drevet det til[3] at opføre små komedier eller enkelte scener af sådanne på fremmede sprog.

## XIV

# OXFORD

### LUDVIG HOLBERG[4]

I 1706–8 var den unge Ludvig Holberg i England, og han har beskrevet sit Oxfordophold i det første af de tre latinske levnedsbreve,[5] han senere skrev om sit livs begivenheder. Holberg ankom til England sammen med en jævnaldrende[6] norsk ven.

Vi gik om bord i et skib, der lå sejlklart ved Arendal,[7] og efter fire dages sejlads kom vi til Gravesend, en søstad ved floden Themsens munding. Da vi var kede af[8] at sejle, gik vi i land, men lod vore sager[9] blive tilbage, da vi ville gå til fods til London. Jeg mindes, at en englænder inde fra landet, som tilfældigvis var kommen til Gravesend, ved den lejlighed spurgte mig ud om Norges beliggenhed[10] og beskaffenhed[11] — han troede, det var en by i Sverige. Jeg troede, at de ord var slupne ham uforvarende[12] af munden,[13] men andetsteds i England blev der ikke sjældent gjort mig lige så latterlige spørgsmål. Denne uvidenhed, udelukkende[14] om nordiske forhold, kan man træffe

---

[1] *at gøre nar:* to ridicule.      [2] *at sætte i værk:* to bring about.
[3] *drive det til:* go as far as to.
[4] Ludvig Holberg (1684–1754), Danish playwright, essayist and historian, born in Norway. Holberg is frequently called 'den danske litteraturs fader'.
[5] *et levnedsbrev:* a letter describing one's own life.
[6] *jævnaldrende:* of the same age, contemporary.
[7] *Arendal:* a little Norwegian port.      [8] *kede af:* bored with, fed up with.
[9] *vore sager:* our belongings.      [10] *beliggenhed:* situation.
[11] *beskaffenhed:* character.      [12] *uforvarende:* unthinkingly.
[13] *slippe af munden:* escape him.      [14] *udelukkende:* exclusively.

hos de mest dannede nationer, såsom italienere, franskmænd og englændere. I Paris påstod en præst hårdnakket,[1] at nord-boerne[2] ikke blev døbte. En advokat[3] ved den øverste domstol i Paris spurgte, om det ikke var nemmest at lægge vejen til Danmark over Tyrkiet, en anden, om man var nødt til at indskibe sig[4] i Marseille, når man skulle sejle til Norge. I Rom påstod en ung Piemonteser[5] for ramme alvor,[6] at jeg ikke kunne være nordmand, han havde nemlig læst i en rejsebeskrivelse, han havde hjemme, at nordmændene var vanskabte,[7] havde svineøjne og en mund, der gik op til ørene. Disse folkefærd[8] bryder sig kun om[9] deres eget og bekymrer sig ikke om uden-landske sager, medens vi tilsidesætter[10] det hjemlige og omhyg-gelig sætter os ind i,[11] hvad der går for sig i fremmede lande. De lægger flittig vind på[12] deres eget sprog og forsømmer de fremmede; vi lærer de fremmede og bryder os kun lidet om vort modersmål. En englænder, som holder af at rejse, berejser først England, førend han besøger landene hinsides havet, vi bekymrer os ikke om vort fædreland, men flyver udenlands, så snart vi har trådt vore børnesko.[13] Begge dele er forkerte, men deres måde at bære sig ad på er dog mere undskyldelig end vor.

Men for at komme til sagen igen, vi forlod altså Gravesend og begav os til fods på vej til London. På rejsen måtte jeg tjene min kammerat som tolk[14] og så at sige være hans Aaron, thi han kunne kun tale med de indfødte[15] ved hjælp af panto-mimer. Vi blev ikke længe i London, men rejste straks til Oxford, hvor vi, skønt vi havde det småt med penge, dog skaf-

---

[1] *hårdnakket:* stubbornly.
[2] *nordboerne:* the Scandinavians, the Norsemen.
[3] *advokat:* barrister.      [4] *indskibe sig:* embark.
[5] *en Piemonteser:* a man from Piedmont, in North Italy.
[6] *for ramme alvor:* in dead seriousness.    [7] *vanskabt:* deform.
[8] *folkefærd=nationer.*      [9] *bryde sig om:* take an interest in.
[10] *tilsidesætte:* neglect.
[11] *sætte sig ind i:* acquire a knowledge of.
[12] *at lægge vind på:* to take a particular interest in.
[13] *så snart vi har trådt vore børnesko:* as soon as we have ceased to be children.
[14] *tolk:* interpreter.      [15] *de indfødte:* the natives.

fede os adgang til biblioteket ved at betale nogle kroner. Uden at være indskrevet[1] og have aflagt ed kan man nemlig nu om stunder[2] ikke komme til at at nyde godt af[3] det offentlige bibliotek. Da vi nu således var blevet indskrevne ved universitetet i Oxford, blev alle vore tanker optagne, ikke så meget af at sammenligne og afskrive[4] håndskrifter[5] som af, hvorledes vi skulle afhjælpe den hårde nød.[6] Han ville undervise i musik og jeg i sprog, men han var, Gud bedre os, ikke nogen Orpheus, så lidt som jeg var nogen Varro,[7] og vi fik derfor kun liden trøst af disse kunster hos et folkefærd, som ikke nøjes med skallen, men plejer at trænge ind til kernen. Vi levede som følge heraf i hele tre måneder så sparsommeligt i Oxford, at vi kun spiste kød hver fjerde dag og de andre dage nøjedes med brød og ost. Mig gjorde det dog ingenting,[8] jeg var lige rask både på sjæl og legeme, thi mine kræfter tager til[9] ved tarvelighed[10] og af[11] ved overdådighed;[12] men min kammerat, som ikke var vant til så streng kost, blev i løbet af kort tid så mager, at han så ud, som om han længe havde haft feber, og hver gang hans mave knurrede,[13] forbandede han den rejse, han havde været tåbelig nok til at indlade sig på,[14] og især jamrede han over[15] de dalere,[16] han så ubesindigt[17] havde givet ud for at få adgang til biblioteket. Nedbøjet af sorg

*Menneskers samkvem han skyede, sit eget hjerte fortæred.*[18]

Jeg søgte at forjage hans unyttige[19] sorg ved blandt andet at

---

[1] *indskrevet:* enrolled.
[2] *nu om stunder:* nowadays.
[3] *nyde godt af:* enjoy the benefit of.
[4] *afskrive:* copy.
[5] *et håndskrift:* a manuscript.
[6] *nød:* suffering, starvation.
[7] *Varro:* Roman grammarian (116–27 B.C.).
[8] *Mig gjorde det ingenting:* It did not do me any harm.
[9] *at tage til* (or *at tiltage*): to increase.
[10] *tarvelighed:* frugality.
[11] *tage af* (or *aftage*): decrease.
[12] *overdådighed:* luxury.
[13] *knurre:* croak, grumble.
[14] *indlade sig på:* embark upon.
[15] *jamre over:* lament.
[16] *en daler:* a coin.
[17] *ubesindig:* inconsiderate.
[18] '*Menneskers samkvem...*': a quotation from Cicero (*Disput. Tuscul.* III. 26, 63), meaning: 'He shunned the company of human beings, devouring his own heart.'
[19] *unyttig:* useless, vain.

anføre[1] Bions[2] vittige indfald,[3] at det dummeste, man kan
gøre, er at rive hårene af sit hoved, når man har sorg, som om
det hjalp på den, at man blev skaldet, men jeg prædikede for
døve øren. Omsider, da vi var drevne til det yderste,[4] lod vi
vor bagage blive i Oxford og gik igen til fods til London. Der
fik min kammerat mod en tronhjemsk[5] borgers kaution[6] penge
hos en vekselerer,[7] og da han havde fået dem, gik han helt op
i[8] at kræse op[9] for sin gane[10] og stille sin mave, der havde
knurret så længe, tilfreds ved at fylde den med lækkerbid-
skener.[11] Som følge heraf blev hans magerhed i løbet af kort
tid forvandlet til fedme, og hans blege ansigt kom til at skinne,
så han, hvem øjnene for ikke længe siden, da vi gik fra Oxford,
lå dybt inde i hovedet på, og som var skindmager,[12] en måned
efter vendte tilbage med en borgmestermave.[13] Da vi igen var
i Oxford, opgav vi vort eneboerliv[14] og tog ind på et værtshus,[15]
hvor Oxfordstudenterne især søgte, og der gjorde vi snart
bekendtskab med dem alle sammen og blev gode venner med
nogle af dem. Derimod var en skotte, som havde stået på en
meget fortrolig fod med os, fra det øjeblik af stadig kølig imod
os; vi kunne længe ikke forstå grunden til denne koldsindighed,[16]
men da vi omsider spurgte, hvorfor han var blevet så forandret,
svarede han os oprigtigt og formanede[17] os til at søge en anden
bopæl,[18] thi det sømmede sig ikke,[19] at studenter boede i et
værtshus, det var i hvert fald ikke skik i Oxford. Der findes
næsten intet universitet, hvor lovene og myndighederne har

---

[1] *anføre=citere:* quote.
[2] *Bion:* Greek pastoral poet (3rd century B.C.).      [3] *et indfald:* an idea.
[4] *vi var drevne til det yderste:* we were at the end of our tether.
[5] *Trondhjem:* a town in Norway.      [6] *kaution:* security.
[7] *en vekselerer:* a money-dealer, a stockbroker.
[8] *at gå helt op i:* to devote all one's energy to.
[9] *kræse op for=stille tilfreds:* give somebody a treat.
[10] *en gane:* a palate.      [11] *lækkerbidskener:* choice food, delicacies.
[12] *skindmager:* skinny.
[13] *en borgmestermave:* (lit. 'a Burgomaster's stomach') a fat belly.
[14] *en eneboer:* a hermit.      [15] *et værtshus:* a tavern.
[16] *koldsindighed:* coolness.      [17] *formane:* admonish.
[18] *en bopæl:* a dwelling.      [19] *det sømmede sig ikke:* it was not suitable.

mere at sige, hvor studenterne er mere ærbare,[1] og hvor man lever sømmeligere, pænere og uskyldigere end i Oxford. De ringeste forseelser[2] bliver omhyggelig påtalte,[3] rettede og straffede, hvorfor det er lige så gavnligt og fordelagtigt for unge studenter at optages[4] på universitetet i Oxford, som det er skadeligt for dem at opholde sig ved visse andre universiteter, hvor de foruden i videnskaberne også indvies i slette sæder,[5] drik, svir og sværm,[6] klammeri,[7] spil[8] og dobbel[9] og nattespektakler.[10] Går man ud efter klokken ti, skulle man ikke tro, at man var i en by, men i en ørken, så ensomt og roligt er der, så dyb en stilhed hersker der; ved den tid går nemlig de årligt beskikkede[11] tilsynsmænd[12] omkring i alle gader og vråer[13] i byen; de bryder endogså ind i værtshusene, og træffer de studenter der, plejer de at idømme dem høje bøder.[14] Men hvad jeg finder latterligt, er, at disse love ikke gælder for dem, der udmærker sig frem for andre ved at have taget akademiske grader. Magistri artium og Doctores har ret til at sidde i værtshusene og drikke til den lyse morgen, så at med de højere grader følger ret til både at disputere og drikke offentligt. Heraf bliver følgen, at Bacchi dyrkere[15] skynder sig, alt hvad remmer og tøj kan holde,[16] at erhverve sig[17] de værdigheder,[18] hvortil disse fordele er knyttede. Dersom den studerende ungdom havde sådanne privilegier ved andre universiteter, ville vi uden tvivl se de højeste filosofiske grader florere alle vegne. Som grund til denne snurrige[19] anordning[20] anfører de, at man må tro, at de, der er hædrede med disse værdigheder, af sig selv vil holde sig fra laster,[21] som de andre kun ved frygt for straf kan skræmmes fra at besmitte[22] sig med. Som følge

[1] *ærbar:* virtuous.  [2] *en forseelse:* an offence.  [3] *påtale:* prosecute.
[4] *at optages:* to be admitted.  [5] *sæder = skikke:* customs.
[6] *svir og sværm:* revelry and debauchery.  [7] *klammeri:* quarrels.
[8] *spil:* gambling.  [9] *dobbel:* gambling.
[10] *nattespektakler:* nightly rows.  [11] *beskikket:* appointed.
[12] *tilsynsmænd:* here: proctors.  [13] *en vrå:* a cottage.
[14] *at idømme en bøde:* to impose a fine.  [15] *en dyrker:* a worshipper.
[16] *at skynde sig, alt hvad remmer og tøj kan holde:* to hurry on, as fast as one can.
[17] *at erhverve sig:* to acquire.  [18] *værdighed:* dignity.  [19] *snurrig:* curious.
[20] *en anordning:* a regulation.  [21] *en last:* a vice.  [22] *besmitte:* infest.

heraf fører en Magister artium forsædet[1] ved de fleste drikke-lag,[2] der holdes på værtshus og varer længere end til klokken ti.. Jeg mindes, at studenter jævnlig blev grebne i vort herberg,[3] men når en magister førte forsædet, modtog de uforfærdet tilsynsmændene med de ord: 'We are in company with Masters of Art', og når de hørte det, gik de straks igen.

Oxford er ellers i vore dage ligesom Lacedæmon i oldtiden det sted, hvor alderdommen holdes højest i ære, thi ingen steds gør man så meget af[4] gamle folk, ingen steds nærer man større ærbødighed for dem, de behøver ikke at lukke munden op for at udøve myndighed,[5] et vink[6] er nok, og der lægges større vægt på[7] en gammel students mening end på en professors eller en doktors. Hvis det var min agt at pynte på[8] dette skrift med choreografiske og topografiske beskrivelser, kunne jeg for øvrigt gøre rede for[9] forskellige indretninger,[10] som måske ikke ville være uden interesse, og som er ejendommelige for dette universitet, men jeg har lovet en simpel og kortfattet beretning om, hvad der vedkommer mit levned, og jeg lader derfor denne digression fare og vender tilbage til sagen.

Vi havde levet i fryd og gammen en måneds tid[11] efter vor tilbagekomst til Oxford, da min kammerat fik brev fra sin moder om, at han skulle tage til London igen og blive der under tilsyn[12] af Magister Jørgen Ursin, præst ved den danske kirke. Da han var bange for, at hans moder ville blive vred, hvis han ikke gjorde, som hun bød, brød han op fra mig og vendte straks tilbage til London. Som følge heraf blev det nylig lægte[13] sår revet op igen, og jeg kom atter i vånde og bekneb.[14] Min eneste trøst i min forladte og vanskelige stilling var det venskab, jeg nylig havde sluttet med nogle Oxford studenter,

---

[1] fører forsædet: takes the chair.
[2] et drikkelag: a drinking party.
[3] et herberg: a hostel.
[4] at gøre meget af: to pay much attention to.
[5] udøve myndighed: exercise authority.
[6] et vink: a sign.
[7] lægge vægt på: pay attention to.
[8] pynte på: adorn, embellish.
[9] gøre rede for: explain.
[10] en indretning: an arrangement.
[11] en måneds tid: about a month.
[12] tilsyn: supervision.
[13] at læge: to heal.
[14] jeg kom i vånde og bekneb: I was in distress and poverty.

som stadig udbasunerede[1] min lærdom og mine fortræffelige
egenskaber og alle vegne fortalte om min dygtighed i fremmede
sprog og musik. Deres lovtaler[2] bevirkede, at ikke få opgav
andre lærere og søgte mig, som den navnkundigste[3] sprog- og
musiklærer i hele byen. Det er ikke let at sige, om jeg var
dygtigst som sproglærer eller som musiklærer. Enkelte af mine
kløgtigste disciple kom rigtignok efter,[4] at det kun var mådeligt[5]
bevendt med mig,[6] men de var så artige[7] at tie stille dermed.
Især kom de fleste af mine disciples ustadighed[8] mig udmærket
til gode,[9] thi adskillige holdt op efter den første måneds udgang,
efter knap at have fået en mundsmag[10] af begyndelsesgrundene,[11]
og som følge deraf blev jeg ved at være en stor mand, for ikke
at tale om en anden behagelighed, denne mine lærlinges let-
sindighed medførte, det er nemlig en gammel og prisværdig[12]
skik, at der betales dobbelt for den første måned, hvilket de
kalder introduktion eller på engelsk *Entrance*. Ved at lære andre
gjorde jeg imidlertid selv så store fremskridt, især i musik, at
jeg ansås for en af de dygtigste fløjtespillere i hele byen og efter
nogen tids forløb endogså blev optaget i *The Musical Club*, en
musikforening, som hver onsdag giver koncert i Oxford. Ingen
optages i dette selskab uden forudgående[13] prøve,[14] og da jeg
havde aflagt min, fik jeg alles stemmer[15] og regnedes senere
blandt dets dygtigste medlemmer.

Således tilbragte jeg fem fjerdingår[16] alene i Oxford, efter
at min kammerat var taget derfra, og i al den tid levede jeg
godt og rigeligt, thi næsten hver dag var jeg indbudt til at
spise til middag og aften med mine medstuderende, hvilket
studenterne i Oxford kalder *take common*. I lang tid var jeg

---

[1] *at udbasunere:* to proclaim, to blazon.
[2] *en lovtale:* a eulogy.
[3] *navnkundig = berømt.*
[4] *at komme efter:* to find out.
[5] *mådelig:* mediocre.
[6] *det var kun mådeligt bevendt med mig:* my knowledge was only mediocre.
[7] *artig:* here: kind.
[8] *ustadighed:* inconstancy.
[9] *det kom mig til gode:* I benefited from.
[10] *en mundsmag:* a smattering.
[11] *begyndelsesgrundene:* the elements.
[12] *prisværdig:* admirable.
[13] *forudgående:* previous.
[14] *en prøve:* a test.
[15] *en stemme:* a vote.
[16] *et fjerdingår:* three months.

kun kendt i Oxford under navnet *Myn Heer*, hvilket jeg var
kommen ganske tilfældigt til — det var min barber, der havde
givet mig det. Han troede nemlig, at min kammerat og jeg
var tyskere, og da han ikke vidste, hvad vi hed, kaldte han os
jævnlig[1] *Myn Heer* for at vise, at han ikke var helt ukyndig
i tysken, skønt det var de to eneste ord, han kunne. Da
barberen jævnlig gentog denne titulatur, optog de, der hørte
det, den i den tro, at sådan hed vi, og jeg kaldtes længe ikke
andet i Oxford, thi da der ikke var noget fornærmeligt[2] deri,
brød jeg mig ikke om at rive dem ud af vildfarelsen.[3] Man ville
måske aldrig have fået at vide, hvad jeg hed, hvis jeg ikke
havde truffet en student ved navn Holber, ham fortalte jeg
først, at han var min navne,[4] og da der ved siden af navnelig-
heden også var overensstemmelse imellem os i henseende til
væsen og karakter, knyttede vi af begge grunde et fast[5] venskab.
Jeg plejede ofte i spøg at sige, at vi måske havde samme stam-
fader,[6] og at han var ætling[7] af en af mine forfædre, der var
kommen over til England med Knud den Store.

Jeg tilstår, at jeg i mange måder er Oxforderne forbunden.[8]
Som et vidnesbyrd[9] om deres velvilje og godhed imod mig kan
jeg blandt andet anføre, at da jeg havde været næsten to år
i Oxford og tænkte på at rejse hjem, kom en student fra
Magdalenekollegiet, da jeg lige var ved at bryde op, og ville
tale med mig under fire øjne.[10] Han bad mig om uden undseelse[11]
oprigtig[12] at sige ham, hvorledes mine pengesager stod, og
lovede mig i hele kollegiets navn en ikke ubetydelig sum i rejse-
penge, når jeg blot ikke ville undse mig ved[13] at tage imod den.
Jeg blev næsten målløs ved denne hjertelige tiltale og denne
storartede gavmildhed, men da det ikke skortede mig på[14]
rejsepenge, afslog jeg højmodigt[15] hans tilbud. Det er ikke let

[1] *jævnlig:* usually.
[2] *fornærmelig:* insulting.
[3] *en vildfarelse:* an error.
[4] *min navne:* my namesake.
[5] *fast:* solid.
[6] *stamfader:* ancestor.
[7] *en ætling:* a descendant.
[8] *forbunden = taknemmelig.*
[9] *et vidnesbyrd:* evidence, a proof.
[10] *under fire øjne:* privately.
[11] *undseelse:* embarrassment.
[12] *oprigtig:* candidly.
[13] *undse mig ved:* refuse.
[14] *det skortede mig på:* I lacked.
[15] *højmodigt:* generously.

at sige, hvad der fortjener mest beundring, det gavmilde tilbud eller det hårdnakkede afslag. Pladsen tillader mig ikke i dette lille skrift omstændeligt og i enkeltheder at gøre rede for, hvor mange og hvor store tjenester Oxforderne søgte at vise mig. Jeg indrømmer ganske vist, at englænderne gør sig lovlig meget til af deres gode egenskaber, og at jeg hos de fleste af dem har bemærket et for dette folk ejendommeligt hovmod, men denne fejl opvejes af mange herlige dyder.[1] Jeg smigrede ikke for nogen, skønt jeg, da jeg havde lært folkets karakter grundig at kende, indså, at jeg ved kryberi[2] kunne tilsleske mig,[3] hvad det skulle være, men den last har jeg altid næret afsky for. Oxforderne holdt af mig alene for min ædrueligheds[4] og sædeligheds[5] skyld og især for min munterhed, som englænderne sætter overordentlig stor pris på, når den er krydret[6] med vid, thi de er selv skæmtsomme[7] og vittige. De troede for resten,[8] at jeg var præst eller i det mindste kapellan,[9] en vildfarelse, der skyldtes ordene '*Modo nihil sacro ordine indignum designaverit*'[10] i mit theologiske eksamensbevis.[11] Derfor plejede da også de, der udbasunerede mine fortjenester, for det meste at begynde med at sige: '*This gentleman is in orders.*' De fleste anså mig endogså for en gammel theolog og beundrede min slagfærdighed[12] til at afbøde[13] og besvare alle angreb, thi disputerekunsten er englænderne ikke synderlig drevne[14] i, men de er mestre i det gamle og ny testamentes filologi, i exegese, kirkehistorie og kirkefædrenes læsning. Nogle studeringer er grundige,[15] andre tager sig glimrende ud;[16] nogle synes at være lærde, andre er det virkelig. Nationerne på fastlandet går helt op i polemik og litteraturhistorie og sætter så mange systemer

[1] *en dyd:* a virtue.
[2] *kryberi:* cringing, obsequiousness.
[3] *tilsleske sig:* obtain by flattery.
[4] *ædruelighed:* sobriety.
[5] *sædelighed:* propriety.
[6] *at krydre:* to spice.
[7] *skæmtsom:* gay.
[8] *for resten:* by the way.
[9] *en kapellan:* a curate.
[10] '*Modo nihil...*': 'If only he does nothing which is unworthy of the clerical order'.
[11] *et eksamensbevis:* a certificate.
[12] *slagfærdighed:* promptitude.
[13] *afbøde:* ward off.
[14] *drevne:* trained.
[15] *grundig:* thoroughgoing.
[16] *tager sig glimrende ud:* have a brilliant appearance.

og journaler til livs,[1] at de på en nem måde får udseende af at vide besked om alting, mens englænderne går til bunds i tingene og derfor går langsomt til værks; de er lærde, førend de synes at være det. Jeg syntes selv, at jeg talte latin stammende og med besvær, men englænderne fandt, at jeg talte det flydende og vel, thi den øvelse lægger man der så lidt vægt på, at den eneste, jeg på den tid traf, som talte tålelig latin, var Dr. Smalrich; jeg undtager ikke engang bibliotekar Hudson, som dog regnes for en af sin tids fremragende filologer. Oxforderne disputerer ganske vist offentligt, men de gør det i den grad stammende og ynkeligt, at så snart de ser et fremmed ansigt, begynder de at ryste og svede, går i stå[2] og river tråden helt over[3] for ikke at stå til skamme over for dem, da de ikke betragter dem som tilhørere, men som ubillige[4] dommere.

## XV

# H. C. ANDERSEN SOM EVENTYRDIGTER

### GEORG BRANDES[5]

Der skal mod til at have talent. Man må vove[6] at fortrøste sig til[7] sin indskydelse, man må stole på, at det indfald, der opstår i ens hjerne, er sundt, at den form, der falder en naturlig, selv om den er ny, har ret til at være; man må have vundet dristighed til at udsætte sig for[8] at blive kaldt affekteret eller vild, før man kan betro sig til sit instinkt og følge det, hvorhen det fører og byder. Da i sin tid Armand Carrel[9] som ung journalist modtog en tilrettevisning[10] af sin redaktør, der pegende på et sted i hans artikel udbrød: 'Således skriver man

---

[1] *sætte til livs:* devour.  [2] *gå i stå:* stop suddenly.
[3] *rive tråden over:* break the thread.  [4] *ubillig:* severe.
[5] Georg Brandes (1842–1927), Danish literary critic and scholar.
[6] *vove:* dare.  [7] *fortrøste sig til:* rely on, have confidence in.
[8] *udsætte sig for:* risk.
[9] *Armand Carrel:* French republican writer (1800–36).
[10] *en tilrettevisning:* a reproach.

ikke', svarede han: 'Jag skriver ikke, som *man* skriver, men som *jeg* skriver', og dette er begavelsens almindelige formel. Den forsvarer hverken jaskværk[1] eller skaberi,[2] men den udtaler tillidsfuldt den ret, som talentet har til, hvor ingen gængs[3] form og intet givet stof tilfredsstiller dets naturs ejendommelige krav, at vælge nye stoffer, danne nye former, indtil det finder en byggeplads af den beskaffenhed,[4] at det uden at overspænde[5] nogen af sine kræfter kan få brug for dem alle, og udfolde dem let og frit. En sådan byggeplads fandt digteren H. C. Andersen i eventyret.

*   *   *

Man støder i eventyrene på begyndelser som denne: 'Man skulle rigtignok tro, at der var noget på færde[6] i gadekæret,[7] men der var ikke noget på færde! Alle ænderne, ligesom de allerbedst lå på vandet, nogle stod på hovedet, for det kunne de, satte med eet lige i land; man kunne se i det våde ler sporene af deres fødder, og man kunne høre et langt stykke borte, at de skreg', eller som denne: 'Se så! Nu begynder vi. Når vi er ved enden af historien, ved vi mere end vi ved nu, for det var en ond trold! det var en af de allerværste, det var "Dævelen".'[8] Ordstillingen i de enkelte sætninger, periodens bygningsmåde,[9] den hele ordstilling strider imod[10] ordføjningslærens[11] simpleste regler. 'Således skriver man ikke.' Det er sandt; men således taler man. Til voksne mennesker? Nej, men til børn, og hvorfor skulle man ikke have lov til at nedskrive ordene i den orden, i hvilken man siger dem til børn? Man ombytter her den almindelige norm med[12] en anden; ikke det fra daglig tale løsrevne skriftsprogs regler, men barnets fatte-evne[13] er det bestemmende her; der er metode i denne

---

[1] *jaskværk:* slovenly work.
[2] *skaberi:* affectation.
[3] *gængs:* prevalent.
[4] *beskaffenhed:* nature.
[5] *overspænde:* strain.
[6] *der var noget på færde:* there was something brewing.
[7] *et gadekær:* a village pond.
[8] '*Dævelen*': 'Old Nick.'
[9] *bygningsmåde:* construction.
[10] *at stride imod:* to conflict with.
[11] *ordføjningslære:* syntax.
[12] *ombytte med:* change for.
[13] *fatte-evne:* comprehension.

uorden, som der er metode i barnets sprogfejl, når det siger:
'Du lyvede' i stedet for 'Du løj'. At erstatte det vedtagne[1]
skriftsprog med det frie talesprog, at ombytte den voksnes
stivere udtryksmåde med den, barnet bruger og forstår, det
bliver øjemedet[2] for digteren i samme øjeblik, han beslutter
at fortælle 'Eventyr for Børn'. Han gør dristigt fordring på
at udtrykke sig mundtligt, skønt på prent; han vil ikke skrive,
han vil tale, eller rettere han vil gerne skrive som et skolebarn,
når han derved blot undgår at tale som en bog. Det skrevne
ord er fattigt og forladt,[3] det mundtlige har en hær[4] af hjælpere
i den trækning[5] af munden, der efterligner sagen, hvorom der
tales, i den håndbevægelse, der maler den, i tonens længde
eller korthed, skarpe eller milde, alvorlige eller pudsige[6]
karakter, i det hele minespil[7] og i den hele holdning.[8] Jo mere
oprindeligt[9] det væsen er, til hvem der tales, des mere forstår
det gennem disse hjælpemidler. Den, der fortæller et barn en
historie, fortæller uvilkårligt[10] med mange bevægelser og megen
skæren ansigter;[11] thi barnet ser historien lige så meget, som
det hører den; det agter,[12] næsten som hunden, mere på den
kærlige eller forbitrede[13] betoning, end på, om ordene udtaler
godhed eller vrede. Den, der skriftligt henvender sig til barnet,
må altså forsøge at smelte det skiftende tonefald, de pludselige
pauser, de beskrivende håndbevægelser, den frygtindjagende[14]
mine, det omslaget bebudende smil,[15] spøgen, kærtegnene og
den appel, der vækker den indslumrende opmærksomhed, at
smelte alt dette ind i foredraget,[16] og da han ikke ligefrem kan
synge, male eller danse begivenheden for barnet, mane sangen,
maleriet og mimiken ned i[17] sin prosa, så at de ligger i den som

---

[1] *vedtagne:* accepted.  [2] *et øjemed:* an aim.  [3] *forladt:* desolate.
[4] *en hær:* a host.  [5] *trækning:* twisting.  [6] *pudsig:* droll.
[7] *minespil:* facial expression.  [8] *holdning:* appearance.
[9] *oprindeligt:* unsophisticated.  [10] *uvilkårligt:* involuntarily.
[11] *skæren ansigter:* grimacing.  [12] *at agte:* to pay heed.
[13] *forbitret:* angry.  [14] *frygtindjagende:* terrifying.
[15] *det omslaget bebudende smil:* the smile that announces a change (of
emotions).
[16] *foredraget:* the delivery.  [17] *mane ned i:* conjure into.

bundne kræfter, og rejser sig, såsnart som bogen bliver åbnet. For det første: Ingen omskrivninger.[1] Alt siges her rent ud af posen,[2] ja, mere end siges, brummes,[3] nynnes[4] og tudes:[5] 'Der kom en soldat marcherende hen ad landevejen. *En to, en to.*' 'Og de udskårne[6] trompetere blæste: Tratteratra! der er den lille dreng, Tratteratra!' 'Hør, sagde sneglefader, hvor det tromme-romme-rommer på skræpperne.'[7] Her begyndes som i 'Gåseurten'[8] med et 'Nu skal du høre!' der øjeblikkeligt tager opmærksomheden i beslag.[9] Her spøges på barnets vis: 'Så huggede soldaten hovedet af heksen. *Der lå hun.*' Man hører barnelatteren, der følger på denne korte, ikke meget følsomme, men anskuelige[10] fortællemåde af drabet. Her anslås så bløde toner[11] som denne: 'Solen skinnede på hørren[12] og regnskyerne vandede den; det var lige så godt for den, som det er for småbørn at blive vaskede og så få et kys af Moder, de bliver jo deraf meget dejligere.' At der på dette sted sker en lille pause i oplæsningen, under hvilken barnet får det i teksten ommeldte[13] kys, det er noget, der forstår sig af sig selv;[14] thi kysset ligger i bogen. Hensynet til den unge læser kan kun føres videre endnu, idet digteren i kraft af sin smidige[15] samhu[16] ganske gør sig til eet med barnet og lever sig så fuldkomment ind i dets synsmåde,[17] ja, i dets rent legemlige synsfelt,[18] at han finder en sætning som denne under sin pen: 'Det største grønne blad her tillands, det er da rigtignok et skræppeblad;[19] holder man det foran sin lille mave, så er det ligesom et helt forklæde,[20] og lægger man det på sit hoved, så er det i regnvejr næsten

---

[1] *en omskrivning:* a paraphrase.  
[2] *rent ud af posen:* straightforwardly.  
[3] *brumme:* growl.  
[4] *nynne:* hum.  
[5] *tude:* hoot.  
[6] *udskåret:* carved.  
[7] *en skræppe:* a burdock.  
[8] *'Gåseurten':* 'The Daisy.'  
[9] *tage i beslag:* attract.  
[10] *anskuelig:* visual.  
[11] *at anslå en tone:* to strike a note.  
[12] *hør:* flax.  
[13] *ommeldte:* mentioned.  
[14] *det forstår sig af sig selv:* it goes without saying.  
[15] *smidig:* flexible.  
[16] *samhu:* sympathy.  
[17] *en synsmåde:* a way of looking at things.  
[18] *synsfelt:* field of vision.  
[19] *et skræppeblad:* a burdock leaf.  
[20] *et forklæde:* a pinafore.

lige så godt som en paraply, for det er saa forfærdelig stort.'
Det er ord, som et barn kan forstå og ethvert barn.
Hvor Andersen dog er lykkelig! Hvilken forfatter har et
publikum som han! Hvad skal videnskabsmanden[1] sige, som
især i et lille land skriver for et publikum, der hverken læser
eller vurderer[2] ham, og som læses af fire eller fem — medbejlere[3] og modstandere. En digter er i almindelighed heldigere
stillet, men skønt det er en lykke at læses af mænd, og skønt
det er en misundelsesværdig lod at vide sine skrifter gennembladede af fine fingre, der bruger silketråde som mærker, så
er der dog ingen, hvis læsekreds er blot tilnærmelsesvis så frisk
og så opvakt[4] som den, der er Andersen vis. Hans eventyr
er den eneste bog, vi har stavet i, og som vi læser endnu. Der
er enkelte iblandt dem, i hvilke bogstaverne bestandig forekommer en større, ordene vægtigere end i de andre, fordi man
første gang lærte dem at kende bogstav for bogstav, og ord for
ord. Og hvilken fryd må det ikke have været for Andersen at
se i drømme rundt om sin lampe denne vrimmel af barneansigter i tusindvis, dette mylder af blomstrende, rosenkindede,
krøllede små hoveder som i de katolske altertavlers skyer,
hvidhårede små danske drenge, fine engelske baby'er, sortøjede
små hindupiger, at se dem for sig, rige og fattige, stavende,
læsende, hørende, i alle lande, i alle tungemål, snart sunde
og glade, trætte efter legen, snart svage, blege, med gennemsigtig
hud efter en af de utallige sygdomme, hvormed jordens børn
er velsignede, og se dem begæriigt[5] udstrække dette virvar[6] af
hvide og mørkebrune hænder efter hvert nyt blad papir. En så
troende, så dybt opmærksom, så utrættelig læseverden har ingen
anden. Ingen anden har heller en så ærværdig;[7] thi end ikke
alderdommen er så ærværdig og så hellig som barnealderen.
Her er en hel række af fredelige og idylliske syner:[8] der læses
højt, og børnene lytter med andagt, eller den lille sidder

---

[1] *en videnskabsmand:* (1) a scholar, (2) a scientist.
[2] *vurdere:* appreciate.   [3] *en medbejler:* a rival.   [4] *opvakt:* bright.
[5] *begærligt:* eagerly.   [6] *et virvar:* a confusion.   [7] *ærværdig:* dignified.
[8] *syner:* visions.

fordybet med begge albuer mod bordet, og moderen læser
i forbigående med over barnets skulder. Er det ikke umagen
værd at skrive for en tilhørerkreds som denne, og gives der vel
nogen, som har en mere uberørt og mere redebon[1] fantasi?

XVI

# HVAD FATTER[2] GØR, DET ER ALTID DET RIGTIGE

### H. C. ANDERSEN

Nu skal jeg fortælle dig en historie, som jeg har hørt, da jeg
var lille, og hver gang jeg siden har tænkt på den, synes jeg,
at den blev meget kønnere; for det går med historier ligesom
med mange mennesker, de bliver kønnere og kønnere med
alderen, og det er så fornøjeligt!

Du har jo været ude på landet? Du har set et rigtigt gammelt
bondehus med stråtag; mos og urter vokser der af sig selv;
en storkerede er der på rygningen,[3] storken kan man ikke
undvære,[4] væggene er skæve,[5] vinduerne lave, ja, der er kun
et eneste, der kan lukkes op; bagerovnen strutter frem[6] ligesom
en lille tyk mave, og hyldebusken hælder[7] hen over gærdet,
hvor der er en lille pyt[8] vand med en and eller ællinger, lige
under det knudrede[9] piletræ. Ja, og så er der en lænkehund,[10]
der gøer[11] ad alle og enhver.

Netop sådant et bondehus var der ude på landet, og i det
boede et par folk, bondemand og bondekone. Hvor lidt de
end havde, kunne de dog undvære eet stykke, det var en hest,
der gik og græssede på landevejsgrøften. Fader red på den
til byen, naboerne lånte den, og han fik tjeneste[12] for tjeneste,

---

[1] *redebon:* willing.
[2] *Fatter:* Dad, the Old Man.
[3] *en (tag)rygning:* a ridge (of a roof).
[4] *undvære:* do without.
[5] *skæv:* sloping.
[6] *strutte frem:* stick out.
[7] *hælde:* lean.
[8] *en pyt:* a puddle.
[9] *knudret:* knotty.
[10] *en lænkehund:* a watch dog.
[11] *at gø:* to bark.
[12] *en tjeneste:* a service.

men det var nok mere tjensomt[1] for dem at sælge hesten eller bytte[2] den for et og andet, der endnu mere kunne være dem til gavn. Men hvad skulle det være?

'Det vil du, Fatter, bedst forstå!' sagde konen, 'nu er der marked i købstaden,[3] rid du derind, få penge for hesten eller gør et godt bytte! Som du gør, er det altid det rigtige. Rid til markedet!'

Og så bandt hun hans halsklud, for det forstod hun dog bedre end han; hun bandt med dobbelt sløjfe, det så galant[4] ud, og så pudsede[5] hun hans hat med sin flade hånd, og hun kyssede ham på hans varme mund, og så red han af sted på hesten, som skulle sælges eller byttes bort. Jo, Fatter forstod det!

Solen brændte, der var ingen skyer oppe! Vejen støvede, der var så mange markedsfolk, til vogns og til hest og på deres egne ben. Det var en solhede, og der var ikke skygge skabt på vejen.

Der gik en og drev en ko, den var så nydelig, som en ko kan være. 'Den giver vist dejlig mælk!' tænkte bondemanden, det kunne være et ganske godt bytte at få den. 'Ved du hvad, du med koen!' sagde han, 'skal vi to ikke tale lidt sammen? Ser du, en hest, tror jeg nok, koster mere end en ko, men det er det samme! Jeg har mere gavn af koen; skal vi bytte?'

'Ja, nok!' sagde manden med koen, og så byttede de.

Nu var det gjort, og så kunne bondemanden have vendt om, han havde jo udrettet, hvad han ville, men da han nu engang havde betænkt at ville komme til marked, så ville han komme til marked, bare for at se på det; og så gik han med sin ko. Han gik rask til, og koen gik rask til, og så kom de snart til at gå lige ved siden af en mand, der førte et får. Det var et godt får, godt i stand[6] og godt med uld.

'Det gad jeg nok[7] eje!' tænkte bonden. 'Det ville ikke komme til at savne græsning på vor grøftekant, og til vinter

[1] *tjensomt:* serviceable.
[2] *bytte:* exchange, swap.
[3] *en købstad:* a market town.
[4] *galant:* here: smart.
[5] *pudse:* brush.
[6] *godt i stand:* in a good condition.
[7] *jeg gad nok:* I would not mind.

kunne man tage det ind i stuen hos sig. I grunden[1] var det rigtigere af os at holde får end holde ko. Skal vi bytte?'

Ja, det ville da nok manden, som havde fåret, og så blev det bytte gjort, og bondemanden gik med sit får hen ad landevejen. Der ved stenten[2] så han en mand med en stor gås under armen.

'Det er en svær[3] en, du der har!' sagde bondemanden, 'den har både fjer og fedt! Den kunne tage sig godt ud i tøjr[4] ved vor vandpyt! Den var noget for Moder at samle skrællinger[5] til! Hun har tit sagt, "Bare vi havde en gås!" nu kan hun da få den — og hun skal få den! Vil du bytte? Jeg giver dig fåret for gåsen og tak til!'

Ja, det ville den anden nok, og så byttede de; bondemanden fik gåsen. Nær ved byen var han, trængselen[6] på vejen tog til, der var en myldren[7] af folk og fæ;[8] de gik på vej og på grøft lige op i bommandens[9] kartofler, hvor hans høne stod tøjret for ikke i forskrækkelse at forvilde sig[10] og blive borte.[11] Det var en stumprumpet[12] høne, der blinkede med det ene øje, så godt ud. 'Kluk, kluk!' sagde den; hvad den tænkte derved, kan jeg ikke sige, men bondemanden tænkte, da han så hende: hun er den skønneste høne, jeg endnu har set, hun er kønnere end præstens liggehøne,[13] den gad jeg nok eje! En høne finder altid et korn, den kan næsten sørge for sig selv! Jeg tror, at det er et godt bytte, om jeg fik den for gåsen. 'Skal vi bytte?' spurgte han. 'Bytte!' sagde den anden, 'ja, det var jo ikke så galt!' og så byttede de. Bommanden fik gåsen, bondemanden fik hønen.

Det var en hel del, han havde udrettet[14] på den rejse til byen; og varmt var det, og træt var han. En dram[15] og en bid brød trængte han til; nu var han ved kroen, der ville han ind;

[1] *i grunden:* really.　　[2] *en stente:* a stile.　　[3] *svær:* heavy, fat.
[4] *tøjr:* tether.　　[5] *skrællinger:* leavings.
[6] *trængsel:* the throngs of people.　　[7] *en myldren:* a swarming.
[8] *fæ:* cattle.　　[9] *en bommand:* a toll-keeper.
[10] *at forvilde sig:* to lose one's way.　　[11] *blive borte:* get lost.
[12] *stumprumpet:* bob-tailed.　　[13] *en liggehøne:* a sitting-hen.
[14] *udrette:* accomplish.　　[15] *en dram:* a drink of Schnapps.

men krokarlen ville ud, ham mødte han lige i døren med en pose svingende fuld af noget.
'Hvad har du der?' spurgte bondemanden.
'Rådne æbler!' svarede karlen, 'en hel sæk fuld til svinene.'
'Det er da en farlig mængde! Det syn undte[1] jeg Mo'er. Vi havde i fjor kun et eneste æble på det gamle træ ved tørvehuset![2] Det æble skulle gemmes, og det stod på dragkisten[3] til det sprak.[4] Det er altid[5] en velstand! sagde vor Mo'er, her kunne hun få velstand at se! Ja, det kunne jeg unde hende.'
'Ja, hvad giver I?' spurgte karlen.
'Giver? Jeg giver min høne i bytte', og så gav han hønen i bytte, fik æblerne og gik ind i krostuen, lige hen til skænken;[6] sin sæk med æblerne stillede han op mod kakkelovnen,[7] og der var lagt i,[8] det betænkte han ikke. Mange fremmede var her i stuen, hestehandlere, studehandlere og to englændere, og de er så rige, at deres lommer revner af[9] guldpenge. Væddemål[10] gør de, nu skal du høre!
'Suss! suss!' hvad var det for en lyd ved kakkelovnen? Æblerne begyndte at stege.
'Hvad er det?' Ja, det fik de da snart at vide! Hele historien om hesten, der var byttet bort for koen og lige ned til de rådne æbler.
'Nå! Du får knubs[11] af Mutter,[12] når du kommer hjem!' sagde englænderne, 'der vil ligge et hus!'[13]
'Jeg får kys og ikke knubs!' sagde bondemanden, 'vor Mo'er vil sige: hvad Fatter gør, er det rigtige!'
'Skal vi vædde!' sagde de, 'guldmønt i tøndevis![14] hundrede pund er et skippund!'[15]

---

[1] *at unde:* not to grudge ('I wish my Old Woman could see that').
[2] *et tørvehus:* a peat-shed.
[3] *en dragkiste:* a chest of drawers.
[4] *sprække:* crack.
[5] *altid:* here: in spite of everything.
[6] *en skænk:* a bar.
[7] *en kakkelovn:* a stove.
[8] *der var lagt i:* it was hot.
[9] *revne af:* burst with.
[10] *et væddemål:* a wager.
[11] *knubs:* blows.
[12] *Mutter:* your wife.
[13] *der vil ligge et hus:* there will be a row.
[14] *guldmønt i tøndevis:* barrels full of gold coins.
[15] *et skippund:* an old unit of weight.

'Det er nok at give skæppen¹ fuld!' sagde bondemanden, 'jeg kan kun stille skæppen fuld med æbler og mig selv og Mutter med, men det er da mere end strygmål,² det er topmål!'³

'Top!⁴ top!' sagde de, og så var væddemålet gjort.

Kromandens vogn kom frem, englænderne kom op, bondemanden kom op, de rådne æbler kom op, og så kom de til bondens hus.

'God aften, Mo'er!'

'Tak, Fa'er!'

'Nu har jeg gjort bytte!'

'Ja, du forstår det!' sagde konen, tog ham om livet og glemte både pose og de fremmede.

'Jeg har byttet hesten bort for en ko!'

'Gud ske lov for mælken!' sagde konen, 'nu kan vi få mælkemad, smør og ost på bordet. Det var et dejligt bytte!'

'Ja, men koen byttede jeg igen bort for et får!'

'Det er bestemt også bedre!' sagde konen, 'du er altid betænksom; til et får har vi just fuldt op af græsning. Nu kan vi få fåremælk og fåreost og uldne strømper, ja, ulden nattrøje! Den giver koen ikke! Hun taber hårene! Du er en inderlig betænksom mand!'

'Men fåret har jeg byttet bort for en gås!'

'Skal vi virkelig have Mortensgås⁵ i år, lille Fatter! Du tænker altid på at fornøje mig! Det er en yndig tanke af dig! Gåsen kan stå i tøjr og blive endnu mere fed til Mortensdag!'

'Men gåsen har jeg byttet bort for en høne!' sagde manden.

'Høne! Det var et godt bytte', sagde konen, 'hønen lægger æg, den ruger ud, vi får kyllinger, vi får hønsegård! Det har jeg just så inderligt ønsket mig!'

'Ja, men hønen byttede jeg bort for en pose rådne æbler!'

'Nu må jeg kysse dig!' sagde konen. 'Tak, min egen mand! Nu skal jeg fortælle dig noget. Da du var afsted, tænkte jeg

---

¹ *en skæppe:* a bushel.  ² *strygmål:* mean measure.
³ *topmål:* heaped measure.  ⁴ *Top!:* Agreed!
⁵ *Mortensgås:* roast goose is the traditional dish for St Martin's Eve (10 November).

på at lave et rigtigt godt måltid til dig: æggekage[1] med purløg.[2]
Æggene havde jeg, løgene manglede mig. Så gik jeg over til
skoleholderens;[3] der har de purløg, ved jeg, men konen er
gerrig,[4] det søde asen! Jeg bad om at låne —! Låne? sagde
hun. Ingenting gror i vor have, ikke engang et råddent æble!
Ikke det kan jeg låne hende! Nu kan jeg låne hende ti, ja,
en hel pose fuld! Det er grin,[5] Fa'er!' og så kyssede hun ham
lige midt på munden.

'Det kan jeg lide!' sagde englænderne. 'Altid ned ad bakke
og altid lige glad! Det er nok pengene værd!' Og så betalte
de et skippund guldpenge til bondemanden, som fik kys og
ikke knubs.

Jo, det lønner sig[6] altid, at konen indser og forklarer, at
Fatter er den klogeste, og hvad han gør, er det rigtige.

Se, det er nu en historie! Den har jeg hørt som lille, og nu
har du også hørt den og ved, at hvad Fatter gør, det er altid
det rigtige.

## XVII

## 'HVAD FATTER GØR, DET ER ALTID
DET RIGTIGE'

### JOHANNES V. JENSEN[7]

Alle kender eventyret, et af H. C. Andersens bedste, om bonde-
manden der trækker til marked med en hest og undervejs i
nedadgående skala bytter først med en ko, så med et får, en
gås, en høne, for omsider at ende med en sæk rådne æbler,
som han drager hjem med til konen. Et par rige englændere,
som han møder i en kro, vædder med ham om at han vil få
knubs af Mutter, når han kommer hjem, og der vil ligge et

---

[1] æggekage: see p. 219, n. 4.     [2] purløg: chives.
[3] skoleholderen = skolelæreren.     [4] gerrig: mean.
[5] Det er grin: That is great fun!     [6] lønne sig: pay.
[7] Johannes V. Jensen (1873–1950), Danish novelist, poet and essayist,
born in Northern Jutland. In 1944 he was awarded the Nobel Prize.

hus, men bondemanden holder på, at han vil få kys og ikke knubs, og at vor Mo'er vil sige: 'at hvad Fatter gør, det er altid det rigtige.' Og som man ved vandt han væddemålet.

Historien foregår på Fyn. Det siges ikke af H. C. Andersen, men han var selv fra Fyn, og det er Fyn han tænker på, når han taler om, at noget foregår 'ude på landet'. Sceneriet er som følger:

'Du har jo været ude på landet? Du har set et rigtigt gammelt bondehus med stråtag; mos og urter vokser der af sig selv; en storkerede er der på rygningen, storken kan man ikke undvære, væggene er skæve, vinduerne lave, ja, der er kun et eneste, der kan lukkes op; bagerovnen strutter frem ligesom en lille tyk mave, og hyldebusken hælder hen over gærdet, hvor der er en lille pyt vand med en and eller ællinger, lige under det knudrede piletræ. Ja, og så er der en lænkehund, der gøer ad alle og enhver.'

Billedet er ganske fynsk, en beskeden[1] krog på Fyn, og fra en nu svunden[2] tid. Men ånden i historien, det er hele Fyn, så sandt H. C. Andersen var fynbo,[3] og det i den grad at det ikke engang faldt ham ind[4] at sige det. Det lyser ud af historien hvad den gamle skælm[5] vidste om sin ø; og hvad han vidste kommer til sin ret ved hvad han selv havde derfra, det fynske sind.

Historien har man kendt fra man var barn, og ofte genlæst, uden at se andet end noget almenmenneskeligt[6] deri, som da også findes, men er man siden kommen en del på Fyn og har fået øje for et særligt fynsk folkesind, går dèt op for en[7] at historien er specifik, lokal fynsk, og at det er den egentlige skjulte pointe i den.

Det fynske folkesind ytrer sig[8] i sproget. Hvis man læser replikkerne[9] i 'Hvad Fatter gør, det er altid det rigtige', på

---

[1] *beskeden:* modest.  [2] *svunden:* bygone.
[3] *en fynbo:* a native of Funen.
[4] *det faldt ham ind:* it occurred to him.  [5] *en skælm:* a rogue.
[6] *noget almenmenneskeligt:* something universally human.
[7] *det går op for en:* one realizes.  [8] *at ytre sig:* to express oneself.
[9] *replikkerne:* the lines, the dialogue.

fynsk, åbner historien sig for en i hele sin ubetalelighed.[1] De der ved hvad fynsk er skulle gøre forsøget.

At sige noget slående[2] om folkekarakter i det hele taget er altfor massiv en fremgangsmåde,[3] overfor noget så flygtigt;[4] men man kan sige noget om sproget. Enhver der har hørt fynsk, ægte indbo-fynsk, almuen,[5] folk man møder på vejene, kender den syngende, melodiøse klang, der hvordan sætningen så begynder altid ender i diskant.[6] Rent musikalsk bibringer fynsk forestillingen om[7] et sart,[8] tillidsfuldt væsen man står overfor og en personlig sorgløshed, der ligesom hos fuglene ytrer sig[9] i sang. En ægte fynbo var Carl Nielsen. De der har kendt ham vil huske at hans musik begyndte allerede i munden på ham. Han sang. De memoirer Carl Nielsen efterlod sig har den lyse angerløshed[10] der ikke kunne komme noget andetsteds fra end fra Fyn.

Fynsk tonefald[11] svarer til[12] noget i karakteren, som ikke skal tages altfor hårtrukkent,[13] man forestiller sig[14] gode dage der ligger bag, sorgløse århundreder på den fede ø, siden man altid, når man gæster indbyggerne, bliver modtaget med sang. Umistænksomhed[15] og en art elskværdig enfold,[16] man kunne næsten fristes til at sige genial[17] enfold, står fynboen ud af øjnene, når han synger, oppe i de fine toner hele tiden. Svig[18] er ham ukendt. Men den fynske sorgløshed, der ytrer sig i diktionen, og har noget tilsvarende i karakteren, kan, når den går til ekstrem, få noget uansvarligt over sig, en næsten kriminel sorgløshed, som man ikke synes man har mødt noget andet sted; og det er dette træk i fynsk folkekarakter H. C. Andersen har truffet i sin historie om 'Hvad Fatter gør, det er altid det rigtige', og som han fortæller han har hørt som lille,

[1] *ubetalelighed:* unsurpassed humour.  [2] *slående:* striking.
[3] *en fremgangsmåde:* a method.  [4] *flygtig:* evasive.
[5] *almuen:* the common people.  [6] *diskant:* treble.
[7] *at bibringe forestillingen om:* to convey the idea of.  [8] *sart:* fragile.
[9] *ytre sig:* express itself.  [10] *angerløshed:* lack of repentance.
[11] *tonefald:* intonation.  [12] *svare til:* correspond to.
[13] *hårtrukket:* literally.  [14] *at forestille sig:* to imagine.
[15] *umistænksomhed:* lack of suspicion.  [16] *enfold:* naïvety, simplicity.
[17] *genial:* ingenious.  [18] *svig:* deceitfulness.

altså på Fyn. Selv når det går skævt[1] bevarer fynboen sin nedarvede,[2] næsten utilregnelige[3] sangvinitet. Som englænderne, der har tabt væddemålet, siger: 'Altid ned ad bakke og altid lige glad.' Og ender det ikke også her godt, efter at den lykkelige idiot har sat det hele overstyr, med et skippund guldpenge? Eventyret rutter[4] med det; det er også fynsk.

\* \* \*

Når man er kommen så vidt, opstår der en trang[5] til at prøve historiens ægthed ved et eksperiment, en sammenligning med hvordan historien ville være falden ud, hvis den var foregået et andet sted end på Fyn. Uvilkårligt,[6] når man skulle vælge en landsdel man kender til, måtte det blive Jylland. Jeg vover da, på eget ansvar, at genfortælle historien, sådan som den, med mine erfaringer 'ude på landet', ville have artet sig.[7]

Det anbefales her at læse H. C. Andersens eventyr først, for at have i frisk erindring hvordan fynboen handler, og hvordan han bliver modtaget af konen ved hjemkomsten, til forskel fra hvordan jeg tænker mig det ville gå i Jylland.

Historiens forløb[8] må vendes fuldstændig om; bondemanden ville i Jylland drage til marked med en sæk rådne æbler, og vende hjem med en hest. Og det ville gå sådan til:

Først prangede[9] han ligeover med en høne, et sted undervejs. Manden der ejede hønen havde imod[10] at æblerne var rådne, men vor mand kunne forsikre at det netop var det fine ved det, det var de rådneste æbler verden nogensinde havde set, enestående[11] rådne æbler! Manden med hønen havde imidlertid et øje til sækken, det var en god sæk, hønen værd, og gav håndslag[12] på handelen. Hvem der pudsede[13] den anden skal være usagt. Men hønen havde ikke været længe i vor mands

---

[1] det går skævt: things go awry.
[2] nedarvet: inherited.
[3] utilregnelig: irresponsible.
[4] at rutte med: squander away.
[5] en trang: a need.
[6] uvilkårligt: involuntarily.
[7] arte sig: happen.
[8] forløb: development.
[9] prange: barter.    [10] have imod: object to.    [11] enestående: unique.
[12] håndslag: handshake. (In Jutland bargains are often symbolically concluded by the buyer and seller shaking hands.)
[13] at pudse: to fool.

besiddelse før han indhentede[1] en mand der skulle til marked med en gås. De kom i forprang,[2] og vor mand holdt en lovtale over hønen, den lagde guldæg, sagde han, det var en toppet[3] høne, sagde han, det var ham en sorg at skilles ved den, sagde han, og enden blev at de byttede ligeover med hinanden. Lidt længere henne indhentede han en mand med et får.

Da var det endda et ringe[4] får, sagde vor mand.

Du mener vel en vædder,[5] sagde den anden.

Jeg kan da se det er en bede![6]

Det *var* en bede. Vor mand skjulte ikke dens mangler.[7] Derimod flød han over[8] med veltalenhed[9] til fordel for gåsen. Den var så fed at den måtte bæres, sagde han, det var en Mortensgås, den var opkaldt efter Morten Luther.

Det kunne manden med beden, som var en from mand, ikke stå for,[10] så det blev til at de byttede lige over. Den næste vor mand indhentede var en der trak med en ko.

Hvad koster den trepattede[11] ko? spurgte han.

Manden med koen havde ikke ventet at fejlen ved koen var det første man ville se, for den sags skyld var det han ville sælge den; det tog modet fra ham på forhånd,[12] han var ingen tungefærdig[13] mand, og beden hørte han var en præmiebede,[14] belønnet med hæderlig omtale[15] på Holstebro[16] Dyrskue.[17] Rebet med koen ved gik over i vor mands hånd, og den forsagte[18] mand trak af med beden.

Endnu inden han nåede markedet indhentede vor mand en mand med en hest.

Tror du du når frem[19] med hende? spurgte vor mand.

[1] *indhente:* catch up with.      [2] *forprang:* negotiations.
[3] *toppet:* crested.      [4] *ringe:* poor, poorly.
[5] *en vædder:* a ram.      [6] *en bede:* a wether.
[7] *en mangel:* a shortcoming.      [8] *at flyde over:* to brim over.
[9] *veltalenhed:* eloquence.      [10] *stå for:* resist.
[11] *trepattet:* three-teated.      [12] *på forhånd:* in advance.
[13] *tungefærdig:* eloquent.      [14] *en præmiebede:* a prize wether.
[15] *hæderlig omtale:* honourable mention.
[16] *Holstebro:* town in north-west Jutland.
[17] *et dyrskue:* a cattle show.      [18] *forsagt:* timid, irresolute.
[19] *at nå frem:* to reach one's destination.

Hesteejeren svarede ikke.

Hvor mange var I om at rejse hende i stalden i morges? spurgte vor mand. Skal du til slagter med hende?

Hvad koster koen? svarede manden med øget.[1]

De så glubsk,[2] den ene på hesten, den anden på koen, og da cirkulation er nerven i al handel blev det til at hesten gik over i vor mands besiddelse, og koen i den andens.

Sådan gik det til at jyden drog til marked med en sæk rådne æbler og kom hjem med en hest.

Men hvis et par eksentriske engelske turister, som man kan se så lyslevende[3] på Frølichs[4] tegning til H. C. Andersens eventyr, nu havde holdt et skippund guldpenge på at konen ville blive stolt og lykkelig, når manden kom hjem og fortalte om sin handel, ville de igen have tabt. For da manden kom hjem med hesten mødte konen ham ude på pikningen[5] i et par slæbebundede[6] træsko, med hovedklædet[7] op for munden, og sagde ikke et ord.

Manden fortalte om handelen, at han først havde byttet de rådne æbler bort for en høne, konen så på ham med røde øjne.

Men hønen prangede jeg hen for en gås.

Hun lige nikkede; naturligvis.

Og for gåsen fik jeg en bede.

Sur[8] tavshed.

Men beden byttede jeg bort og fik en ko i stedet.

Konen fjernede snippen[9] af hovedtørklædet fra munden med en finger:

Så megen mere umage,[10] sagde hun. En ko mere at malke, mente hun. Så skød hun snippen for munden igen med fingeren.

Jamen koen prakkede jeg en mand på[11] og fik et øg i stedet, sagde manden.

---

[1] et øg: a jade.   [2] glubsk: greedily.   [3] lyslevende: all alive.
[4] (Lorenz) Frølich (1820–1908), a Danish artist, who illustrated Andersen's later tales.   [5] pikningen: the pavement.
[6] slæbebundet: flat-bottomed.   [7] et hovedklæde: a scarf.
[8] sur: sullen.   [9] en snip: a tip.
[10] umage: trouble.   [11] prakke på: foist on.

Jeg troede du var kommet hjem med et spand,[1] sagde konen. Og dermed vendte hun sig og gik ind. Og hvad hun ikke havde fundet udtryk for i ord, det sagde hendes bag.[2]

Englænderne, der i dette tilfælde havde væddet med vor mand om at han ville blive modtaget med kys og klap, når han efter endt handel kom hjem til konen, tabte således igen væddemålet, og vor mand lagde kontanter til,[3] foruden hvad han havde tjent i byttehandel, fra en sæk rådne æbler og op til en hest.

Nu kan man jo sammenligne de to historier. Bekræfter[4] den ene ikke den anden?

XVIII

## 'LETTE BØLGE, NÅR DU BLÅNER...'[5]

### KAJ MUNK[6]

Paris er vel en messe værd, sagde den konge, som står i vor barndoms historiebog side 173; og deri kan han muligvis have ret; men er Paris også værd en sørejse fra Esbjerg til Antwerpen? Se, derpå er det, det kommer an.[7] De kommer for sent til toget[8] i Ringkøbing,[9] kære læser, fordi De skal have ordnet noget ved passet.[10] Det er første fingerpeg.[11] Ved at lade Henry Ford yde sit efter[12] dansk lovgivning yderste ankommer De til Tarm[13] i det øjeblik, bommene[14] sænker sig og spærrer Dem vejen til stationen, hvor toget holder. Det er andet fingerpeg.

---

[1] *et spand:* a team.  [2] *en bag:* a behind.
[3] *lagde kontanter til:* earned cash.  [4] *at bekræfte:* to confirm.
[5] *'Lette bølge, når du blåner...':* this is the first line of a well-known Danish poem by J. L. Heiberg, praising the idyllic calm sea.
[6] Kaj Munk (1898–1944), Danish playwright, poet and essayist, who lived as a parson on the western coast of Jutland. During the Occupation he was murdered by the Germans as a daring spokesman of the Resistance.
[7] *derpå er det, det kommer an:* that is what really matters.
[8] *at komme for sent til toget:* to miss the train.
[9] *Ringkøbing:* a town in western Jutland, near the parish of Vedersø, where Kaj Munk lived.  [10] *et pas:* a passport.
[11] *et fingerpeg:* a warning.  [12] *efter:* here: according to.
[13] *Tarm:* a small town between Ringkøbing and Esbjerg.
[14] *bommene:* the barriers of a level-crossing.

Men De er forstokket[1] og forhærdet[2] og springer vildt fægtende[3] ud af bilen, just som lokomotivet lægger i vej.[4] Og min sandten,[5] om ikke det standser ved bommene, og således gik det til, De kom til Esbjerg. Der står sydvesten hidsigt fløjtende ind. Det er tredie fingerpeg, og, o menneske, hvorfor agter[6] De det ikke? 'Ring til nadver',[7] siger hovmesteren[8] til |gongonièren,[9] 'så snart vi lægger fra.'[10] Det er fjerde fingerpeg. Der er endnu tid til at springe af. Men De har endnu en gang gjort Dem blind og døv for alle skæbnens venskabelige advarsler, De sætter Dem bare til bords og indtager det måltid, der bliver afsluttende for perioden inden syndfloden.[11]

Hvem i alverden er den forbryder, som har fundet på at udstyre[12] søsygen med komik? Der er aldeles intet at grine af. Skal det være[13] morsomt, at den er så ubehagelig, når den alligevel ikke har følger?[14] Det *kan* den forøvrigt have, svaghjertede mennesker kan dø af den. Og brok[15] og blindtarmsbetændelse[16] og influenza——nu er der en læge, der tysser på[17] mig. Men jeg bliver ved mit.[18] Den kan have de alvorligste efterveer;[19] og kan den det ikke, så burde den kunne det; for den er slem nok til det. Jeg vil dog tillade mig her at gøre opmærksom på, at af de 12 heste, vi havde med, lå den ene død, da vi nåede Antwerpen, og jeg tror ikke, der var en af os tredive passagerer, som ikke misundte den.

'A. P. Bernstorff'[20] holder juleferie, og så har D.F.D.S.[21] midt

---

[1] *forstokket:* stubborn.
[2] *forhærdet:* hardened.
[3] *fægte:* here: gesticulate.
[4] *lægge i vej:* begin to move.
[5] *min sandten:* bless my soul.
[6] *agte:* pay heed to.
[7] *nadver:* supper.
[8] *hovmester:* chief steward.
[9] *en gongonière:* a gong boy.
[10] *lægge fra:* put off.
[11] *syndfloden:* the deluge.
[12] *udstyre:* furnish.
[13] *Skal det være...?:* Is that supposed to be...?
[14] *følger:* consequences.
[15] *brok:* rupture.
[16] *blindtarmsbetændelse:* appendicitis.
[17] *tysse på:* hush.
[18] *jeg bliver ved mit:* I persist.
[19] *efterveer:* after-pains.
[20] '*A. P. Bernstorff*': a Danish boat which previously sailed regularly between Esbjerg and Antwerp. The boat was named after a famous Danish statesman and minister.
[21] *D.F.D.S.* = *Det Forenede Dampskibs Selskab:* United Steamship Co.

i den hårde vinter sat gamle 'Dronning Maud'[1] ind til at
erstatte ham. Det lyder jo efter avancement, men det er nu
ikke altid, at en dronning er mere værd end en minister. For
resten ved jeg ikke, hvordan Bernstorff ville have taget situa-
tionen; men hvordan Maud tog den — nå ja, det ved jeg
heller ikke, men jeg har visse forestillinger om det tilbage
i min hjerne og i min mave.

— Altså, maden smagte, og i det samme lagde damperen
sig ned. Det kom aldeles umotiveret, fuldstændig overraskende,
men for at det ikke skulle fortone sig[2] i bevidstheden og anses
for et sansebedrag,[3] gjorde den det en gang til, hvad jeg tog
som et signal til mig om hastigt at gøre det samme. En venlig
køje[4] vinkede til[5] mig; det var et øjebliks sag at modtage
indbydelsen, med et suk af velbehag rullede jeg mig ind i kyske[6]
lagener og uldne tæpper og sov omgående sødelig ind. Idyl.

Noget efter — jeg ved ikke hvor længe — vågnede jeg brat
og skarpt med en pågående bevidsthed om, at jeg var kron-
prinsesse Juliane af Holland,[7] og at verdenspressen — meget
imod min vilje — kom til at vente længe endnu. Jeg rullede
mig om på den anden side med et gisp[8] og syntes så pludselig,
at jeg var blevet til et ganske lille bitte barn, og at min mor
vist var ude at ride. Men så gik det op for mig, at hun lå på
et bord, og at der var nogen, der trillede med[9] hende, og selv
kastede hun sig hid og did.[10] Jeg slog om mig[11] i det bløde,
kvalme[12] mørke, ramte noget hårdt, et lys skinnede frem, og det
lød, som om flere råbte: 'Han kommer vist igennem alligevel.'

Og så var jeg igennem. Med sveden dirrende på panden,

---

[1] 'Dronning Maud': a Danish boat named after the late Queen of Norway.
[2] fortone sig: fade away.          [3] et sansebedrag: a delusion of the senses.
[4] en køje: a berth.          [5] vinke til: beckon.
[6] kysk: chaste.
[7] kronprinsesse Juliane af Holland: In 1938 the then Crown Princess (now
Queen) Juliana of Holland had her first child, an event which was followed
with tense interest by press reporters from all over the world.
[8] et gisp: a gasp.          [9] trille med: roll.
[10] hid og did: hither and thither.
[11] Jeg slog om mig: I stuck out my hand.          [12] kvalm: sickening.

under hikst[1] og kvalte[2] lyde, udmattet til udviskelse.[3] Jeg sank sammen[4] i vuggen, og en eller anden slyngel[5] gav sig til at gynge[6] mig så voldsomt, at jeg uafbrudt stod i fare for at blive slynget[7] ud og måtte hage mig fast.[8]

Jeg tog mig sammen[9] og forklarede mig selv fyndigt[10] og hårdt, at situationen var den, at jeg var en voksen mand, og at jeg var ude at sejle. Jeg satte mig rank op, for selvfølgelig kan man, når man vil. Så forsvandt jeg i et uhyre kvælningsanfald,[11] tumlede rundt ved fodenden, ved hovedgærdet,[12] på gulvet, på loftet. Som en livløs, pjasksvedt[13] masse lå jeg og flød[14] et stykke tid et eller andet ligegyldigt[15] sted, indtil en venlig og resolut bølge ekspederede[16] mig op i seng. Ja, op og så i seng.

Så blev det ganske stille. Stormen[17] havde øjensynlig lagt sig[18] med eet, og alle bølger havde prompte glattet sig ud. Spindende en veltilpas vise[19] gled vort fartøj[20] frem gennem natten ret som en hyggelig lille ydmyg stjerne hen over mørkets bløde fløjl. Opad og opad gled det, og der forlod Vesterhavet det med et svup.[21] Et øjeblik hang vi og dirrede mellem stjernerne, så tog vi tilløb[22] og sprang ned. Vi nåede bund med samlede hæle, men det kneb med at[23] gå i knæene. Bump. Det kunne dog vist ikke støde værre, om det var beton,[24] vi var braset imod.[25] Det dirrede i hele vort legeme, og et øjeblik vidste vi slet ikke, hvad vi ville. Så tog vi med godt humør fat[26] på at bestige den ny lange bakke foran os og måtte altså være belavet på, at inden så længe skulle vi ned igen.

---

[1] *hikst:* catching of breath, panting.  [2] *kvalt:* choked.
[3] *udviskelse:* annihilation.  [4] *synke sammen:* relax.
[5] *en slyngel:* a rascal.  [6] *gynge:* rock.
[7] *slynge:* hurl, throw.  [8] *hage sig fast:* hold on firmly.
[9] *tage sig sammen:* pull oneself together.  [10] *fyndigt:* emphatically.
[11] *et kvælningsanfald:* an attack of choking.
[12] *et hovedgærde:* a head of a bed.  [13] *pjasksvedt:* soaked with sweat.
[14] *flyde:* float.  [15] *ligegyldig:* indifferent, unimportant.
[16] *ekspedere:* send.  [17] *en storm:* a gale.  [18] *lægge sig:* here: calm down.
[19] *en vise:* a song.  [20] *et fartøj:* a vessel.  [21] *et svup:* a cloop.
[22] *tilløb:* preliminary run.  [23] *det kneb med at:* we found it difficult to.
[24] *beton:* concrete.  [25] *brase imod:* crash into.
[26] *tage fat:* set about.

De skød med kanoner et eller andet sted i verdensrummet;[1] det var ikke så værst; så havde man dog en chance for at blive ramt. Skibet gjorde vistnok sit, for at det skulle lykkes. Man havde indtryk af, at det hoppede efter[2] kuglerne.

Så over ende[3] og kaste op[4] igen. Skumsvedt,[5] radbrækket,[6] halvbevidstløs tilbage i puderne. Med eet hører man sig selv med forvirret mæle[7] istemme[8] nationalsangens[9] sidste vers:

...modtag din ven....

...ja, ja, ja, det modtager ham i brøker.[10]

Man spejder[11] mod døren. Er der intet håb? Siver[12] der ikke lidt vand ind? Man ringer for at forhøre, om der dog ikke er en mulighed for at gå under.[13]

Dele af en oprindelig fuldbåret[14] kahytsjomfru[15] kommer flyvende ind gennem døren. Hun får tag i[16] en skabsdør og fingerer[17] at holde sig oprejst. Man ser på hende, at hun har lært sig den kunst at kaste op indad. Tabletter? siger man. Vi har, siger hun. De hjælper ikke, siger man. Nej, siger hun. Så har en kovending[18] taget hende. Væk fløj hun.

Man fortsætter altså opkastningen på egen hånd.[19] D.v.s. man gør sig bare alle mulige anstrengelser. Resultatløse. Så tørner man atter ind i bevidstløsheden. Og rives op af nye veer.[20] Og sådan skal det altså blive ved.

Men det tager jo da kun et døgn, trøster man sig. Og man ringer igen: Det tager jo da kun et døgn, frøken? Oh, vi har vinden lige imod; vi avancerer næsten ikke. Mange tak, frøken — jeg kan — ikke selv — gå op — men vil De ikke

[1] *verdensrummet:* space.
[2] *efter:* here: for.
[3] *over ende:* in a sitting position.
[4] *kaste op:* vomit.
[5] *skumsvedt:* foaming with perspiration.
[6] *radbrække:* break on the wheel.
[7] *mæle:* voice.
[8] *istemme:* start singing.
[9] *nationalsangen:* the National Anthem (i.e. 'Kong Christian', cf. p. 282).
[10] *en brøk:* a fraction.
[11] *spejde:* glance.
[12] *sive:* sift.
[13] *gå under:* sink.
[14] *fuldbåret:* full-grown.
[15] *en kahytsjomfru:* a stewardess.
[16] *få tag i:* get hold of.
[17] *at fingere:* to pretend.
[18] *en kovending:* a veering.
[19] *på egen hånd:* unaided.
[20] *veer:* pains.

sige — til et par sømænd — hvis der er flere tilbage — om at komme herned — de må få — alle mine francs — for at bære mig op — og verfe[1] mig ud.

Kære Nordsø, gode lille Vesterhav, Fars egen ven! Så[2] så så så! Kan vi ikke tage den bølge sådan lidt på siden?[3] Skal vi helt op på den? Åh, ja, men så! Ikke så hurtigt! Lad os tage ordentlig afsked med den! Oooooh! Og så op igen, og højere endnu. Kan vi ikke slippe for[4] at komme ned? Nåde! Nåde! Kan det ikke nok ordnes, så vi bliver heroppe? Puh! så skulle da også...! høvh!

Hvis man nu lå mellem skyttegravene,[5] med en granatstump i maven, ja, det var vel værre. Men aldrig skal jeg tage ud at sejle mere, ikke så meget som stange ål[6] på søen derhjemme, jeg vil ikke se vand for mine øjne mere, forbi med at vaske sig, i regnvejr går jeg i seng, og jeg vil have forbud mod ostebutiksruder.[7]

Stille lister vi videre.[8] Springer så op ad en sø. Og ned på siden. Og en på kassen,[9] så det knager. Og op igen, sidelængs. Og ned på halen.[10] Og ud i rummet. Og rundt om os selv. Og bardovs[11] mod en stenmur. Og skudt ud af en kanon. Med maven i krampestød, dansende som en panter i sit bur. Villende ud af halsen. Men ak, den er for smal. Og sådan bliver det ved, time efter time. Nat efter nat.

Er der nogen, der griner? Det gør jeg også. Bagefter. Med Paris' sikre brosten under mig. Skønt sikre? — Kloden[12] gynger med mig endnu på tredie døgn efter. Og den unge mor, der rejste i køjen ved siden af mig, sagde til mig i dag: 'At få drengen, det var ligegodt ingenting mod det der!'

---

[1] *verfe = kaste.*  [2] *så:* there.
[3] *på siden:* sideways.  [4] *slippe for:* be exempted from.
[5] *en skyttegrav:* a trench.  [6] *stange ål:* spear eels.
[7] *ostebutiksruder:* the window-panes of cheese shops. (In Denmark fresh water constantly runs down such panes.)
[8] *liste videre:* creep on.  [9] *en på kassen:* a box on the ears.
[10] *halen:* the rump.  [11] *bardovs:* bang.
[12] *en klode:* a planet.

## XIX

# MYRER OG MODSIGELSESLYST[1]

KJELD ABELL[2]

En bælgbuldrende mørk[3] aften — det havde øst vande ned[4] hele dagen, og nu var klokken lidt over tolv — bankede det på den våde rude ned til en kælderbeværtning.[5]

Fru Hansen så op fra disken.[6] Hun var ved at tælle regnskabet sammen med en mikroskopisk blækblyant, der ustandselig skulle vædes i munden. Der var ganske stille i lokalet, en em[7] af ølsjatter[8] og halvkvalte cigarstumper stod som en dvask[9] tågedyne[10] midt i rummet og spærrede[11] søvnigt udsigten til alle sider, man kunne dårligt nok[12] skimte det kabinetsforstørrede fotografi[13] af afdøde[14] Hansen i bryderkostyme[15] med medailler på endevæggen over sofaen.

Så bankede det igen! forsigtigt og ynkeligt, det lød som det kunne være et barn. Et barn på denne tid af natten, ih du alstyrende![16] Fru Hansen fik i en fart barmen[17] løftet ned fra disken, gik hurtigt hen til døren og lettede på[18] gardinet, der var hængt for ruden.

Gennem den silende regn så hun de opløste konturer af en

---

[1] *modsigelseslyst :* desire to contradict.

[2] Kjeld Abell (1901-61), Danish playwright. This story was written during the Occupation of Denmark, and as it could not be printed in Denmark at that time it was printed in a Swedish literary magazine.

[3] *bælgbuldrende mørk:* pitch-dark.

[4] *at øse vande ned:* to rain cats and dogs.

[5] *en kælderbeværtning:* a pub in a basement.

[6] *en disk:* a counter.      [7] *en em:* a fume.

[8] *en ølsjat:* the remaining drops of beer left over in a glass.

[9] *dvask:* sleepy.      [10] *en tågedyne:* an eiderdown of mist.

[11] *spærre:* block.      [12] *dårligt nok:* hardly.

[13] *det kabinetsforstørrede fotografi:* the photograph enlarged to cabinet size.

[14] *afdøde Hansen:* the late Hansen.      [15] *en bryder:* a wrestler.

[16] *ih du alstyrende:* Goodness gracious!      [17] *en barm:* a bosom.

[18] *lette på:* pull slightly aside.

gammel mand, hans grå tjussede[1] hår og tyndslidte skæg
flød i eet med[2] alt det våde og klinede til[3] den luvslidte[4]
overfrakke.

Med et snuptag[5] fik hun døren op og den gamle ind. Hun
måtte støtte ham hen til disken, og mens hun med et forsvarligt
greb[6] holdt fast i ham, ragede[7] hun bagud efter flaske og glas.
Med een hånd fik hun proppen lirket[8] af og skænket i. Hun
måtte næsten tvinge glasset ind mellem hans læber, for gud,
hvor var han medtaget.[9] Endelig drak han, men det var bare
ikke til at se, om det hjalp, han var stadig slatten[10] og falde-
færdig.[11] Under små opmuntrende udbrud, der lød som med-
lidende hønekluk, bugserede[12] hun ham hen på en stol i nær-
heden af kakkelovnen. Hun lagde sig på knæ og tog om hans
ben for at flytte dem nærmere til ilden. Det var da forresten
no'n[13] sære sko, han havde på, nærmest sådan en slags sandaler,
og de pivstilkede[14] ben, der stak ud af den gamle frakke, var
bare og blåfrosne. Han var nok en af disse forstadsprofeter,
der går omkring og uddeler religiøse traktater. Nå, det var
hende lige meget,[15] nu kunne han i hvert fald blive siddende
og tørre, mens hun ordnede til natten inde i baglokalet. Hun
kunne jo holde øje med ham gennem døren, som hun lod stå
lidt på klem.[16]

'Herregud,[17] det gamle liv!'[18] Fru Hansen rystede mildt
bekymret på hovedet, mens hun lagde det hæklede[19] sengetæppe
sammen. Hun dunkede[20] i dynen[21] og rystede puden, skubbede
en stol for sengen som sengehest[22] og gik så lidt smånynnende[23]

---

[1] *tjusset:* tousled.
[2] *flyde i eet med:* become one with.
[3] *kline til:* cling to.
[4] *luvslidt:* threadbare.
[5] *et snuptag:* a quick pull.
[6] *et forsvarligt greb:* a secure hold.
[7] *rage:* grope.
[8] *lirke:* wriggle.
[9] *hvor han var medtaget:* what an awful state he was in.
[10] *slatten:* limp.
[11] *faldefærdig:* tottering.
[12] *at bugsere:* to tow.
[13] *no'n = nogen* or *nogle.*
[14] *pivstilkede:* stalky.
[15] *det var hende lige meget:* it made no odds to her.
[16] *på klem:* ajar.
[17] *Herregud!:* Good Lord!
[18] *det gamle liv:* poor old thing!
[19] *at hækle:* to crochet.
[20] *dunke:* thump.
[21] *en dyne:* an eiderdown.
[22] *en sengehest:* a bedstaff.
[23] *smånynne:* hum slightly.

omkring, der var så meget at pusle om,[1] inden man endelig
kom i seng, blomsterne skulle vandes, især Araucarien, hendes
yndling på et trebenet urtepottestativ. Som en moder, der
føler badevandets varme for sit barn, stak hun kærligt fingren
i urtepottens jord — — men i det samme! skete der noget!!
hun nåede slet ikke at tage fingren til sig, så travlt fik hun med
at lytte! Der var no'n, der sang! var det ham? nej, det var jo
mange stemmer, det var et stort kor — og så var det noget
ligesom harper — og barnestemmer — jo, det var virkelig børn,
der sang! det underlige var bare, at han sad som før, mutters
alene[2] foran kakkelovnen, hun kunne se ham gennem dør-
sprækken. Men hvordan var det, han var kommet til at se ud??
Han var begyndt at tørre, håret og skægget flød værdigt og
smukt om ansigt og skuldre — den gamle frakke blev mere og
mere blå, rigtig himmelblå! og det var slet ikke no'n frakke,
det var en kappe.[3] Og hvad var det, han holdt i hånden? det
lignede en ring, sådan en af den slags, som man i gamle dage
spillede ring[4] med i de fine herregårdshaver — den skinnede —
han sad og pudsede den — den var af guld — og nu løftede
han den op over hovedet — og gav slip![5] men den holdt sig
svævende som en glorie[6] — — men det allerunderligste var
måske alligevel, at hver gang han rørte sig, lød der musik og
stemmer, folderne i hans kappe var som fyldt med jublende[7]
harper og klingende guitarer.

Det var hende for meget! Hun skubbede døren op og
stønnede:

'— du gode gud —!'

Det var ikke ment som nogen form for titulation, sådan siger
man jo som regel, når man bliver forbavset.

Han vendte sig og så på hende:

'— næh, den gode gud er jeg ikke — kun St. Peter —'

Ih, du forbarmende![8] Fru Hansen rodede[9] i rivende hast[10]

[1] *pusle om:* attend to.　　[2] *mutters alene:* completely alone.
[3] *en kappe:* a cloak.　　[4] *spille ring:* play quoits.
[5] *give slip:* let go.　　[6] *en glorie:* a halo.
[7] *jublende:* jubilant.　　[8] *Ih, du forbarmende:* Merciful Heaven!
[9] *rode:* rummage.　　[10] *i rivende hast:* in a great hurry.

sin hjernekiste rundt for at finde en stump[1] af en salmemelodi[2] eller noget andet kirkeligt, som kunne bruges i en håndevending.[3] Men det var ikke nødvendigt, for den næste himmelske bemærkning, der faldt fra hans skæg, var temmelig jordisk — han var simpelthen sulten, han havde hverken fået vådt eller tørt,[4] siden han i morges var taget hjemme fra himlen — og sikke en dag — og sikke et regnvejr! han var blevet så gennemblødt,[5] at han ikke var i stand til at hæve sig fra jorden og stige til himmels.

Åh, gudskelov, mad, det var da hendes gebet,[6] der kunne hun snakke med, og der kom både fedt[7] og salt kød og leverpostej på bordet — og ost — og så naturligvis et par pilsnere[8] — hun tog en Stjerne øl,[9] det syntes hun passede sig bedst.

'Mange tak', sagde Peter, da han sad bænket i sofaen, 'det var dog en aldeles dejlig leverpostej, har De selv lavet den?'

Hun bare så på ham, mens han spiste, hun turde ikke sige et muk.[10] Hvis han havde himmelske budskaber, måtte han virkelig selv tage fat på dem. Og det gjorde han, men først efter at have tørret munden og skægget forsigtigt i papirservietten.

'Ikke eet ondt ord om Vorherre!' sagde han, 'han er go'[11] nok — han er måske lidt forvirret — det er der jo ikke noget at sige til, så meget som han har at gøre — han har så mange planer — han er så fuld af initiativ — han eksperimenterer tidlig og silde[12] evigheden lang[13] — desværre er han endnu lidt på amatørstadiet, det med jorden var jo ikke ligefrem til første præmie — og det ærgrede ham, De aner ikke, hvor det ærgrede ham — af bar arrigskab[14] er han taget pokker i vold[15] over på

---

[1] *en stump:* a scrap.
[2] *en salmemelodi:* a hymn tune.
[3] *i en håndevending:* in a jiffy.
[4] *hverken vådt eller tørt:* neither food nor drink.
[5] *gennemblødt:* soaked.
[6] *et gebet:* a domain.
[7] *fedt:* dripping.
[8] *en pilsner:* a bottled beer.
[9] *Stjerne øl:* the three main Copenhagen breweries are: Carlsberg, Tuborg, and Stjernen ('The Star').
[10] *et muk:* a word.
[11] *go'* = *god.*
[12] *tidlig og silde:* continuously.
[13] *evigheden lang:* throughout eternity.
[14] *arrigskab:* anger, annoyance.
[15] *pokker i vold:* a long way off.

den anden side mælkevejen, og der går han nu og prøver sig
frem¹ — han helmer² ikke, før han har fremstillet³ den ideelle
klode⁴ — men det ta'r tid — ja, hernede regner I kun i lysår,
så jeg er ikke i stand til at give Dem et nogenlunde begreb om,
hvorlænge han har været væk — i mellemtiden har han så sat
mig til at passe⁵ himlen — og det er vel et mas⁶ — jeg er som
en klud! oppe hos os slås de hellige om glorierne, og hernede
slås de om, ja, hva' ved jeg — forleden⁷ syntes jeg, det blev mig
lidt lovlig⁸ livligt med støjen fra jorden, og så bad jeg et par
af ærkeenglene flyve ned og se, hva' der var påfærde⁹ — men
jeg anede jo ikke,¹⁰ at de skulle ha' haft nationalitetsmærker
malet på vingerne, så de blev skam¹¹ skudt ned — nå, vi har
nok a' dem — men alligevel tænkte jeg, at det måske var bedst,
jeg selv tog afsted — men det gør jeg aldrig, aldrig om igen —!
— jeg er paf!¹² og når jeg nu om lidt tager tilbage, skal jeg
afgive en beretning for Vorherre, der nok skal få ham til at
opgive alle sine eksperimenteringer med jordiske kloder —
mennesket var smukt tænkt, men skidt udført!'

'Nåeh, vi er da skabt i hans billede', tænkte fru Hansen,
men turde ikke sige det, hun nøjedes med¹³ at skubbe smørre-
brødsfadet lidt nærmere over til ham.

'Ja, i hans billede, siger De —'

Det gav et gib¹⁴ i fru Hansen, uh, hvor var det uhyggeligt,
han kunne læse ens tanker.

'— men kære fru Hansen, selv den mest fuldkomne mester
kan overse en konstruktionsfejl — og det gjorde han — menne-
skene har en konstruktionsfejl — de skulle nemlig aldrig have
haft lov til at lide af modsigelseslyst! Fra det sekund Adam
og Eva gik og smækkede med paradisdøren,¹⁵ har I sagt imod—

---

¹ *prøve sig frem:* experiment.         ² *helme:* give up.
³ *fremstille:* produce.              ⁴ *en klode:* a planet.
⁵ *sat mig til at passe:* put me in charge of.
⁶ *det er vel et mas:* what a job!      ⁷ *forleden:* the other day.
⁸ *lovlig:* too.                  ⁹ *hvad der var påfærde:* what was the matter.
¹⁰ *jeg anede ikke:* I had no idea.      ¹¹ *skam:* jolly well.
¹² *paf:* horrified.                ¹³ *at nøjes med:* to be content with.
¹⁴ *et gib:* a shock.              ¹⁵ *at smække med døren:* to bang the door.

*der* fik I en jord skabt til fælles fornøjelse, dejlig med skiftende
årstider og frodighed, der giver nok til alle — men det, alle
har, keder jer! I vil ha' noget, I helt og holdent[1] kan kalde
jeres eget — og for at være rigtig tilfredse skal man helst ha'
*mere* end andre! *Det,* Vorherre havde bestemt, var *jeres,* for-
vandlede I til, at det skulle være *mit*! Mit og mere — det er
de to ord, der flyver oftest og lettest i æteren — aldrig var
I tilfredse med det, I fik — altid skulle I sige imod — I spillede
bold med Vorherres meninger og ideer — når han siger: "Bliv
lys!" siger I straks: "Bliv mørke!" — at I ikke skammer jer! —
der fik I både hjerte og hjerne til at bruge — men I gider
ikke — I er skabt til at være frie mennesker — men det bryder
I jer ikke om — det er meget lettere at la' være at tænke —
meget lettere at la' andre tænke for sig — allerlettest at la'
*een* tænke for alle! og så bare gå som myrer! hørte De, fru
Hansen, jeg sagde: myrer!'

Joh, det hørte fru Hansen meget godt, men hva' de myrer
sku' til, fattede hun ikke.

'Fru Hansen, kan De da ikke indse?!' nu var Peter ophidset,
skægget bølgede og øjnene skød stjerner, 'at det er en ufor-
skammethed[2] mod skaberen — en himmelråbende taktløshed
— hvis det havde været Vorherres mening, at denne verden
skulle være en myreverden, et termitbo, så var han gudhjæl-
pemig da standset ved myrerne —! så havde han da aldrig
behøvet at forbedre[3] og forædle[4] og finde på[5] Adam og hans
indviklede[6] mekanismer — så havde han sågu'[7] sagt stop ved
myrer og termitter — og *de* var blevet skabningens herrer —
myrerne, der holder kæft,[8] trit[9] og retning[10] efter et idiotiserende
instinkt! I fik mere end et instinkt — I fik tankens frihed!
Fru Hansen, forstår De, hvad det betyder: Tankens frihed?'

Han slog i bordet, og fru Hansen var ude af sig selv[11] af

[1] *helt og holdent:* entirely.
[2] *en uforskammethed:* an insolence.
[3] *forbedre:* improve.
[4] *forædle:* ennoble.
[5] *finde på:* invent.
[6] *indviklet:* complicated.
[7] *sågu:* an oath.
[8] *holde kæft:* keep one's mouth shut.
[9] *holde trit:* keep pace.
[10] *holde retning:* keep a given direction.
[11] *ude af sig selv:* beyond herself.

fortvivlelse. Hvorfor kom han netop til hende, hun var en almindelig lille kone, der ikke betød det allerfjerneste[1] — hvorfor gik han ikke til de store —? til dem, der bestemmer farten!

'Det har jeg prøvet, fru Hansen', igen læste han hendes tanker, '— for at tale med de store skal man svinge så be-synderligt med armene, det ligger ikke for mig[2] — man kan heller ikke gå strækmarch[3] med glorie — — jeg var lige ved at opgive det hele og tage hjem — så kom regnen, og jeg var klinet til[4] jorden som et vådt viskestykke[5] — jeg kunne ikke slæbe mig af sted — og så faldt jeg tilfældigvis ind hos Dem — jeg troede, det var et tilfælde, og så var det i virkeligheden himlens pegefinger, der skubbede til mig — det var efter en højere, efter den højestes mening—! Det er de små almindelige personer, de små tilsyneladende fredelige overgangsformer[6] til myre og termit, jeg skal tale med — det er *der*, der skal be-gyndes — de skal mobiliseres til et rullende fortov, der slår benene væk fra adskillige — — De er en lille del af det store fortov, fru Hansen — *derfor* begyndte jeg hos Dem, fru Hansen — rul!'

'— men jeg kan da ikke gøre det allerbitterste[7] — ikke spor[8] — jeg står i forretningen[9] hele dagen —!' Fru Hansen værgede for sit liv.

'— kære fru Hansen — er De ikke den, der kan få en god historie til at rende rundt[10] i hele kvarteret —?[11] Når De la'r et ord falde,[12] er det som en lille sten, der venligt kastes i et stort vand — og straks begynder ringene at kredse længere og længere ud —'

Fru Hansen var grædefærdig:[13]

[1] *det allerfjerneste:* the least.
[2] *det ligger ikke for mig:* that is not my cup of tea.
[3] *strækmarch:* goose-step.
[4] *klinet til:* glued to.
[5] *et viskestykke:* a tea-towel.
[6] *en overgangsform:* a transition.
[7] *det allerbitterste:* the least.
[8] *ikke spor:* nothing at all.
[9] *en forretning:* a shop.
[10] *rende rundt:* circulate.
[11] *et kvarter:* a neighbourhood.
[12] *lade et ord falde:* drop a hint.
[13] *grædefærdig:* on the point of weeping.

'— nej — nej — jeg kan ikke — og jeg *vil* ikke!'

'— det er noget andet[1] — jeg beklager—', sagde Peter og trommede trist på bordpladen.[2]

Åh, tænkte fru Hansen, man skal da heller aldrig gi' sig til[3] at tørre hellige personer — men nu måtte hun af med ham[4] — hun var bange for mørklægningsvrøvl[5] og lukkeparagrafferne[6] i politivedtægten.[7]

'Nej, herr Peter, det må De minsandten[8] spørge andre om — jeg passer mit arbejde og dermed basta —!![9] og det kan himlen ved gud ikke bebrejde mig —!'

Peter rejste sig træt:

'— det siger alle — bare skubbe fra sig[10] — væk med ansvaret — la' det hele gå sin skæve gang[11] — bare gå med —'[12]

Fru Hansen havde også rejst sig, hun vimsede[13] nervøst rundt om Peter:

'— det ka' godt være — jeg er frygtelig ked a' det, men nu må De gå, vi har sådan no'n skrappe[14] betjente her i kvarteret—'

Hun forsøgte at lede ham hen mod døren —

'— og når De kommer op i himlen — og hvis De sku' træffe min mand, så hils ham og sig, at forretningen går meget godt til trods for tiderne —'

'— forretningen går godt —' Peter vendte sig og så på hende, mildt, men tværs igennem — Fru Hansen mumlede noget om, at man da også skal leve —

'— leve —? — kalder I det leve —!'

— så åbnede han døren og gik langsomt op ad de to trin

---

[1] *det er noget andet:* that's different.
[2] *en bordplade:* a table-top.       [3] *give sig til:* begin.
[4] *nu måtte hun af med ham:* now she must get rid of him.
[5] *mørklægningsvrøvl:* black-out trouble.
[6] *lukkeparagrafferne:* the regulations about closing time.
[7] *en politivedtægt:* a police regulation.
[8] *minsandten:* really.       [9] *og dermed basta:* and that's that.
[10] *skubbe fra sig:* push it away from oneself.
[11] *lade det hele gå sin skæve gang:* let things slide.
[12] *gå med:* keep pace.       [13] *vimse:* fidget.
[14] *skrap:* strict.

til gaden. Hun smuttede hurtigt med,[1] hun ville gerne se, hvordan han steg til vejrs.[2]

Han stod på fortovet — som et monument — selvlysende[3] og lyseblå med det hvide hår og skæg. Han så længe på hende, og hun følte det næsten, som om alle andre mennesker, alle millionerne på jorden, stod opmarcheret bag hende — så sagde han:

'— nu går jeg hjem — — og siger til Vorherre — nej — nej, det gør jeg forresten slet ikke — jeg la'r ham være i fred, det søde menneske — for nu forstår jeg pludselig, at den menneskelige modsigelseslyst er godt for noget — trods alt —! — når I har været myrer og termitter endnu et stykke tid, så finder I jer ikke i[4] det mere —! — og så skal I nok vise — — —'

I det samme rømmede en betjent sig[5] i mørket. St. Peter tav — så lettede han på[6] glorien og begyndte langsomt at gå ned ad det mørklagte fortov.

Fru Hansen stod og så efter ham — nu forsvandt hans lyse farver i mørket, og lyden af den himmelske musik, der nynnede i folderne på hans kappe, forstummede.[7]

XX

# DET DANSKE SPROG

## SØREN KIERKEGAARD[8]

Jeg føler mig lykkelig ved at være bunden til et modersmål, der ikke puster[9] og lyder anstrengt,[10] når det står for det uudsigelige,[11] men sysler dermed[12] i spøg og i alvor, indtil det

---

[1] *smutte med:* slip along.
[2] *til vejrs:* up.
[3] *selvlysende:* fluorescent.
[4] *finde sig i:* put up with.
[5] *at rømme sig:* to clear one's throat.
[6] *lette på:* raise.
[7] *forstumme:* become silent.
[8] Søren Kierkegaard (1813–55), Danish philosopher and essayist.
[9] *puste:* pant.
[10] *anstrengt:* strained.
[11] *det uudsigelige:* the inexpressible.
[12] *sysle med:* labour with, strive to do something.

er udsagt; et sprog, der ikke finder langt borte, hvad der ligger nær, eller søger dybt nede, hvad der er lige ved hånden,[1] fordi det i lykkeligt forhold[2] til genstanden går ud og ind som en alf,[3] og bringer den for dagen[4] som et barn den lykkelige bemærkning, uden ret at vide af det; et sprog, der er heftigt[5] og bevæget,[6] hver gang den rette elsker ved mandligt at hidse[7] sprogets kvindelige lidenskab, selvbevidst[8] og sejrrigt[9] i tanke-striden, hver gang den rette hersker[10] ved at føre det an, smidigt[11] som en bryder, hver gang den rette tænker ikke slipper det og ikke slipper tanken; et sprog, der om det end på et enkelt sted synes fattigt, dog ikke er det, men forsmået[12] som en beskeden elskerinde, der jo har den højeste værd og fremfor alt ikke er forjasket,[13] et sprog, der ikke uden udtryk for det store, det afgørende,[14] det fremtrædende,[15] har en yndig, en tækkelig,[16] en livsalig[17] forkærlighed[18] for mellemtanken[19] og bibegrebet[20] og tillægsordet,[21] og stemningens småsnakken,[22] og overgangens nynnen,[23] og bøjningens inderlighed[24] og den dulgte[25] velværens forborgne[26] frodighed; et sprog, der forstår spøg nok så godt som alvor: et modersmål, der fængsler sine børn med en lænke, som 'er let at bære — ja! men tung at bryde'.

[1] *ved hånden:* near.
[2] *et forhold:* a relationship.
[3] *en alf:* a fairy.
[4] *bringe for dagen:* bring to light.
[5] *heftig:* impetuous.
[6] *bevæget:* here: passionate.
[7] *hidse:* incite.
[8] *selvbevidst:* conscious of its own value.
[9] *sejrrig:* victorious.
[10] *en hersker:* a ruler.
[11] *smidig:* lithe.
[12] *forsmået:* scorned, disdained.
[13] *forjasket:* slovenly.
[14] *det afgørende:* the important things.
[15] *det fremtrædende:* the outstanding things.
[16] *tækkelig:* modest.
[17] *livsalig:* blessed.
[18] *forkærlighed:* partiality.
[19] *mellemtanken:* the intermediate thought.
[20] *et bibegreb:* a subordinate idea.
[21] *et tillægsord:* an adjective.
[22] *småsnakken:* light and easy talk, chattering.
[23] *overgangens nynnen:* the humming of transition.
[24] *inderlighed:* cordial charm.
[25] *dulgt:* hidden.
[26] *forborgen:* concealed.

## XXI

# TORBENS DATTER[1]

Vi vare[2] så mange søskende små,
    — *under lide* —[3]
så årlig[4] faldt os Faderen frå.[5]
*Der dagen han dages,[6] og duggen den driver så vide.*

I

Om en søndag ad aften[7] skured de deres spjud,[8]
    — *under lide* —
om en mandag ad morgen rede de så vrede ud.
*Der dagen han dages, og duggen den driver så vide.*

2

Der[9] de komme for norden[10] skov,
der gik hr. Torben og holdt sin plov.

3

'Her går du, hr. Torben, favr[11] og fin,
jeg vil nu have bod[12] for frænde min.'[13]

4

'Jeg vil give eder hus og gård,
dertil min datter, så væn[14] en mår.'[15]

5

'Vi er ikke kommen for hus eller jord,
men vi er kommen for dit hjerteblod.'

---

[1] *Torbens Datter* is one of the oldest Danish medieval ballads.
[2] *vare:* in previous times Danish verbs ended in -*e* after a subject in the plural.
[3] *under lide:* on the lea.      [4] *årlig = tidlig.*
[5] *frå = fra* (*faldt os frå:* died, leaving us behind).    [6] *at dages:* to dawn.
[7] *Om en søndag ad aften = en søndag aften.*      [8] *spjud = spyd:* spears.
[9] *Der = Da.*     [10] *for norden:* north of.     [11] *favr = fager:* handsome.
[12] *bod:* compensation.      [13] *frænde min = min frænde:* my kinsman.
[14] *væn:* beautiful.      [15] *en mår:* a maiden.

### 6

Så hugge[1] de hr. Torben så små[2]
alt som[3] løv,[4] udi[5] lunden lå.

### 7

Så rede de til hr. Torbens gård,
ude stod hans datter, den væne mår.

### 8

Ude stod hans datter, så smal[6] som en vånd,[7]
med et guldkar[8] på hver sin hånd.

### 9

Hun skænked deri med lyst[9] og spil,[10]
hun drak først sin faders banemand[11] til.[12]

### 10

'Havde jeg vidst, du havde været så god,
aldrig skulle jeg set din faders hjerteblod.'

### 11

'Og har I[13] slaget[14] min fader til død,
da har I gjort mig så stor en nød.'[15]

### 12

'Har jeg nu ikke gjort vel mod dig,
da skal du herefter have så godt[16] som jeg.'

### 13

Han satte hende på ganger[17] grå,
så slog han over hende kåben[18] blå.

[1] *hugge=huggede:* hewed.  [2] *så små:* into such small pieces.
[3] *alt som=som.*  [4] *løv:* leaves.  [5] *udi=i.*  [6] *smal:* slim.
[7] *en vånd:* a willow-wand.  [8] *et guldkar:* a goblet of gold.
[9] *lyst:* mirth.  [10] *spil:* sport.
[11] *banemand:* murderer.  [12] *drikke til:* pledge.
[13] *I:* 2nd pers. plur. of the personal pronoun was previously used in polite
address to a person.  [14] *slaget=slået.*
[15] *nød:* pain.  [16] *have så godt:* fare as well.
[17] *en ganger:* a steed.  [18] *en kåbe:* a cloak.

14

Så red han over de sorte heder,
 — *under lide* —
aldrig så hun sin fader mere.
*Der dagen han dages, og duggen den driver så vide.*

XXII

# KONG CHRISTIAN

### JOHANNES EWALD[1]

Kong Christian[2] stod ved højen[3] mast
 i røg og damp;
hans værge[4] hamrede så fast,
at Gothens[5] hjælm og hjerne brast.
Da sank hvert fjendtligt spejl[6] og mast
 i røg og damp.
'Fly',[7] skreg de, 'fly, hvad flygte kan!
Hvo[8] står for[9] Danmarks Christian
 i kamp?'

Niels Juel[10] gav agt på[11] stormens brag:[12]
 'Nu er det tid!'
Han hejsede det røde flag
og slog på fjenden slag i slag.

---

[1] Johannes Ewald (1743–81), Danish poet and playwright. His poem *Kong Christian*, which is now the Danish National (or Royal) Anthem, is a tribute to the sea surrounding Denmark in his most famous play, *Fiskerne* (The Fishermen), 1779.

[2] *Kong Christian*: i.e. Christian IV (1577–1648), Denmark's celebrated warrior-king; he led the naval battle of Kolbergerheide in 1644, when the Swedes were defeated. It is to this battle that the first stanza refers.

[3] *højen = den høje*.   [4] *værge*: defence.   [5] *Gothen*: the Swedes.
[6] *spejl*: poop.    [7] *Fly = flygt*.    [8] *Hvo = hvem*.   [9] *stå for*: resist.
[10] Niels Juel: a Danish admiral (1629–97), who defeated the Swedish navy in the battle of Køge Bay in 1677.    [11] *give agt på*: pay attention to.
[12] *brag*: roaring.

Da skreg de højt blandt stormens brag:
  'Nu er det tid!'
'Fly', skreg de, 'hver, som ved et skjul!
Hvo kan bestå for Danmarks Juel
  I strid?'

O, Nordhav![1] Glimt af Wessel[2] brød
  din mørke sky!
Da tyede[3] kæmper[4] til dit skød,
thi med ham lynte[5] skræk[6] og død.
Fra Vallen[7] hørtes vrål,[8] som brød
  den tykke sky:
'Fra Danmark lyner Tordenskjold;
hver give[9] sig i himlens vold
  og fly!'

Du danskes vej til ros og magt,
  sortladne hav!
Modtag din ven, som uforsagt[10]
tør møde faren med foragt,[11]
så stolt som du mod stormens magt,
  sortladne hav!
Og rask igennem larm og spil[12]
og kamp og sejer[13] før mig til
  min grav!

---

[1] *Nordhav = Kattegat.*
[2] Wessel: Peter Wessel (1690–1720), a Danish-Norwegian naval hero, who fought for the Danish king against the Swedes and was raised to the peerage under the name of Tordenskjold ('Thundershield').

| | |
|---|---|
| [3] *ty:* seek refuge. | [4] *kæmper:* brave warriors. |
| [5] *lyne:* lighten. | [6] *skræk:* terror. |
| [7] *Vallen:* the Swedish coast. | [8] *vrål = vræl:* yells. |
| [9] *give:* subjunctive. | [10] *uforsagt:* dauntless. |
| [11] *møde med foragt:* spurn. | [12] *spil:* din. |
| [13] *sejer = sejr.* | |

## XXIII

# FÆDRELANDSSANG[1]

### ADAM OEHLENSCHLÄGER[2]

Der er et yndigt land,
det står med brede bøge
nær salten Østerstrand.[3]
Det bugter sig[4] i bakke, dal,
det hedder gamle Danmark,
og det er Frejas sal.

Der sad i fordums[5] tid
de harniskklædte[6] kæmper,[7]
udhvilede[8] fra strid;
så drog de frem til fjenders mén;[9]
nu hvile deres bene
bag højens[10] bautasten.

Det land endnu er skønt;
thi blå sig søen bælter,
og løvet står så grønt,
og ædle kvinder, skønne møer
og mænd og raske svende[11]
bebo[12] de danskes øer.

Vort gamle Danmark skal bestå,
så længe bøgen spejler
sin top i bølgen blå.

---

[1] This poem is frequently used as the Danish National Anthem, *Kong Christian* being mainly used as a *Royal* Anthem.

[2] Adam Oehlenschläger (1779–1850), Danish poet and playwright, the leading poet of Denmark's 'Golden Age'.

[3] *Østerstrand:* the shores of the Baltic.  [4] *bugte sig:* curve.
[5] *fordums:* earlier.  [6] *harniskklædt:* clad in harness.
[7] *en kæmpe:* see p. 283, n. 4.  [8] *udhvile:* rest.
[9] *mén:* downfall.  [10] *en (kæmpe)høj:* a tumulus, a mound.
[11] *raske svende:* brave youths.  [12] *bebo:* inhabit.

XXIV

# DEN DANSKE SOMMER

## THØGER LARSEN[1]

Danmark, nu blunder[2] den lyse nat
bagved din seng, når du sover.
Gøgen[3] kukker i skov og krat,[4]
Vesterhavet og Kattegat
synger, imens det dugger,[5]
sagte som sang ved vugger.

Danmark, du vågner med søer blå,
mætte[6] som moderøjne.
Alt, hvad i dine arme lå,
lader du solen skinne på,
ser, hvor det yppigt[7] glider
frem ad forgangne[8] tider.

Lærker, som hopped af æg i vår,[9]
svinder i solens stråler.
Tonerne ned mod lyset går,
samme sang som i tusind år.
Lykken fra glemte gruber,[10]
klinger af unge struber.[11]

Hyldene[12] dufter i stuen ind
ude fra Danmarks haver,
kornet modnes i sommervind.
Hanegal over lyse sind
stiger bag gavl[13] og grene,
hvæsset[14] som kniv mod stene.

[1] Thøger Larsen (1875–1928), Danish poet born in North Jutland.
[2] *at blunde:* to be half asleep.  [3] *en gøg:* a cuckoo.
[4] *krat:* shrubbery.    [5] *det dugger:* the dew is falling.
[6] *mæt:* content, satisfied.  [7] *yppigt:* richly.  [8] *forgangen:* bygone.
[9] *vår=forår.*    [10] *en grube:* a hollow.  [11] *en strube:* a throat.
[12] *hyld:* elder.   [13] *en gavl:* a gable.   [14] *at hvæsse:* to whet.

Køer og heste og får på græs
henover brede agre,[1]
åbne lader[2] for fulde læs,[3]
sejl, som stryger om[4] klint[5] og næs,[6]
byger,[7] som går og kommer —
det er den danske sommer.

Pigernes latter og lyse hår,
leg, som får aldrig ende,
øjnene blå som vand i vår —
mildt om et evigt Danmark spår,[8]
sol over grønne sletter,
lykke og lyse nætter.

XXV

# DANMARKSSANGEN

JOHANNES V. JENSEN[9]

Hvor smiler fager[10] den danske kyst
og breder favnen,[11] når solklar bølge
og sommerskyer og skib med lyst
står Sundet[12] ind i hinandens følge[13]
og Kronborg[14] luder[15]
ved Sjællands port
mod hvide skuder —[16]
hvor lyst! Hvor stort!

[1] *en ager:* a field.
[2] *en lade:* a barn.
[3] *et læs:* a cart-load.
[4] *stryge om:* glide past.
[5] *en klint:* a cliff.
[6] *et næs:* a headland, a ness.
[7] *en byge:* a shower.
[8] *at spå:* to foretell.
[9] See p. 258, n. 7.
[10] *fager=smuk.*
[11] *brede favnen:* open one's arms (into an embrace).
[12] *Sundet:* the Sound (between Denmark and Sweden).
[13] *følge:* here: wake.
[14] *Kronborg:* the ancient castle at Helsingør (Elsinore).
[15] *lude:* stoop.
[16] *en skude:* a ship.

Mod søen stunded[1] vor sjæl tilforn.[2]
Men bølgen brød med en røst derude
som vindens rislen[3] i Danmarks korn —
da vendte mangen påny sin skude.
Den grønne ager
på Sjællands bryst!
Hvor smiler fager
den danske kyst!

Den danske mark i en bølgen går
som åndedræt[4] af en venlig kvinde.
Sødt gynger byggen sit silkehår,
og rugen ånder med sol i sinde,
og vinden iler[5]
til hvedens bryst.
Hvor fager smiler
den danske kyst!

Der driver høduft med krydret[6] vind.
Igennem engen en å[7] sig slynger.
Og lærken ringer skærsommer[8] ind,[9]
mens vilde blomster ved grøften gynger.
Gravhøje[10] kroner
det grønne land.
Hvor skønt fortoner[11]
sig sø og strand!

Alvorlig taler ved alfarvej[12]
med grønsvær[13] tækket[14] de gamles grave:

[1] *at stunde:* to long.
[2] *tilforn:* previously.
[3] *rislen:* rippling sound.
[4] *åndedræt:* breathing.
[5] *at ile:* to hasten.
[6] *krydret:* spicy.
[7] *en å:* a small river, a stream.
[8] *skærsommer:* midsummer.
[9] *ringer ind:* announces.
[10] *en gravhøj = en kæmpehøj:* a tumulus, a barrow.
[11] *fortone sig:* fade into each other.
[12] *alfarvej:* public road.
[13] *grønsvær:* turf.
[14] *at tække:* to thatch.

Henfarne[1] slægter — forglem dem ej![2]
I arv de gav dig en ædel gave.
   Henfarne slægter
   i landets marv,[3]
   sig ej fornægter.[4]
   Bevar din arv!

Hvad hånden former er åndens spor.
Med flint har oldbonden[5] tømret,[6] kriget.[7]
Hver spån[8] du finder i Danmarks jord
er sjæl af dem der har bygget riget.
   Vil selv du fatte
   dit væsens rod,
   skøn på[9] de skatte,
   de efterlod!

Men du der søgte mod fremmed strand,[10]
de gamle lig,[11] som mod søen stunded,
hver gang du genser det gamle land,
skal sande,[12] her blev dit hjerte bundet.
   Thi dybe minder
   og gammel agt[13]
   og milde kvinder —
   hvor har de magt!

[1] *henfaren:* bygone.       [2] *ej = ikke.*
[3] *marv:* (1) marrow, (2) pith.
[4] *sig ej fornægter:* are faithful (to posterity).
[5] *oldbonden:* the peasant of antiquity.
[6] *tømre:* construct, build (cf. *en tømrer:* a carpenter).
[7] *at krige:* to go to war.       [8] *en spån:* a chip.
[9] *at skønne på:* to appreciate.
[10] *du der søgte mod fremmed strand:* the poem was written for a meeting of Danes who had migrated to America.
[11] *de gamle lig:* like the ancient Danes.
[12] *at sande:* to admit.       [13] *agt:* intention.

# PART VI

## TWENTY TEXTS FOR DANISH
## COMPOSITION

### I

The lady was carrying a small black bag.[1] A thief approached[2] and snatched it from her. He ran away, and the lady ran after him. Unfortunately for him he fell down,[3] and the lady caught him up.[4] At the same time a policeman turned up[5] and said to her, 'Why were you running after him, madam?'[6]—'It is my bag', answered the lady, 'he stole it from me.'—'I did not steal it from her', said the thief, 'I found it in the street.'—'You will both[7] come with me to the police-station', said the policeman. 'If the bag belongs to her, the lady will tell us what it contains.'

### II

Everyone[8] in the house was busy with the preparations for the wedding. The beautiful bride had been dressed with particular care. Her aunts had undertaken[9] to organize[10] everything for her, and they had been quarrelling[11] all the morning about the details of her dress, which had given her an opportunity of making the decisions herself. Fortunately, her taste was excellent. She was as beautiful a girl as any young man could desire, and the hope in her heart increased her attraction.

---

[1] a bag: *en taske.*
[2] to approach: *at nærme sig.*
[3] to fall down: *at falde.*
[4] to catch up: *at indhente.*
[5] to turn up: *at dukke op.*
[6] madam: *frue.*
[7] You will both...: *De må begge to....*
[8] everyone: use *alle* ('all').
[9] to undertake: *at påtage sig.*
[10] to organize: *at ordne.*
[11] to quarrel: *at skændes.*

From time to time[1] a soft[2] glow[3] appeared on her face, and her eyes assumed[4] a far-off[5] look. It was obvious[6] to everybody what was going on[7] in her little heart.

## III

On going out to post[8] my letter I found the village street full of peasants in their Sunday clothes. Some of them stood talking, while others sat drinking or smoking their pipes[9] on their door-steps.[10] Suddenly the conversation ceased and all faces turned in the same direction. The reason for this was the appearance[11] of an imposing barouche[12] drawn by four horses. In the barouche was a dazzlingly beautiful lady dressed in a grey silk gown. The coachman slackened[13] the pace. The lady bowed[14] to right and left, the peasants uncovering,[15] the women curtseying deep; it was just like a queen thanking her subjects.

## IV

Xerxes, wishing to take vengeance[16] on the Greeks, resolved to make war on[17] them. In order to attack Greece, it was necessary to cross[18] the Hellespont. Xerxes collected a huge army along the coast of this narrow sea,[19] and ordered his workmen to build a bridge. They obeyed his orders, but a violent storm arose[20] and shattered it. Xerxes flew into a rage,[21]

---

[1] from time to time: *fra tid til anden.*   [2] soft: *stille.*

[3] a glow: *en glød.*   [4] to assume: *at antage.*

[5] far-off: *fjern.*   [6] obvious: *tydelig.*

[7] to go on: *at gå for sig.*   [8] to post: *at lægge i postkassen.*

[9] to smoke one's pipe: *at ryge på sin pibe.*

[10] a door-step: *et dørtrin.*   [11] an appearance: *en tilsynekomst.*

[12] a barouche: *en karet.*   [13] to slacken: *at sagtne.*

[14] to bow (one's head): *at nikke.*   [15] to uncover: *at blotte hovedet.*

[16] to take vengeance on: *at tage hævn over.*

[17] to make war on: *føre krig med.*   [18] to cross: *at overskride.*

[19] this narrow sea: *dette snævre farvand.*

[20] a storm arose: *der opstod et uvejr.*

[21] to fly into a rage: *at få et raserianfald.*

and ordered his soldiers to give the sea three hundred lashes.[1]
Then he had chains thrown[2] into it. After punishing the sea
in this manner, he had two other bridges built,[3] and he finally[4]
managed to[5] cross the Hellespont with his army and all his
baggage.[6]

## V

It is an old town of[7] about twenty thousand inhabitants,
situated on the banks of[8] a beautiful river. The station is[9]
rather far from the town, but many travellers visit the town,
because it looks so romantic and possesses[10] some interesting
buildings and old churches. In the middle of the town stands
an old round tower built in the fifteenth century. The streets
are narrow and winding.[11] There are no trams, but motor-buses
ply[12] between the town and the neighbouring villages. Tuesday
is market-day[13] and on that day the peasants sell butter, cheese,
eggs, vegetables, fruit and flowers in the market-place.[14]

## VI

The tiger, feeling itself struck,[15] turned its head, and seeing
its adversary standing in the middle of the arena, changed its
direction and rushed upon[16] him; but the gladiator avoided it
by bending down to the ground, and the animal fell[17] roaring
some paces away. The gladiator got up, and three times
avoided the tiger's furious attack by the same manœuvre. At
last the tiger advanced cautiously, his eyes gleaming,[18] his

---

[1] a lash: *et piskeslag*.      [2] had...thrown: *lod...kaste* (infinitive).
[3] had...built: *lod...bygge*.      [4] finally: *omsider*.
[5] he managed to: *det lykkedes ham at*.      [6] baggage: *tros* (neuter).
[7] of: *på*.      [8] on the banks of: *ved bredden af*.
[9] is: *ligger*.      [10] to possess: *at eje*.
[11] winding: *snoet*.      [12] motor-buses ply: *der kører rutebiler*.
[13] a market-day: *en markedsdag*.      [14] a market-place: *et torv*.
[15] struck: use *at ramme* ('to hit').      [16] to rush upon: *at fare hen imod*.
[17] fell: use *at lande* ('to land').
[18] his eyes gleaming...: translate 'with gleaming eyes...'—gleaming
*skinnende*.

teeth bared.[1] But this time it was the gladiator who, at the moment when the tiger was going to seize[2] him, jumped over it.

## VII

After falling in sheets and torrents[3] all day the rain had at last stopped; but a thick fog covered the sky, and although it was scarcely four o'clock,[4] night seemed already to have fallen.[5] A heavy stage-coach[6] was climbing with difficulty[7] a steep slope, and the postillions were walking on each side of the horses, stopping every fifty yards[8] to allow them to recover[9] their breath. The passengers themselves had got down[10] at the driver's[11] request and were following on foot, cursing[12] the horses, the rain, and the bad roads.

## VIII

A bitter time followed when it became necessary to be separated from those I loved. There is extremely little[13] in the suburbs of London to gratify[14] one's sense of the beautiful,[15] and because of my wearisome[16] work I never had any time to visit[17] the country. But in the evenings I often looked out of my window at a birch tree some distance[18] away; its graceful boughs drooped[19] across the glow of sunset. There was also a cedar, under which[20] I used to walk up and down, and think the same thoughts as under the great oak in the solitude of the sunlit[21]

---

[1] bared (same construction): *blottet.*
[2] to seize: here: *at kaste sig over.*
[3] in sheets and torrents: *i stride strømme.*
[4] it is four o'clock: *klokken er fire.*
[5] night falls: *natten falder på.*
[6] a stage-coach: *en diligence.*
[7] with difficulty: *med besvær.*
[8] every fifty yards: *for hver....*
[9] to recover: *at genvinde.*
[10] to get down: *at stå af.*
[11] a driver: *en kusk.*
[12] to curse: *at bande over.*
[13] extremely little: *yderst lidt.*
[14] to gratify: *at tilfredsstille.*
[15] sense of the beautiful: *skønhedssans.*
[16] wearisome: *trættende.*
[17] to visit (the country): *at tage ud på (landet).*
[18] some distance: *et stykke.*
[19] to droop: *at hænge.*
[20] under which: *hvorunder.*
[21] sunlit: *solbeskinnet.*

meadows. In the course of time happier circumstances brought us all together again, and we moved to a spot where there was easy access to meadows and woods.

## IX

Leonard got up from the floor where he had been lying on his stomach, and carefully dog-eared [1] the page he was reading. He slipped [2] out through the kitchen door, and at once tasted the salt of the sea on his lips. Above the roar of the waves on the beach, he could hear his younger brother howling lustily,[3] 'Len! Len! Len!' He ran down the path by the side of the summer-house.[4] There was Albert, flat on the ground.[5] He put his thin arms round the child's body and hauled him into a standing position.[6] 'Tumbled down again, ducky?'[7] he asked in a bright [8] tone of voice.[9] 'There, there! [10] Don't cry, now. Come indoors and brother'll wash it in the sink.' [11]

## X

The landing [12] is carried out in a very original way. As the steamers stop in the offing,[13] one goes ashore in small boats manned by three or four [14] sailors. On drawing near the beach, which is formed of [15] pebbles, the rowers wait for a wave to cast them on land, which is always done [16] with an astonishing skill. On the beach the boat is drawn up by a pair of oxen,[17] amid [18] the deafening [19] shouts of their drivers. This kind of

---

[1] to dog-ear: *at bøje hjørnet om på.*      [2] to slip: *at smutte.*
[3] lustily: *af hjertens lyst.*      [4] a summer-house: *et lysthus.*
[5] flat on the ground: *så lang han var, på jorden.*
[6] into a standing position: *op i stående stilling.*
[7] ducky: *snut.*      [8] bright: *kvik.*
[9] a tone of voice: *et tonefald.*      [10] There, there!: *Så, så!*
[11] to wash it in the sink: *at skylle det i vasken.*
[12] a landing: *en landgang.*      [13] in the offing: *ud for kysten.*
[14] three or four: *en tre-fire.*      [15] is formed of: *består af.*
[16] done: use *at udføre.*      [17] an ox (as a draught animal): *en stud.*
[18] amid: *til.*      [19] deafening: *øredøvende.*

landing is only used on calm days;[1] when the sea is rough,[2] the landing is effected[3] at a little wharf.[4] This wharf is difficult of access,[5] and almost at every landing some of the passengers get a wetting[6] by slipping[7] and falling on the damp stones.

## XI

Dear Ruth,

Thank you very much for your letter, which I have just received. I was very pleased that you can come and visit us in June. Last Monday my father came home from abroad. With him there was a German lawyer whom he had met in Italy. He is going to stay with us for a week. Yesterday was my birthday, and we had a good party. Have you seen in the newspapers about my brother's engagement? He is very happy, but we don't see him very much now. I cannot help thinking how good it was that he met that nice girl at your home.

Yours sincerely,

ELSE

(Examination Paper: University College, London, Sessional Examinations, Danish, 1948.)

## XII

One day a grand post-office official happened to be passing through one of the small offices connected with his department. There he saw a man standing before the fire reading a newspaper. An hour or so afterwards, returning by the same way, he was shocked to find the same man occupied in the same manner.

'May I ask what you are doing, sir?' said the angry official. 'Can't you see what I'm doing?' said the man.

[1] on calm days: *i roligt vejr.*
[2] rough (of sea): *i oprør.*
[3] to effect: *at gennemføre.*
[4] a wharf: *en anløbsbro.*
[5] difficult of access: *vanskeligt tilgængelig.*
[6] get a wetting: *få en våd trøje.*
[7] to slip: *at glide.*

'I know that I came through this room over an hour ago and saw you reading the paper. I return and find you reading still.'

'Well, then you know what I have been doing', was the reply.

'What is your name, sir?' asked the official angrily.

'I am willing to give you my name', said the other, 'but I think you ought to give me your name first: what is your name?'

'Sir', said he, 'I would have you know that I am head of a department in the General Post Office.'

'I am very glad to hear that', was the reply. 'I am simply one of the British public, and have been kept here waiting for two hours for an answer to a very simple question. I shall be much obliged to you if you will use your influence to get me a little attention.'

(Examination Paper: University of London, Special Intermediate Examination in Arts, Danish, 1947.)

## XIII

Dear Erik Nielsen,

Thank you very much for your kind letter inviting me to spend a fortnight at your home when I am in Denmark this summer. I got your letter on my return from Oxford last Monday, and I decided at once that I would very gladly accept the invitation. As you know, I have never been to Denmark before, and there are many things I should like to see while I am there. I know that your home is in North Zealand, but it is not very far from Copenhagen, is it? I shall come as a tourist, of course, but I should also like to study Danish agriculture and social conditions in Denmark. You know that I have been studying the Danish language for some months, and I have already read some of Hans Andersen's fairy tales in Danish and started reading a Danish novel. I shall arrive on the second or third of June. It is too expensive to fly, and I shall therefore go by train to Harwich, and by boat from Harwich to Esbjerg. I hope to have my ticket by tomorrow or the day after. I am sorry that I shan't have time to see Jutland and Funen, except from the train. I am looking forward to meeting you again.

Yours sincerely,

WILLIAM

(Examination Paper: University of London, Special Intermediate Examination in Arts, Danish, 1947.)

## XIV

Judging by the fact that a great many legends have come down about Canute (every one knows the story of Canute and the Tide), he must have been a remarkable man. He was only forty when he died, and as soon as most of the fighting was over, he seems to have been like Alfred in showing a real liking for religion and civilization. He was a pious Christian and, again like Alfred, he made a pilgrimage to Rome. There were a great many people in England, both Danes and Saxons, who were not Christians. Some of them believed in Thor and Odin and Hertha, and the other Norse gods. Possibly there were also people left in out-of-the-way places who believed in an older religion still, the religion of the Druids and the people who built Stonehenge. Some people believe that the fairy tales which we all know, of little men who lived in green hills, of mortal youths who danced with and sometimes married beautiful river and lake maidens, were quite real, and that the strange doings told of the 'fairy' people were only stories of older races that had lost nothing in the telling.

(Examination Paper: University of London, Special Intermediate Examination in Arts, Danisn, 1947.)

## XV

The King's son was going to be married, so there were general rejoicings. He had waited a whole year for his bride, and at last she had arrived. She was a Russian Princess, and had driven all the way from Finland in a sledge drawn by six reindeer. The sledge was shaped like a great golden swan, and between the swan's wings lay the little Princess herself. Her long ermine cloak reached right down to her feet, on her head was a tiny cap of silver tissue, and she was as pale as the Snow Palace in which she had always lived. So pale was she that as she drove through the streets all the people wondered. 'She is like a white rose!' they cried, and they threw down flowers on her from the balconies.

At the gate of the Castle the Prince was waiting to receive her. He had dreamy violet eyes, and his hair was like fine gold. When he saw her he sank upon one knee, and kissed her hand.

'Your picture was beautiful', he murmured, 'but you are more beautiful than your picture'; and the little Princess blushed.

'She was like a white rose before', said a young Page to his neighbour, 'but she is like a red rose now'; and the whole Court was delighted.                OSCAR WILDE

(Examination Paper: University of London, Special Intermediate Examination in Arts, Danish, 1948.)

## XVI

'Why, how is it you're come so early this morning, Maggie? Did you come in the gig?' said Tom, as she backed towards the sofa, and drew him to her side.

'No, I came by the coach. I've walked from the turnpike.'

'But how is it you're not at school? The holidays have not begun yet?'

'Father wanted me at home', said Maggie, with a slight trembling of the lip. 'I came home three or four days ago.'

'Isn't my father well?' said Tom rather anxiously.

'Not quite', said Maggie. 'He's very unhappy, Tom. The lawsuit is ended, and I came to tell you, because I thought it would be better for you to know it before you came home, and I didn't like to send you a letter.'

'My father hasn't lost?' said Tom hastily, springing from the sofa, and standing before Maggie with his hands suddenly thrust in his pockets.

'Yes, dear Tom', said Maggie, looking at him with trembling.

Tom was silent for a minute or two, with his eyes fixed on the floor. Then he said, 'My father will have to pay a good deal of money, then?'

'Yes', said Maggie rather faintly.

'Well, it can't be helped', said Tom bravely, not translating the loss of a large sum of money into any tangible results. 'But my father's very much vexed, I daresay?' he added, looking at Maggie, and thinking that her agitated face was only part of her girlish way of taking things.

'Yes', said Maggie, again faintly. Then, urged to fuller speech by Tom's freedom from apprehension, she said loudly and rapidly, as if the words *would* burst from her, 'O Tom, he will lose the mill and the land, and everything; he will have nothing left'.
                                                              GEORGE ELIOT

(Examination Paper: University College, London, Sessional Examinations, Danish, 1948.)

## XVII

'Apparently you don't mind the rain as much as I do, sir', I said, in an attempt to be amiable.

He turned round, and I had the impression that he could not turn his head and so had to turn his whole body in order to look at me.

'No, oh, no!' he replied. 'Not at all. In point of fact, I hadn't observed it till you pointed it out.'

'But you must be very wet', I said. 'Wouldn't it be wiser to change?'

'To change?' His gaze became searching and suspicious at the question.

'To change your wet clothes.'